求异

从应许之地到创业国度

贺雄飞◎著

SEEKING
Difference

ISRAEL

人民东方出版传媒

东方出版社

图书在版编目（ＣＩＰ）数据

求异 / 贺雄飞著 . —北京：东方出版社，2016.11
ISBN 978-7-5060-9382-8

Ⅰ . ①求… Ⅱ . ①贺… Ⅲ . ①犹太人 – 商业经营 – 经
验 Ⅳ . ① F715

中国版本图书馆 CIP 数据核字 (2016) 第 291416 号

求　异
（QIU YI）

作　　者：贺雄飞
产品经理：张　旭
责任编辑：张　旭
出　　版：东方出版社
发　　行：人民东方出版传媒有限公司
地　　址：北京市东城区东四十条 113 号
邮政编码：100007
印　　刷：三河市金泰源印务有限公司
版　　次：2017 年 4 月第 1 版
印　　次：2017 年 4 月第 1 次印刷
印　　数：1—7500 册
开　　本：720 毫米 ×960 毫米　1/16
印　　张：20
字　　数：300 千字
ＩＳＢＮ ：978-7-5060-9382-8
定　　价：49.80 元
发行电话：（010）85924663　85924644　85924641

目录

第九章　探究以色列教育之谜 / 247

第十章　从"创业的国度"到"智慧的国度" / 267

代　跋　2017 年，继续为理想而活着 / 305

自　序

> 我们应该以别人想不到的方式进行思考。
>
> ——爱因斯坦

随着中国政府把"大众创业、万众创新"在 2015 年"两会"上升到基本国策以后，以色列这个神秘的国度，一个国土面积只有 2.3 万平方公里、人口仅有 830 多万的国家，不仅创造了"创业的国度"和"智慧的国度"的世界神话，同时还逐步与古老的中国发生了越来越紧密的联系。

2016 年 1 月 4—6 日，由中华人民共和国科技部主办的、一场有史以来规模最大的中国—以色列科技创新投资大会在北京中国大饭店隆重举行，吸引了中以近 2000 名企业代表参会，涵盖了农业科技、清洁技术、医疗器械、互联网、移动通讯、智慧城市等多个领域，拉开了中国经济转型的序幕。

据权威资料统计，在全球金融危机的大背景下，中以贸易继续保持稳步增长，2014年进出口总额达到108.8亿美元，同比增长0.5%，占以色列对外贸易总额的8.5%。中国成为以色列在亚洲的第一大贸易伙伴，也是其全球第二大贸易伙伴。

以色列建设与能源部长 Yuval Steinitz、以色列驻华大使马腾、中国科技部副部长阴和俊等近千名中以精英出席了会议。5年前，中以贸易的合作范围还非常狭小，但现在双方的合作遍地开花，不仅有百度、华为、联想、小米等中国一大批企业在以色列设立了研发中心，还吸引了许多中国地方政府和大学到以色列开展合作，中国已经成为仅次于美国对以色列投资最多的国家，而且投资结构也呈多样化态势，涵盖了上述的许多领域，并正在向保险、石化、医疗服务等多个领域拓展。Yuval Steinitz 先生在演讲中指出，中华民族和犹太民族都是有着几千年历史的民族，都有着灿烂的古代文明，在创新和创业涉及的各个领域的合作是历史赋予的伟大机遇，这是上帝给中华民族复兴的必经之路。转型复兴离不开创新与发展，而以色列是世界上有关创新与创业最著名的国度，中国自然离不开以色列这个值得信赖的兄弟。以色列的创新能力来自于恶劣的环境和犹太人的专注精神，使他们的兴趣主要集中于创新和研发产品，没时间考虑市场和营销，而是把市场和营销交给世界和中国的大公司和大市场来做。两国的经济有着巨大的互补性。

按照《创业的国度》一书介绍：早在2008年，以色列的人均风险资本投资就是美国的2.5倍、欧洲国家的30倍、中国的80倍和印度的350倍。与绝对数相比较，以色列这个只有830多万人口的国家，吸引了近20亿美元的风险投资，相当于欧洲1.45亿人口所吸引的风险投资的总和。这样的"经济奇迹"，让每一个犹太人都感到自豪。正如 Yuval Steinitz 部长所言："我们是一个小国，但我们却变成了世界上研发和创新能力最强的国家，这背后有很多因素：除了政府出台的各项支持企业创新的政策之外，还和犹太人崇尚挑战、喜欢冒险的传统密不可分。我们从小的教育就是不断向上、向更高的目标挑战，这种氛围是你在其他国家很难感受到的。"因此，几乎在每一场经贸投资论坛上，以色列驻华使馆都会向嘉宾发放《创业的国度》一书。

中国在宋朝时就有犹太人迁移到开封，后来还遍布全国各地。"二战"期间，中国上海拯救了 4 万多名犹太人，感恩的犹太人至今在历史教科书上仍记录着中国人的恩情。两个民族在经历了战争摧残后，以色列于 1948 年复国，中华人民共和国于 1949 年成立。

希伯来大学耶路撒冷商学院的 Niron 教授发表了有关《以色列学术界：科技创新的孵化器》的主题讲演，他讲解了爱因斯坦的物理公式 $E=mc2$ 的深刻含义：能量 = 质量 × 光速的平方，这也是中以合作的未来。犹太人为什么能获得那么多的诺贝尔奖？这同他们重视教育、热爱学习、擅长思考和刨根问底、凡事喜欢问为什么有很大的关系。希伯来大学共有 8 位教授获得了诺贝尔奖，由研究转化成科技成果、收入和赢利要逾越许多鸿沟。技术转让的过程较为繁琐：先申请专利再公开发表，保证专利不被剽窃；有激励政策和资金；清洁技术、农业和科技方面，要找到好的商业模式；大学非常关注创新，商学院提供各种课程让学生们学会思考，还让他们同医院、医生或科学院、大公司互相了解，进行跨学科合作和项目设计，并以市场为导向组建新的创业框架和团队。这为中国的创新创业事业提供了经验。

来自以色列的 Rewalk 公司演示了机器辅助残疾人现场走路，另外一家研究自动驾驶视觉机器人的公司则关注汽车驾驶问题，希望最大限度地降低交通隐患。"技术和创新会让人类的生活更加美好，我们应该以别人想不到的方式进行思考。"（爱因斯坦语）

紫牛基金合伙人张泉灵主持了"中国投资生态圈"沙龙，复星集团董事长郭广昌同以色列经济理事长 Amit 进行了有关武术和投资的对话。郭广昌指出，中国人形容温州商人和宁波商人是"中国的犹太人"，我相信这是一个褒义词。他说：

"中以经济有巨大的互补性，中国有巨大的市场，以色列有极强的创新能力和卓越的企业家精神。我投资的许多家公司都有以色列背景和犹太背景，而且每年的增长速度很高。以色列的每个男人都要服兵役 3 年，具有很强的执行力；再加上犹太人的宗教信仰，使他们的身心都很健康。就仿佛中国的武术以柔克刚一样，从而使他们在经商过程中非常灵活。中国人从来就是犹太人最好的朋友，两国的合作潜力无穷、充满希望。"

对于以色列人的创新精神，郭广昌很有发言权，除了他是杰出浙商的代表以外，近年来他不仅投资了不少以色列企业，还收购了很多犹太人创办的企业，如法国的地中海俱乐部、中国的"和睦家"医院、美国的 Studio 8 电影公司，以及加拿大的太阳马戏团等。按照郭广昌自己的话说，他与犹太人非常有缘分。他把以色列的创新精神归结为犹太教的传统和以色列的兵役制度，前者塑造了犹太人的意志力，后者塑造了以色列人的执行力，从而培育出优秀的企业家精神。

"2016 年中以科技创新投资大会"是中以历史上规模最大的一次科技大会，会场上人山人海，以色列终于在中国火了。在会场上，本书作者向以色列驻华大使马腾和前以色列驻上海总领事介绍了正在建设中的托克托"中以创新创业示范园"项目，请求以色列政府的帮助。

大会赞助商海南航空公司宣布，将于 2016 年 4 月 28 日正式开通北京和特拉维夫的航班，这是去年海航给中以企业家最大的一份厚礼。

大会联席主席以色列英飞尼迪投资公司创始人 Amir 认为，尽管以色列有先进的技术，也善于做初创，但在大规模生产和供应链建设上却没有优势，再加上自己国内市场狭小，周边又有 22 个阿拉伯国家包围，迫切需要跟中国这样资金实力雄厚、又有强大市场化需求国家深化合作关系。他预测："在 2016 年，至少会有 20 家中国企业在以色列进行收购，未来每年可能都会收购 40 ~ 50 家以色列企业，增长势头清晰可见。这种互惠互利的合作关系对双方都非常有价值。"

Amir 演讲时，来自以色列的无人机在会场上空飞来飞去，引起众人的惊呼。

Amir 说："无人机像一把钥匙，打开了中以合作的大门，拉开了中国经济转型的序幕。一年一度的大会，通过创造力建立信心，从而让中以关系更上一层楼。如同两个古老文明的拥抱，让两国走向双赢之路。"

以色列创新智慧的奥秘究竟是什么？这个问题值得我们认真研究和分析。我认为：1+1=2 是数学，1+1=11 是物理，1+1=111 是化学，中以文化科技相结合嫁接将产生化学反应，如同 $E=mc2$，能量巨大，天下无敌。

2016 年，中以关系突飞猛进。3 月 29 日，中以创新合作联合委员会第二次会议在耶路撒冷召开。该委员会是中以政府间最重要的交流平台，是根据刘延东副总理在 2014 年访以期间和内塔尼亚胡总理达成共识所创办。第一次会议于2015 年 1 月在北京召开。在第二次会议中，中以双方宣布启动双边自由贸易协定谈判，并且在会议期间签署了有关联合科研、农业、高等教育、文化等领域的13 项合作协议，预计在未来 9 年投资额将达到 6800 万美元。以色列高等教育委员会希望在未来 5 年到以色列留学的中国学生人数从目前的 800 人提高到 3000 人，而且中以双方已经签署了 10 年多次往返协议。中以关系由此迈出了重要的一步。

令人可喜的是，中国国务院总理李克强于 2016 年 4 月 12 日下午在中南海紫光阁会见了到访的以色列议长埃德尔斯坦。李克强总理表示，"中以关系近年来顺利健康发展。特别是在去年全球贸易萎缩的背景下，中以双边贸易逆势增长，更表明两国合作拥有很大潜力。中方愿以明年两国建交 25 周年为契机，同以方密切各层级政治交往，扩大各领域务实合作，积极推进双边自贸区谈判。积极拓展创新领域合作，形成机制性合作平台，为中以创新合作提供更多便利。"

以色列议长埃德尔斯坦表示，以中友谊基础深厚，以方钦佩中方取得的发展成就，赞赏中方主动引领经济结构性改革，为增长注入新动力，愿加强同中国政府、立法机构、企业界、学术界和民间的广泛交流，在推动增长、鼓励创新等领域结成伙伴，使以中关系不断结出互利共赢的成果。

2016 年 4 月 13 日，以色列议长埃德尔斯坦访问了外交学院，并做了题为《犹太人的创新教育》的演讲，在大学生中激起很大反响。作为体育迷，埃德尔斯坦还观摩了中国乒乓球队的训练，并同国家体育总局副局长、中国乒乓球协会主席蔡振华切磋了球技。在他结束访华时说："2017 年将是中以建交 25 周年，我们期待中以关系和两国的创新合作芝麻开花节节高！"

2016 年，中国的以色列年。与犹太人为伍，就是与智慧同行。

贺雄飞

2017 年 1 月 30 日

第一章 ｜ 智慧与信仰：犹太人的启蒙思想 ｜

人类的全部尊严在于智慧，问号代表一切，捍卫生命的价值和尊严，思想能不能烤出面包，这就是犹太人的启蒙价值观。

1.1 希特勒为什么要屠杀犹太人

关于这个方面的专著不多，南京大学徐新教授写过一本书叫《反犹主义解析》，后来铁戈先生又写了一本书，名为《荒漠之岩——反犹主义与阴谋论解析》，书中对这个问题做了非常系统的学术性回答。

徐新教授认为，希特勒屠杀犹太人有四大原因。

第一个就是宗教原因。中世纪主流反犹的是天主教和基督教，在天主教和基督教看来，正是因为犹太人犹大出卖了耶稣基督，但是殊不知基督教的两位创始人耶稣基督本人和保罗都是犹太人。

第二个原因是政治原因。因为在希特勒、纳粹党出现的时候，世界上兴起了一股共产主义潮流。共产主义思潮的核心领袖是马克思、拉萨尔、伯恩斯坦。修正主义、资本主义、社会主义其实都是跟犹太人有关系的。当时从事共产主义运动的革命理论家有324位，其中96位就是犹太人，而主要的领袖人物都是犹太人。苏联24个政治局委员，就有16个有犹太血统。希特勒很痛恨这些人，他认为共产主义是一个"幽灵"，要想统治全世界首先就要消灭共产主义和犹太布尔什维克。犹太人为什么要从事共产主义运动呢？因为哪里有压迫，哪里就有反抗。犹太人长期以来遭受压迫和反抗，所以犹太人革命性最强。

第三个是经济原因。犹太人在十七、十八世纪的时候，在经济领域已经崛起，欧洲银行业的30%～40%都是掌握在犹太人手里，希特勒为了掠夺财富要反犹。另外，"一战"以后，欧洲的经济衰落，失业率很高，犹太人成了希特勒政府推卸责任的替罪羊。

第四个是文化原因。"二战"前，波兰、奥地利、匈牙利等国家的医生、律师、法官、教授，有百分之四五十都是犹太人。其他民族的人要想就业，就必须排队等犹太人退休以后才能实现理想。所以希特勒号召大家：赶走犹太人，不就有工作岗位了吗？结果一呼百应，几乎将犹太人全部赶走了。此外，为了彻底解决犹太人问题，希特勒将600万犹太人送入死亡集中营。希特勒发明了世界上最"伟大"的所谓的没有痛苦的死亡——让你去洗澡，在音乐中让你进入毒气室，就地解决了剩下的这些犹太人。另外的一些犹太人跑到了美国，跑到美国的犹太教授总共有2700多名，其中有33人获得了诺贝尔奖，27人参与了制造原子弹的洛斯阿拉莫斯实验室。后来这2700多名教授都成为美国许多大学的开创者，像美国的常春藤名校普林斯顿、哈佛、耶鲁、麻省理工等大学，五分之一的教授都是犹太人，一下子使美国成为科技、思想和艺术等方面的"暴发户"。

2000年诺贝尔生理学与医学奖得主坎德尔曾写过一本书叫《追寻记忆的痕迹》，说自反犹主义出现以后，奥地利就开始彻底衰落。大家都知道维也纳的金色大厅，奥地利当时有20万的知识分子，其中有19.6万名是犹太人。书中说，当犹太知识分子离开奥地利以后，在维也纳的剧院里既找不到导演也找不到编剧，更找不到演员和观众。

1.2 以色列是全世界犹太人的精神故乡

在以色列有两座著名的城市，一座叫耶路撒冷，是著名的世界三大宗教云集的"圣城"；另一座叫特拉维夫，是以色列最著名的现代城市。许多犹太人工作在特拉维夫，却住在耶路撒冷；他们最大的理想是长在特拉维夫，死在耶路撒冷。以色列是全世界犹太人的精神故乡。

曾经有这样一则笑话：一位特拉维夫的富翁病得快要死了，于是招呼两个儿子把自尸送到耶路撒冷去，以便死后能像许多犹太人渴望的那样安葬在那里。没想到在耶路撒冷刚住了几天，这位老先生的身体竟奇迹般地好了起来。没过几天，他待不住了，气冲冲地把两个儿子找回来，毫不耐烦地说道："为什么还不把我送回特拉维夫去？"两个儿子非常委屈地解释道："这不是您老人家自己要来的吗？""废话！"老人气冲冲地说，"那不是因为我快要上天堂了吗！"

这也许是特拉维夫人编出来的，故意讽刺耶路撒冷。比如，有一位耶路撒冷的著名厨师曾对《国土报》的记者发牢骚说，他最讨厌特拉维夫的人到他的餐厅人吃饭，因为他们常常还没点菜，就大声地自报家门说："我是从特拉维夫来的。"意思就是说，特拉维夫是世界大都市，我可是见过大世面的，甭想糊弄我。再比如说，特拉维夫市政府把特拉维夫的一块海滩命名为耶路撒冷，这也是许多大城市的惯常做法。但耶路撒冷的人听着就不舒服，你这分明是挖苦耶路撒冷人没地方休闲，只能到特拉维夫去。

随便选择 100 个生活在特拉维夫的人，他们会告诉你特拉维夫的同一个故事；但如果你选择 100 个耶路撒冷的人，他们会给你讲述 100 个有关耶路撒冷的不同故事。无论如何，对于现代的以色列人来说，耶路撒冷是犹太民族和全世界基督徒的政治和精神中心；而特拉维夫却代表了犹太人最现代的世俗生活。从某种意义上来说，耶路撒冷代表着犹太人的传统和历史，特拉维夫则代表着犹太人同世界和现代接轨的物质追求；耶路撒冷代表着所有犹太人和基督徒的文化精神归宿，特拉维夫则代表了犹太人通过辛勤劳动和机敏的头脑换取的物质享受。这两座城市的共存是犹太民族在精神与物质、理想与现实、传统与现代、宽容与反同化的冲突中寻求平衡与和谐相处的标志。正如著名华人学者张平教授在《圣地双城记》一文中所写的一样，他曾经陪同两名犹太正统派的哈希德青年参加过一次安息日，几百名教徒一晚上只唱了一首歌，那就是"我们将相聚在耶路撒冷"，而且整首歌只有一句："我们将相聚在耶路撒冷。"几百名哈希德青年整晚上手挽着手，晃动着身体，有节奏地把这首歌唱上 50 遍、100 遍，而且一遍比一遍高亢，一遍比一遍激昂，你绝对听不出任何的厌烦和疲倦。

张平教授非常感慨地写到，那天晚上他整晚都挽着那两个身穿耶路撒冷长袍的哈希德青年的手，身不由己地跟着他们的节奏一起摇摆和歌唱。突然，他产生了一种幻觉，难道这不是耶路撒冷吗？为什么你明明站在耶路撒冷的土地上，却还一遍一遍地呼唤着耶路撒冷的名字？"即使你已经置身耶路撒冷之中，你还是只穿一半属于耶路撒冷的衣服，只吃一半属于耶路撒冷的食物，因为你从未真正抵达耶路撒冷；即使你祖祖辈辈已经在耶路撒冷居住了100多年，你也还是充满渴望地呼喊着'我们将相聚在耶路撒冷'，就好像一个从未来过耶路撒冷的人一样。"在耶路撒冷，你永远是个过客，无论你身处何方，都永远有另外一个耶路撒冷在天堂向你招手。耶路撒冷将是全世界犹太人的精神故乡。

犹太人曾经是一个没有国家的民族，也是一个世界性民族。他们先后在全世界许多地方建立起自己的精神家园，2000年的流散生活，宛如一条屈辱和苦难的长链，串起了人类文明中的黑暗丑陋：犹太人像牲口一样被贩卖，在笼中与猛兽搏斗，被剥夺一切做人的尊严，"血祭"、投毒、诽谤、驱逐、杀戮、耻辱、一直到希特勒的焚尸炉和纳粹的死亡集中营，从来没有把他们心中希望的火光熄灭，他们不仅渴望着在灵魂上得到救赎，也渴望着在肉体上返回上帝的"应许之地"，并真正地与世界和现代接轨。

1.3 犹太文明的核心在于追求智慧

如果从哲学而不是从神学的角度来说，犹太人创造了上帝，创造了"摩西十诫"，创造了律法和法律，由信仰上帝到信仰真理、再到信仰法律。上帝、真理、法律，这是人类现代文明的完整转换。财富对于犹太人来说只是工具和手段，只是附加值和副产品，从来不是最主要的。

犹太人的发明和创造很多，包括大家现在喜欢穿的牛仔裤、女性穿的内衣，包括我们吃的避孕药和"伟哥"，包括我们曾经注射过的西药青霉素、链霉素、小儿麻痹疫苗、照相技术等等。真正聪明的犹太人是在科学上有所发现、技术上有所发明、思想和艺术上有所创造的人，而不仅仅是有钱人。犹太人的价值观中，身份地位最高的首先是拉比，然后是学者、律师、医生、法官、思想家、科学家、艺术家，最后才是商人。

犹太智慧和信仰的底座是两部经典：《妥拉》和《塔木德》。其实犹太人的经典不止两部，他们的智慧被分为四个档次，首先就是《妥拉》。《妥拉》其实就是《圣经》的《旧约》。犹太—基督教的传统是，没有《旧约》和《圣经》，就没有信仰和上帝，这是信仰的基础。第二个层次是《密释纳》，这是犹太人的"生活圣经"。第三个层次就是《塔木德》，现在市场上的所谓《塔木德》写的都是关于怎么赚钱的，而真正的《塔木德》并不是关于赚钱的书，它是研究犹太人的思维传统，教你怎么想问题的书。犹太人为什么那么聪明呢？其中最重要的三个特点，第一是有信仰，第二是追寻智慧，第三是会想问题。会想问题，是犹太人最重要的一个传统。第四个层次是拥有五大智慧，让每个孩子成为一个有智慧的人。绿色智慧——创新思维；黄色智慧——情商和自信心；蓝色智慧——思维与平衡的智慧；红色智慧——动手，团队合作与实践的智慧；白色智慧——学习的智慧。智慧改变命运。

《塔木德》成书于公元 2 世纪到公元 6 世纪，由 1500 名拉比共同完成，被称为犹太人的口传律法集，在犹太教的地位仅次于《塔纳赫》，被称为犹太人的"第二圣典"和智慧的基因库。《塔木德》将《妥拉》中的戒律归纳为 613 条，其中正诫 248 条，反诫 365 条，涵盖了犹太人的一生。于是，犹太人也被称为"一本书的民族"，或被称为"圣书之民"。《塔木德》是犹太人寻找真理的生活指南，通过寻找真理获得了智慧，通过智慧他们改变了自己的命运。

《塔木德》的道德神学意义

《塔木德》认为，宗教的最终目的就是使人的内在和外在生命都变得崇高，使他懂得爱，并去做那些正确和善良的事。这也是整部《圣经》所强调和一再反复的教导。

只有一位上帝才会有一个道德，才能产生一种道德观和道德准则；如果有多位神，就会产生多种神的意志，也会产生多种不同道德观。

人类需要道德，就是为了过一种圣洁的生活，有了圣洁的生活，生命才会幸福，人活着才有意义。

《塔木德》关于人的教义

人是被宠爱的，因为他是按上帝的形象创造的，所以才人人生而平等。

人首先是以个体被创造出来，这样做是要教导人们无论谁毁灭了一条生命，上帝便视其为毁掉了整个世界；无论谁拯救了一条生命，上帝便视其为拯救了整个世界。因此，对人类的冒犯就是对上帝的冒犯。

《圣经》和《塔木德》教导人类，要"爱人如己"，这是人类道德与爱的黄金法则。既然人类都是亚当的后代，因此，彼此之间都是弟兄姊妹，要互相相爱，爱人如己。

《塔木德》中的环保意识

上帝说："看看我的工作吧，他们多么美丽、多么壮观。我在这儿创造的一切都是为你们所有的人在地球上创造的。别败坏和毁坏我的世界……"

无论是谁砍倒一棵结果实的树都会受到鞭打……

法律禁止不负责任地毁坏。

禁止在没有绿色庭园的城镇生活。

城内不许设置粪堆；城中不许设置窑炉；不许在城内养鸡；死去的人不许在城内过夜……

禁止在同一天同时宰杀动物及其幼子，这样会给动物造成极大的痛苦。人类的痛苦和动物的痛苦是没有区别的。

正是通过对《妥拉》和《塔木德》的思考和辩论，养成了犹太人热爱思考的习惯，让他们学会智慧思维、智慧决策和智慧行为，不仅让他们度过了一个一个的危机和难关，而且让他们的大脑越来越聪明，心灵越来越强大。正如一句犹太谚语所言："智慧就像磨刀一样，越磨越快。"下面先讲一则犹太笑话：

有一个犹太魔术师叫艾萨克，他养了一只鹦鹉，出去变魔术时总带着鹦鹉，这只鹦鹉也变得越来越聪明。艾萨卡用两三个月的时间想好了一个魔术，结果还没等表演，鹦鹉就将答案告诉观众。回来他就跟鹦鹉说，你能不能不将答案告诉观众，如果老是这样的话我们今后就没有饭吃了。鹦鹉说好。但是下次当他变魔术的时候，鹦鹉又将答案提前告诉了观众。于是他就请教一位老者，老者说你买一张船票到耶路撒冷去，找一位拉比去咨询，他会告诉你解决的办法。艾萨克买好了船票，带着鹦鹉去耶路撒冷找拉比请教问题。结果半路上起风浪，一船人都翻到河里去了，只有艾萨克和鹦鹉活着。从早上到晚上，这只鹦鹉都闷闷不乐，没说一句话。等到太阳落山的时候，艾萨克对鹦鹉说："鹦鹉求求你跟我说说话吧，我太闷了。"这时鹦鹉终于说话了："艾萨克啊，我想了一整天，怎么也想不明白，你将这一船人给搞到哪儿去了？"

连鹦鹉都学会了思考，更何况人呢？下面不妨再听一则有关思考的犹太笑话：

有一个犹太人带着马车夫出差，马车夫也叫艾萨克，到了一个偏远落后且盗贼盛行的地方。因为赶着马车害怕丢东西，老板就睡在旅店里，让艾萨克睡在马车上。老板晚上还是睡不着，于是就把头从窗户里探出来，问艾萨克："你在干什么？"艾萨克说："我醒着，我在思考。"老板问艾萨克："你在想什么呢？"艾萨克说："我在想家门口种两棵树，挖树坑的土该往哪儿搁呢？"等到3点钟的时候，老板还是睡不着，又问"艾萨克你，在干什么？"艾萨克说："我醒着，我在思考。"老板问："你在思考什么呢？"艾萨克说："我在想，家里的烟囱烟往哪儿飘。"等到5点钟的时候，老板又问艾萨克在干什么，艾萨克说："我醒着，我在思考。"老板说："你想什么呢？"艾萨克说："我在想，我们的马车和马到哪儿去了？"

人类就是这样，很多人坐在马车上睡觉，但是将马车和马丢了都不知道。犹太人学知识的一个很重要的原因，就是为了预防危机。犹太人认为一个人读了很多书，只有知识没有智慧就是一头驴。上学的目的不仅仅是为了获得知识，更要获得智慧，知识＋能力就等于智慧。一个人走向社会找工作只是第一步，紧接着要创业和成家立业、生孩子，如果你只有文凭、只有知识而没有智慧的话，这些问题能够处理吗？犹太人说发了财并没有成功，真正的成功是拥有知识和智慧。所以我提出世界的财富在犹太人的口袋里，犹太人的财富在自己的脑袋里。

1.4 犹太"三圣"：学院、医院和法院

《塔木德》记载："宁可变卖所有的财产也要把女儿嫁给学者，为了使女儿嫁给学者，即使丧失一切也无所谓；如果父亲和教师两个人同时坐牢，当儿子的首先应该保释教师；一个学者死了，没有人可以取代他。一个国王死了，我们所有人都可以取代他。"

犹太"三圣"就是学院、医院和法院。正如犹太法学家伯尔曼所说："法律必须被信仰，否则形同虚设。"

关于医生职业道德，《塔木德》也是有规定的。有这样一则笑话：一个哲学家生病了，找医生看病，医生看了之后说你完蛋了，回家祷告去吧。一年之后这个哲学家没有死，在马路上遇到了医生，医生很奇怪，问道："你怎么没有死啊？"哲学家回答说："是啊，我到地狱走了一趟，在地狱遇到了魔鬼，魔鬼对我说'我

要让所有的医生都下地狱'，但是你不要害怕，我跟魔鬼说了你不是医生。"

犹太人认为什么都可以堕落，但是学院、医院和法院不能堕落，教堂不能堕落。

犹太信仰的四大基石是：仪式、传统、权威和普遍性。

第一，仪式。法院有仪式、学校有仪式、教堂有仪式。没有仪式就意味着堕落。教堂、学院、医院、法院都应该有传统。法院有权威、医院有权威、学院有权威、教堂有权威。法律有普遍性，教育有普遍性，这些都是共享的。犹太人通过安息日、成年礼、赎罪日来维护自己的仪式，目的就是为了过神圣而有节制的生活。犹太人在过节的时候都要吹羊角号，告诉人们，"人是不完美的，要赎罪、忏悔、祷告"，一味地顺从欲望，放纵自己就等于堕落。

第二，传统。学习是一种信仰，人类的全部尊严在于智慧，认识上帝是智慧的开端，问号代表一切。这是犹太人的传统。在犹太人的传统里，将来每一个人如果走向天堂，天使会站在天堂的门口问你，今天你努力学习了吗？你认真思考了吗？你勤奋工作了吗？你参与教育后代的活动了吗？你诚实做生意了吗？只有回答了这几个问题的人，才可以拿到通往天堂的钥匙。

第三，权威。爱因斯坦说他一辈子反对权威，不幸的是他自己也成为权威。犹太人的传统就是反对偶像派崇拜，而中国现在是崇拜名人、明星和有钱人。犹太知识分子敢于向权力说真话。犹太人认为如果世界上所有人想法都一致，就不正常了，和谐的基础是不和谐，只有所有人都保持自己的个性，社会才能真正和谐。大家要做的就是互相尊重和理解，让不和谐存在，大家彼此理解和尊重，才能真正实现和谐，而不是消除异端，让所有人保持一种思想，这是不正常的，世界就会因此而灭亡。

第四，普遍性。犹太人认为要捍卫生命的价值和尊严，不能玩忽职守。犹太人认为知识是甜蜜的，犹太小孩上学第一天要由家族德高望重的人送到学校，老师给孩子发一块白板，上面涂着蜂蜜，老师带着孩子们读《圣经》，然后让孩子们舔蜂蜜，告诉孩子们知识是甜蜜的。苏格拉底说我知道自己的无知，只有知道自己无知的人才会变得真正有知。

1.5 通向未来的五大智慧和六大价值观

仪式、传统、权威和普遍性，这些都是人类的过去。人类要想通向未来，必须拥有五大智慧，这五大智慧正好跟中国的金、木、水、火、土对应。

绿色是木头，创造的智慧；黄色是土地，人性的智慧；蓝色是水，和谐的智慧；红色是火，实践的智慧；白色是金，学习的智慧。相对应的就是"摩西五经"，从而将犹太智慧和中国智慧完美结合，将中国智慧的五行学说和《圣经》打通，也就是说犹太智慧加上中国智慧等于更大的智慧，1+1=11 或 111。学习过犹太智慧和中国智慧的孩子，将来会比犹太人更聪明，也会比中国人聪明。

犹太人的六大启蒙价值观跟"大卫之星"有关，一个正三角和一个倒三角叠加，就是以色列国旗上的那个图案。

教育的本质是塑造人，人的本质是灵魂、品格和智慧，智慧从哪里来？从神学的角度来说，认识上帝和敬畏上帝就是智慧的开端。什么是上帝？上帝就是道路、真理和生命。所以说，没有灵魂的人永远不会忏悔，不会过有节制的生活。人类的全部尊严在于智慧，问号代表一切，捍卫生命的价值和尊严，思想能不能烤出面包，这就是犹太人的启蒙价值观。

犹太哲学家摩迪凯·开普兰说："犹太教的全部理想和全部目标是致力于改变世界，或者更确切地说，是致力于教导这个世界。毋庸置疑，这个任务来自于对上帝的信仰和对人的信仰。"

科学家爱因斯坦说："为知识而追求知识，几乎狂热地酷爱正义，以及要求个人独立的愿望——这些都是犹太人传统的特征，并使我为自己属于它而感到庆幸。"

人类一思索，上帝就发笑；人类不思索，上帝更发笑。也许通过以上的讨论能够有助于了解在上一节所提出的有关犹太人的"三圣"吧。

✡ ——— **第二章** | 质量胜过数量 |

中国人的思维要么非黑即白，你对我错或你死我活；要么中庸之道，不分是非和稀泥，丧失原则。犹太人则不同，既要承认双方的理论都是对的，又要创造性地解决问题。这也是犹太智慧同古希腊哲学的不同，既要知道是什么和为什么，还要考虑怎么办。

任何一件与以色列有关的事，都将成为历史。

——[美] 埃里克·沃格林

对造物的苦思冥想，不应是稍纵即逝的好奇，而是向永生持恒者的升华。

——[古罗马] 圣奥古斯丁

有人说，六个犹太人改变了世界：

第一位是摩西，他说一切都是律法；

第二位是耶稣，他说一切都是苦难；

第三位是马克思，他说一切都是资本；

第四位是弗洛伊德，他说一切都是性；

第五位是爱因斯坦，他说一切都是相对的；

第六位是罗斯柴尔德，他说一切都是财富。

很显然，这六位犹太人在推动人类历史发展过程中，起到了举足轻重的作用。甚至还有人把牛顿、达尔文、爱迪生、瓦特和洛克菲勒等许多各个领域的名人都错误当作犹太人，这显然夸大了犹太人在人类文明中的巨大作用。

那么，犹太人究竟在哪些方面推动了人类文明的进步呢？

2.1 犹太教影响了基督教和伊斯兰教

有两本探索西方文明东方源头的书，一本是法兰克福学派的大将卡尔·魏特夫的《东方专制主义》，另一本是法国宗教学者朱利安·鲍尔迪的《黑色上帝：犹太教、基督教和伊斯兰教的起源》。这两本书通过重新审视西方文明的发展过程，来寻找西方文明的东方源头。按照卡尔·魏特夫的观点，东方文明产生于黄河和长江文明，由于人类要抵抗大洪水的冲击，便产生了大禹治水和部落酋长，最后由皇帝变成"天子"，来行使"上天"的权力；而西方文明，或者更确切地说是犹太文明，虽然也发生过大洪水的传说，但主要是沙漠文明：在沙漠中人们渴望一个水草丰美的"伊甸园"，但又无能为力，只能渴求出现一个超自然的神——名叫"耶和华"，孤独无助的人类，要想生存繁衍，只能向这位"法力无边"的"上帝"祈祷，祈祷出现一个水草丰美的"伊甸园"。按照卡尔·魏特夫的观点，人类的力量再大，也不可能"人定胜天"，人类需要在神圣的上帝面前低下自己卑微的头颅。

《黑色上帝》是朱利安·鲍尔迪的力作之一，旨在探讨犹太教、基督教和伊斯兰教的共同起源。就在《黑色上帝》出版的前一年，一位法国东方学家在《上帝是谁》一书中态度坚决地批判了弗洛伊德在《摩西与一神教》一书中的观点，坚决否认犹太人的一神教信仰与埃及宗教的关系，声称"本人断然排除一神论是埃及人发明的说法。它的发明者非摩西莫属"。而朱利安也认为，在西亚—北非的广大地域中有一个"闪含语系"民族，他们共同崇拜着这位"黑色的上帝"。

"闪含语系"是北非和亚洲西南部最主要的语言，这种语言分为六大方言：阿卡德语、巴比伦语、亚述语、希伯来语、阿拉姆语、阿拉伯语和其他各种闪米特语言。作者考察了非洲的好几个民族，认为正是他们创造了东非最早的农耕文化，有梯田灌溉的突出特征。其中有一族叫奥罗莫人，在他们的宗教信仰中，也有一位黑色的风暴之神占据了主宰地位。该族创世观与《妥拉》（《旧约》中的"摩西五经"）非常接近：生命创始于水，神从云雨之中降临世界，神还用吐气的方式赐福于人，就仿佛《妥拉》中的耶和华用嘴对嘴吹气的方式把生命注入亚当的身体。作者还指出，这位"黑色的上帝"在《妥拉》里一分为二，一位是创造者耶和华，另一位则是伊甸园中蛇的化身（撒旦）。偷吃禁果的话题表明，正是上帝的禁令和蛇的引诱形成了一个对立统一的"上帝"。按照非洲人对闪米特宗教的解释，"蛇"本身就是上帝的一部分：《旧约》中的上帝和撒旦都源自闪米特人的"黑色雨神"。因为，如果我们不把引诱夏娃的蛇看作是上帝的"另一半"，我们就很难理解《创世记》中的这段故事，无所不能的上帝为什么既要造出亚当和夏娃，又要造出一条引诱他们的蛇呢？

后来，这位"黑色风暴神"又出现在了《创世记》的大洪水中，洪水过后，人类的始祖挪亚向上帝献祭，并通过彩虹同挪亚及其子孙"立约"。不久上帝又和犹太人的祖先亚伯拉罕立了约，并在同亚伯拉罕第二次立约时，让其家中的男子接受割礼，为其妻子撒拉生下以撒做准备，完成亚伯拉罕繁衍后代的重大任务。在关于亚伯拉罕向上帝献祭的故事里，我们看到的是闪米特人特有的用动物代替孩子作为祭品的祭祀方式。后来一直到天使和雅各摔跤，以色列十二支派的形成和摩西率领犹太人出埃及，在旷野上流浪了40年，上帝为犹太人颁布了"摩西十诫"，才宣告了犹太教的诞生。

犹太教是目前世界上最古老的宗教之一，从它形成到现在已有4000多年的历史。在漫长的人类发展过程中，许多宗教先后衰落和消亡，但犹太教长盛不衰，不仅为人类贡献了《妥拉》和《塔纳赫》，还为人类贡献了《塔木德》，为人类文明作出了巨大的贡献，同时经历了不断地改革和现代化的洗礼，至今仍然充满着活力。作为一名犹太人，每天都要省察自己的行为是否符合上帝对他们的要求，正如一位学者所言："犹太教与其他宗教的最大差别是：它所注重的是上帝要我们做什么，而不是上帝要我们信什么。"换句话说，犹太教所强调的是"因行称义"，即行动本身就是人与上帝之间的交流，每个人都应该建立自己的信仰。

基督教的柱石当然是拿撒勒的耶稣。耶稣不仅不是基督徒，从未读过《圣经新约》，而且从种族和宗教上是一个地地道道的犹太教徒。耶稣大约于公元前4年出生于加利利湖畔的拿撒勒，父亲是木匠约瑟，母亲是玛利亚。耶稣是一个法利赛派的犹太人，从小接受了犹太教育，并继承了犹太律法和先知们的传统，而且精通《妥拉》（摩西五经《创世记》《出埃及记》《利未记》《民数记》和《申命记》的犹太教称呼）和《塔纳赫》（犹太教《旧约》的总称），并有可能是一位拉比（犹太教教士的尊称）。跟当时的其他拉比一样，耶稣在犹太会堂里讲演，与文士们辩论，并与各界人士广泛交往，传扬"天国的福音"。由于当时正好是罗马人统治巴勒斯坦地区，犹太教内部分崩离析，冲突不断，现实世界非常黑暗，犹太人生活艰难，人们非常绝望，许多人把热情寄托于"救世主"和"光明之子"。由于耶稣非常同情底层人的苦难，因此许多人被耶稣的人格和言论所感化，愿意追随他寻找尘世的幸福并等待和迎接天国的降临。

耶稣的思想是对犹太教最大的革新和升华，而基督教是对犹太教巨大的革命，把一个由几万人信奉的"上帝"扩展到几十亿人信奉，而且由犹太人自己的信仰变成全世界的信仰。由于耶稣的一些思想和行为打破了当时犹太教的一些陈规陋俗，从而导致当时犹太教首领们的愤怒，才呼吁罗马总督彼拉多将他处死。尽管耶稣及其追随者们争取不受律法的约束，但他并未主张彻底废弃律法。他说："无论何人废掉这诫命中最小的一条，又教训人这样做，他在天国要称为最小的。"（《马太福音》5:18）他说："不要想我来要废掉律法和先知。我来不是要废掉，乃是要完成。"（《马太福音》5:17—5:19）因此，犹太教是树根，基督教是树冠，被称为"橄榄树上的野枝子"（保罗语），恩格斯甚至把基督教称为犹太教的"私生子"。

除了耶稣是名完完全全的犹太人以外，他的第一批"门徒"几乎都是犹太人（据说只有路加一人不是犹太人），而且早期的基督教初代教会完全沿用了法利赛派的教义和习俗。甚至说，基督教的真正创始人保罗不仅完全是个犹太人，甚至是个法利赛人，他的老师就是当时一位最著名的大拉比伽玛列。正如保罗所言："我保罗告诉你们，若受割礼，基督就与你们无益了。我再指着凡受割礼的人确实地说，他是欠着行完整律法的债。"（《加拉太书》5:2之后）正是保罗使耶稣成为教堂中的基督，正是保罗对《妥拉》的继承和发展塑造了基督教的思想，从而使基督教成为一个新的宗教，并使受希腊—罗马文明影响的人们更容易接受。也就是说，当摩西犹太教越来越僵化保守并不能真正满足犹太人的精神需求时，保罗创始的基督教和拉比犹太教应运而生了，一个是改革，一个是革命，从而改写了人类的文明史。

伊斯兰教诞生之前，遍布阿拉伯半岛的犹太人就把有关犹太教的思想和神话传说带给了阿拉伯人，并深刻地影响了思维敏捷、喜欢接受新生事物的穆罕默德。伊斯兰教兴起之初，许多穆斯林喜欢诵读犹太教的《妥拉》，因此有人也把伊斯兰教称作为犹太教的"女儿教"。正如《阿拉伯通史》一书的作者希提所言："希伯来人先于任何其他民族，以清楚的一神观念，向全世界昭示，他们的一神论是基督教徒和伊斯兰教徒信仰的渊源。"很显然，伊斯兰教是继犹太教和基督教之后的第三种一神教，也是人类的最后一种一神教，从而也形成了闪米特文化的同一种精神生活的三大果实。透过《古兰经》中的传说和故事可以感觉到，绝大部分内容与《旧约》雷同，占全部《古兰经》的四分之一。在经文中提到的28位重要人物中，《圣经》人物就占24位，只不过是把"易卜拉辛"变成亚伯拉罕而已。而且其中所提及的创世、救赎、魔鬼撒旦、地狱，反对偶像等观念同《圣经》如出一辙，充分证明了伊斯兰教和犹太教的血脉相连。因此，《犹太史》一书的作者阿巴·埃班写道："人们在确实研究了《古兰经》之后，就会发现穆斯林已把希伯来人思想智慧的结晶充分吸收到他们的宗教典籍中去了。阿拉伯人把各种精神财富融合成一个整体，同时把各民族不分地理和社会界限纳入一个唯一的、联系密切的整体。"

综上所述，犹太教、基督教和伊斯兰教被称为世界上三大一神教，他们都起源于中东，都信仰和崇拜唯一的神。虽然他们在典籍、教义和仪式方面各有不同，却都是从同一片土地上诞生，都为人类文明的进步做出了巨大的贡献。

2.2 犹太律法奠定希伯来文明的基础

在希伯来人的历史记忆中，亚当被视为人类的始祖，亚伯拉罕被视为"多国之父"，不仅是犹太人的族长，而且在伊斯兰教的传说中也被称为宗教先知。亚伯拉罕先和婢女夏甲生了以实玛利，据说是阿拉伯人的祖先。后来，又百岁得子，生了以撒，以撒又生了两个儿子，以扫和雅各。亚伯拉罕为了和上帝立约，把以撒作为祭品，留下了"替罪羊"的传说。以扫和雅各是孪生兄弟，以扫常在田野，善于打猎，而雅各则"为人安静，常住在帐篷里"。父亲以撒喜欢以扫，而母亲利百加则偏爱雅各。以撒年老的时候，老眼昏花，有一天他告诉以扫说："我儿……我如今老了，不知道哪一天死。现在拿你的器械，就是箭囊和弓，往田野去打猎，照我所爱的做成美味，拿来给我吃，使我在未死之前给你祝福。"（《圣经·创世记》27:1～27:4）以撒的话被妻子利百加听到了，等以扫出去后，利百加让雅各杀了两只山羊羔，为以撒准备好晚餐，并让雅各穿上以扫的衣服，又用羊羔皮包在雅各的胳膊和脖子上，从而让以撒把雅各当作以扫。当雅各把美味的羊肉端到父亲面前时，以撒感觉到是雅各的声音，便说道："声音是雅各的声音，手却是以扫的手。"他断定这便是以扫，便开始祝福雅各，从而使雅各获得了长子继承权，成为希伯来人的族长。据《圣经》记载，雅各威武勇敢，所以天使曾与雅各在雅博渡口摔跤，他战胜了天使，天使祝福并赐名雅各"以色列"（Israel，意为"与上帝摔跤的人"）。按照《圣经》的记载，雅各在和天使摔跤的时候，天使一晚上也没能摔过雅各，天亮时，摸了一把雅各大腿上的筋，从此雅各就瘸了，故而有"瘸腿的雅各"之称。犹太人为什么不吃牛羊肉大腿上的筋呢，就和这个传说有关。从此，希伯来人也被称作"以色列人"。雅各共有两个妻子和两个妾，生了12个儿子，这12个人的后代后来发展成为以色列人的12个支派。

以色列民族的真正历史是从族长摩西开始的。关于摩西出生的传说，也围绕着浪漫的光环。据说埃及宰相约瑟与他的兄弟们死后，以色列人的后代就在埃及迅速繁衍，致使埃及人产生了疑虑和恐惧，便企图强迫他们做苦力，从而抑制他们人口的增长。但是，这一切苛刻的措施并没有达到预期的效果，于是埃及国王便下令将埃及刚生下来的所有希伯来男婴全部处死，而受托完成这项任务的接生婆们出于仁慈的内心，并没有执行这个残酷的命令。于是，埃及法老再次向全体国民发布命令，要求他们必须把每一个刚出生的希伯来婴儿抛进河中。摩西的母亲在摩西诞生后，先把摩西隐藏了三个月，最后又被迫把他放在一个蒲草箱里，然后伤心地把箱子放进河边的芦苇荡中。恰巧埃及法老的女儿到河边洗澡，发现了蒲草箱中的男孩，摩西冲着公主哭了，公主可怜他，就把摩西收为养子，"摩西"的意思就是"因我把他从水里拉出来"。后来，摩西率领不堪忍受埃及法老压迫的犹太人出埃及，据《圣经》记载：上帝给埃及人降下 10 次大灾难，又把红海从中间分开，从而使犹太人踏上了重返迦南的艰难历程。

有一则犹太笑话很有趣：

上帝向人类颁布他的律法书前，曾到世界各地游说。上帝先把"十诫"给德国人看，德国人说："这是什么意思？让我们不杀生，拉倒吧。"上帝又把"十诫"拿给法国人看，法国人乐了："别逗了，要我们法国人不找情人？势比登天。"上帝很沮丧，这时面前正好走过来犹太人摩西。摩西很爽快，直接问上帝需要花多少钱？上帝大喜，说这是免费的。于是摩西说："那就要两块吧！"从此，"摩西十诫"就被写在两块石碑上，成为人类道德和法律的基础。

希伯来人跨越红海，进入西奈旷野，在炎热的沙漠中颠沛流离了将近 40 年，经历了无数的艰难困苦，导致许多人开始抱怨和丧失信心，并开始了迦南人特有的风俗——偶像崇拜。为了能够征服民心，摩西登上了西奈山 40 天，向上帝求助，上帝赐予了摩西两块石碑，将"摩西十诫"撰刻其上，宣告了犹太教的诞生：

◎耶和华是唯一的真神，除耶和华之外，不可敬拜别的神；

◎不可敬拜偶像；

◎不可妄呼上帝的名字；

◎当守安息日为圣日；

◎当孝敬父母；

◎不可杀人；

◎不可奸淫；

◎不可偷盗；

◎不可做假证陷害别人；

◎不可贪恋别人的妻子和钱财。

"摩西十诫"的颁布不仅宣告了犹太一神教的创立，而且表明希伯来人开始摆脱原始文化的束缚，寻找自己民族的生存和救赎之路。根据《圣经》的描述，犹太一神教纯粹是上帝的启示与摩西智慧的结晶，是人类认识史上的重大革命。"摩西出埃及"这一历史事件不仅是犹太历史上不可磨灭的重大事件，而且成为人类向往自由、摆脱奴役的一种象征。

因为要严守戒律，势必要经受苦难、承担惩罚；因为要有所畏惧，势必要人心向善；因为要遵守戒律，势必不肯融合于他族；因为不被同化，势必要遭受奴役和镇压。这就是犹太民族之所以历经磨难的外因和内因，也是犹太人为了民族和宗教的尊严所付出的血的代价。试想，一个小小的民族，怎能抵挡几千年历史风雨中那么多专制帝王、独裁者、野心家和杀人恶魔所发动的水与火的洗礼呢？有多少庞大的帝国皇权毁于一旦，有多少弱小的民族被斩尽杀绝，又有多少人类文明的圣殿消失沉沦？

公元 70 年和公元 167 年，当马加比起义失败以后，罗马大军攻陷耶路撒冷，放火焚烧了犹太人的第二圣殿，犹太人进入 2000 多年的大流散时期，于是进入拉比犹太教时代，犹太人不仅完成了犹太教《圣经》的正典工作，还开始进行《塔木德》的编撰。

拉比是研究犹太教律法的权威，相当于我们今天的先生，凡获此称号的人必须得到犹太教公会首领的认可。约哈南是最早拥有"拉比"称号的人，其继承者还拥有特殊的称号——"拉班"（即我们的老师），从此以后，犹太教便被称为拉比犹太教，而不再说法利赛犹太教了。法利赛教义也不再是一个派别，而是绝大多数人的犹太教，拉比便是犹太教的代言者和阐释者，《塔木德》成为犹太生活的主要权威。所以，拉比犹太教又被称为"塔木德犹太教"。犹太教便分为两支，一支就是拉比犹太教，另一支便发展成了基督教，向外邦人传播。

拉比们非常关心的一个问题就是确定律法，他们把这种律法称为"哈拉卡"，意为"应走的道路"。《塔木德》中共颁布了613条律法，"哈拉卡"共分为两大部分：一部分是关于宗教仪式的律法，一部分是用来处理民事和刑事问题。它不仅奠定了人类道德和法律的基础，还规范了每个人的个人责任和社会责任。通过大量的具体规定，宗教的道德和约束力被纳入人们的日常生活之中，抽象模糊的理想被转化为举止行为规范。例如，撒都该派的律法强调安息日不该做什么，或者人们应该遵守什么；而法利赛派的律法则强调安息日的积极作用。为了驱除安息日前夕的阴郁气氛，法利赛学者要求人们在星期五太阳落山前点上蜡烛，从而创造出一种欢乐的气氛。人们还应该穿上他们最好的衣服，三餐中至少有一餐必须有肉和酒。再加上犹太会堂中复杂的宗教仪式和对《妥拉》的诵读与讨论，使安息日成为一个欢乐和令人喜爱的日子。诸如此类，小到起居、饮食、洗浴、着衣、睡眠，大至宗教、律法、民俗、伦理和医学等无所不包，《塔木德》中的613条律法都给出了详尽的规定，让人们按照上帝指引的道路过神圣而圣洁的生活。"哈拉卡"为犹太人的全部生活提供了一整套完整的法律和礼仪制度，成为犹太人生存和繁衍的巨大力量，也为人类文明和道德的建立树立了一个标杆。

律法是拉比犹太教最主要的内容，却不是犹太教的唯一组成部分，它还通过大量的故事、笑话、寓言、诗歌和历史回忆进行道德说教。它不仅教会了犹太人思考什么，而且教会了他们如何思考。它用一种始终如一的声音，构建了犹太人的世界观和价值观。它宛如一位和蔼可亲的朋友或思想深邃的学者，始终和每一个犹太人进行交谈和讨论，并穿透琐细的生活，让人感觉到鲜活的智慧和触及万物的力量。

拉比思想的最大特征就是对异端思想的宽容性。除了三大基本原则外，拉比在对律法的解释上有极大的自由度。这三个基本原则是：上帝的唯一性及其在实际生活中的影响；成文及口传《妥拉》的神圣起源和"哈拉卡"的有效性；通过奖励和惩罚的律法来体现《妥拉》的精神。对于拉比之间的争论，犹太人讨论问题和学习时奉行的是"贺无它"和"平行逻辑"，即对一个问题的正反两方面的理解都是对的，可以允许人们对《圣经》的错误理解，他们采取的原则是："两种意见都是无所不在的上帝的语言。"在《塔木德》中记录了许多非犹太学者和一些自称为学者的人，对所谓《塔木德》具有"憎恶人类的狭隘偏执"的恶意攻击的言论，受多神教和基督教帝王们迫害的犹太人对非犹太人说的一些偏激语言并不感到奇怪。许多拉比坚持这样一个原则："各民族中的虔敬者在未来的世界中都有一席之地。"

"贺无它"和"平行逻辑"是犹太智慧基因库——《塔木德》犹太式辩论法的核心，其最大的底线有三条：①在批判和质疑别人的观点以前，必须重复一遍别人的观点，借以充分理解别人的观点；②不搞人身攻击，避免以情代理；③用"贺无它"和"平行逻辑"方式辩论，从而达到双赢的目的。

"贺无它"的方法就是不断向对方问"为什么"，让对方自己发现问题；"平行逻辑"的核心理念就是，虽然你我观点完全相反，但有可能双方都是对的。允许不同观点存在，是典型的"求异思维"。对方有不回答的权利，但回答不了证明你自己还不能"自圆其说"，说明你的理论有漏洞。

"平行逻辑"就是讨论问题时不走极端，其核心是承认每种观点的合理性，追求的不是一个真理，而是两个真理，而且两个观点是截然相反的，并可以和谐共生，不存在你死我活或你正确我错误，其特点是平行（两种截然相反的观点可以共生）+逻辑（只要你能自圆其说即可），不强求别人非要接受我的"正确"观点，或思想上消灭异己。因为犹太人认为，不和谐才是真正的和谐；中国人主张求大同存小异，而犹太人主张"求异思维"。一旦我们两人的观点相同，又有何意义呢？

这就是犹太人与众不同的创造性思维。中国人的思维要么非黑即白，你对我错或你死我活；要么中庸之道，不分是非和稀泥，丧失原则。犹太人则不同，既要承认双方的理论都是对的，又要创造性地解决问题。这也是犹太智慧同古希腊哲学的不同，既要知道是什么和为什么，还要考虑怎么办。

"平行逻辑"既是一种世界观，充分尊重每个人和每个观点的价值；又要寻找适合的解决问题之道，所以也是一种方法论。

拉比们明智和宽容的态度，使他们以自己的方式来解决上帝的律法和行为之间的矛盾。因为没有一个凡人能彻底完全地履行《妥拉》的所有律法，只要人们能够学会用诚实虔敬的态度忏悔和反省就够了，人类的慈父上帝是不会拒绝真诚的忏悔的。这一思想曾使使徒保罗陷入绝望之中，直到很久以后他才明白，《妥拉》的最大目的是让人类知道自己的无望困境，这样才能激发他去寻求神的慈爱并渴望得到拯救。

口传律法集《米德拉希》中曾讲过这样一个故事：

一个年轻的王子离开了他的父亲，到处流浪，后来他去了一个遥远的地方。有一天，他父亲派来一位使者要他回家，王子说："我也想回家去，但又害怕路程太远。"父亲的使者回答说："你父亲临走前告诉我，让你尽量往回走，剩下的路途他前来接你。"

拉比们对这个故事的解释说，这是上帝对人类的召唤，让那些迷途的羔羊早日回家，因为慈爱的上帝并不害怕路途遥远，他会迎接自己的孩子们回家。

《塔木德》说："智者就是向所有人学习的人，强者就是能自我战胜和化敌为友的人。"正如中国的《道德经》所言："知人者智，自知者明，胜人者有力，自胜者强。"

2.3 与犹太人为伍，就是与智慧同行

历史上，犹太人的人口最多时仅有 2100 万人，目前全世界的犹太人只有 1400 万，占比全球人口不到 0.25%，诺贝尔奖得主人数却占全部诺贝尔奖将近四分之一的比例，其诺贝尔奖获得概率远高于其他各个民族，是全球平均水平的 108 倍。中国虽然有 14 亿人口，但只产生了 12 个诺奖得主，而且大多都是华裔外籍人士，诺贝尔文学奖得主莫言只有小学五年级的文化。

此外，爱因斯坦、弗洛伊德、马克思、冯·诺依曼、冯·卡门、卓别林、毕加索、海涅、斯皮尔伯格、门德尔松、巴菲特、奥本海默、卡夫卡、保罗·纽曼、华纳兄弟……众多闪耀历史的名人都出自这人数不多的民族。犹太人是全世界平均智商最高的种族，平均智商高达 125 以上。

可以毫不夸张地说，正是这些群星璀璨的犹太人推动了人类的进步。看看各领域还有哪些犹太伟人和名人吧：

自然科学界

◎现代物理学之父——爱因斯坦

◎匈牙利籍著名空气动力学、物理学家——冯·卡门（钱学森的老师）

◎学者风范、女性楷模——诺德

◎控制论之父——维纳

◎二十世纪的数学巨人——冯·诺伊曼

◎核科学女杰——莉思·迈特纳

◎植物学家——阿洛索思

◎医生及教育家——詹努斯·克尔察克

◎ 1914 年诺贝尔生理学及医学奖得主——巴拉尼

◎观察蚂蚁的孩子、大生化学家——布洛赫

◎ 有机硼化合物的开拓者——布朗

◎ 发现脱氧核糖核酸的生物学家——阿瑟·科恩伯格

◎ 诺贝尔医学奖得主——勒韦

◎ 发现合成氨的诺贝尔化学奖获得者——哈伯

◎ 繁茂的哥廷根花园的缔造者——弗兰克

◎ 吞噬细胞的权威——梅契尼科夫

◎ 解剖学和病理学大师——亨勒

◎ 皮肤病学专家——卡波希

◎ 皮肤病学家、乌纳瘤命名者——乌纳

◎ 医学家、夏姆伯格病命名者——夏姆伯格

◎ 皮肤病专家、拉沙药膏创始人——拉沙

◎ 青霉素的发现者之一——钱恩

◎ 链霉素的发现者——瓦克斯曼

◎ 发现呼吸酶活动方式的科学家——海因里希

◎ 有机化学创始人——冯·拜尔

◎ 世界知名的科学家——施温格

◎ 美国科学家——李普曼

◎ 化学家——赖希施泰因

◎ 飞艇的实际发明人——大卫·舒华滋（在他接近成功时猝死，都柏林伯爵向其后人买到技术）

◎ 直升机的发明人——亨利·斐纳

◎ 在飞机的发明人莱特兄弟背后有一位犹太人奥多·利安达替他们开飞机

◎ 在有线电话的发明人贝尔发明电话之前 16 年，已有犹太人试制成电话机

文学界

◎ 19 世纪德国伟大诗人——海涅

◎ 19 世纪的大文学批评家——勃兰兑斯

◎最初的独白者——施尼茨勒

◎小说艺术的伟大革新者——普鲁斯特

◎以色列当代诗人——尤里·基维·格林伯格

◎作家中的作家——斯坦因

◎祈祷诗人——里尔克

◎享誉世界的文体大家——茨威格

◎西方现代派文学奠基人——卡夫卡

◎用历史弹奏时代的最强音——弗希特万格

◎《圣经》哺育的文学天才——约瑟夫·阿格农

◎文学大师——奈丽·萨克斯

◎制订"机器人三定律"的科幻大师——艾萨克·阿西莫夫

◎德国大作家——亨利希·曼

◎河堤上的哲人——帕斯捷尔纳克

◎"大记者"作家——爱伦堡

◎悲剧诗人——曼德尔什塔姆

◎犹太作家——沙隆·阿里奇姆

◎早期希伯来文诗人——比亚利克

◎犹太诗人——亚伯拉罕·马普

◎ 1910 年诺贝尔文学奖得主——保尔·海泽

◎异化青年的"守望者"——塞林格

◎小题材作品大师——艾萨克·辛格

◎悲剧作家——肖洛姆·阿莱汉姆

◎最有资格代表时代的美国作家——诺曼·梅勒

◎"黑色幽默"文学的始创者——约瑟夫·海勒

◎ 1991 年诺贝尔文学奖得主、南非文学的一颗彗星、女作家——奈丁·戈迪默

◎ "垮掉的一代"冲浪人——艾伦·金斯伯格

◎诗人沉思者——布罗茨基

◎《安妮日记》作者——安妮·弗兰克

通信媒介领域

◎通讯之王——路透

◎开创新式新闻事业的杰出报人——普利策

◎ "狂记者"——基施

◎《华盛顿邮报》主编、报界女强人——凯瑟琳·格雷厄姆

◎美国哥伦比亚广播公司总裁CBS——威廉·佩利

◎美国全美广播公司总裁——萨尔诺夫

◎《纽约时报》创办者——雷蒙

◎后来让《纽约时报》成为世界性重要报纸的——奥克斯

◎曾一度垄断全球新闻媒介的英国报业巨头——马克斯·韦尔

文艺界

◎世界电影艺术大师——爱森斯坦

◎美国当代喜剧电影大师——伍迪·艾伦

◎现代绘画的先驱者——毕沙罗

◎抒情风景画巨匠——列维坦

◎立体主义绘画大师——毕加索

◎世界钢琴泰斗——鲁宾斯坦

◎旋律天才——格什温

◎美国一代音乐宗师——科普兰

◎神弓——海菲茨

◎蜚声世界的小提琴大师——梅纽因

◎身残艺精的小提琴名家——帕尔曼

◎美国现代著名电影制片人、大导演——斯皮尔伯格

◎大画家——布洛赫

◎知名画家——爱波斯坦

思想界

◎基督教创始人、精神领袖——耶稣

◎马克思主义的创始人——卡尔·马克思

◎精神分析学开创人——弗洛伊德

◎泛神论大师——斯宾诺莎

◎现象学大师——胡塞尔

◎社会学、政治学大师——马克斯·韦伯

◎符号学大师——卡西尔

◎哲学大师——维特根斯坦、马尔库塞、弗洛姆、卢卡契、波普尔

◎著名心理学家、消费心理模型发现者——马斯洛

经济学界和商界

◎世界银行集团第十一任行长——罗伯特·佐利克

◎原美联储主席——格林斯潘

◎经济学大师——萨缪尔森

◎经济学大师——大卫·李嘉图

◎控制世界黄金市场和欧洲经济命脉200年的商人——罗斯柴尔德家族

◎红色资本家——哈默

◎美国铁路大王——库恩·洛布

◎华尔街大佬——贺喜哈

◎牛仔裤创始人——利维·斯特劳斯

◎华尔街金融大王——安德烈·迈耶

◎英荷壳牌公司创始人——马库斯·塞缪尔

◎英国最大的百货公司马克斯·斯宾赛公司创始人——马克斯

◎世界上最大的广告公司萨奇公司创始人 ——萨奇兄弟

◎美国金融大亨——巴鲁克

◎美国银行家——莱曼兄弟

◎美国连锁店的先驱——卢宾

政界

◎修正主义代表——伯恩施坦

◎机会主义代表——拉萨尔

◎女革命家——卢森堡

◎女革命家——奥尔加

◎共产国际的神秘使者——鲍罗廷

◎共产国际的神秘使者——马林

◎被剥夺国籍的政治家——托洛茨基

◎英国首相——狄斯累利

◎前苏联政治家——季诺维也夫

◎前苏联政治家——加米涅夫

◎前苏联政治家——斯维尔德洛夫

◎前苏联政治家——卡冈诺维奇

◎美国前国务卿——基辛格

犹太人历经磨难而不灭，人口很少，没有强大的军队，靠高度的智慧和思考能力顽强地生存下来，并创造出了璀璨的文化并孕育了无数名人与伟人，这绝对是一个奇迹。犹太人享誉着世界上公认为最优秀、最智慧民族的同时，也遭受着世人的误解、恐惧、嫉妒与憎恶。有才能的犹太人不仅因为他们的才智而被世人肯定，也因为他们的性格缺陷而被世人所诅咒，也因为他们的才能和犹太人身份的组合而备受关注。索尔·贝娄曾经说过："我是犹太人，美国人，也是一名作家，这点大家都很清楚。但是，我也是一个曲棍球迷，但大家对这点却一点也不在意。"

美国科学史学家乔治·萨顿在长达五卷的《科学史导论》中谈到 14 世纪之前的科学发展史时说，当时犹太人占世界总人口的 1%，但科学家里却有 17.6% 是犹太人，犹太人比世界科学家的平均比例高 18 倍。中世纪在西班牙的科学领军人物中，犹太人占 41%。而当时犹太人只不过占西班牙总人数的 2.7% 而已，犹太科学家是非犹太人的 25 倍之多，所以，那个时期也被称为"犹太人的黄金时代"。从 1819 年至 1935 年期间，德国有 20% 的经济活动由人口不到 1% 的犹太人所控制。1952 年，哈佛大学生中有 24% 是犹太人，康奈尔大学生中有 23% 是犹太人，普林斯顿大学中有 20% 的犹太学生。同一年，犹太人占美国总人口的比例为 3%，而美国知名大学的教授里有 20% 是犹太人，美国权威性的律师事务所中犹太人占 40%。尽管那时美国也有反犹主义，而且许多大学还限制招犹太学生。所以，美国拉比史蒂芬·西尔比格说："在当今美国，人们最崇尚的三种特质：成功、富有和犹太人，一再联系在一起，这绝非偶然。"

无独有偶，犹太人不仅崇尚创造力，也崇尚财富，在 2011 年美国《福布斯》杂志公布的"最富有阔太"的排行榜中，其中前 10 名阔太太之中就有 4 名是犹太人。她们分别是：第三名，Google 联合创始人谢尔盖·布伦的妻子安妮·沃西基，净资产 175 亿美元；第四名，美国赌王谢尔登·阿德尔森的妻子玛丽安拥有净资产 93 亿美元；第六名，美国时尚经典品牌 POLO 的缔造者拉尔夫·劳伦的妻子 Ricky，拥有净资产 46 亿美元；第十名，美国时装协会主席俄罗斯犹太裔设计师戴安娜·冯·弗斯滕伯格，拥有净资产12亿美元，并被誉为"世界上最性感的女设计师"。很显然，犹太人用智慧赚钱，拥有高超的财商和一流的创造力。

几千年来，犹太人历尽磨难，只能靠自己的智慧、特殊的创造力和想象力来改变命运，从而跳出严酷的现实，并翱翔于高尚的精神世界。用一句犹太人的话说就是，"梦想正是我的现实"。在集中营里，犹太人被夺去作为人的尊严，被击倒在地，置身于火葬场和毒气室的现实中，唯一的权利就是躺在发霉的床板上，努力从传统中摄取营养，发挥自己的想象力和创造力，从而借助着希望生存下来。正如著名心理学家弗兰克尔在《追寻生命的意义》一书中所言："满是伤口的脚塞在破靴里，脚上的伤口痛得我快哭了出来。然而，我还是迎着冷冽如冰的刺骨寒风，跟着长长的队伍摇摇晃晃的数公里的路程，从集中营一直到工作场所。我在内心里不断描绘着悲惨的集中营生活中微不足道的惦念。日日夜夜、时时刻刻，我不断思考。我被无解的问题折磨得想要呕吐尖叫。"于是，他被迫转换另一种思维方式，突然，他想象着自己站在一个既明亮又豪华的演讲厅的讲台上，演讲的主题竟然是集中营的心理学，以一种超然的态度面对当下的痛苦，并把痛苦当作历史，而把想象力和创造力当作希望和未来。后来许多犹太复国主义者正是用自己的乌托邦思想战胜了残酷的历史，而那些具有创造力的科学家，也是把自己的想象力建立在荒凉的沙漠上，并发挥出无穷的能量。

著名的当代犹太思想家高乔克教授在破解犹太人创造力的来源时认为，犹太教育的本质正是通过对犹太传统进行创造性的、生动性的阐释活动才得以自由和兴盛的发展。对于一个人来说，尽管拥有知识必不可少，但拥有知识并不意味着拥有为社会服务的机会。机会必须靠自己去寻找，必须用创造力挑战自己的知识。学习对于犹太人而言，不仅是一个自我教育和完善的过程，同时也是一个持续升华和终身教育的过程。犹太教育的任务就是，把犹太人变成过去与现在之间活动的焦点。诚如犹太哲学家罗森茨威格所言："犹太教育的首要目标，就是创造出一个理想主义的人。"因此，犹太教育的主要目的不仅仅是在推动研究，还在于创造出一类人，他们既能够热切投身于探究过去的知识和价值，又能够深切关心活力四射的当下和人民的生活。一个真正的犹太学者不仅能视学习《塔木德》为生命中的一部分，同时也把富有创造性和好学深思作为全部的理想，从而使他的学问和人性完美地结合在一起。对于一个犹太学者来说，学术自由和思想自由始终高于一切，"敢于思考"始终是犹太传统中的最高真理。有一句犹太谚语充分体现了犹太人这种把思考和写作当作生命价值的崇高感："如果你想在一个冬天躲雨，就造一间茅屋；如果你想在许多冬天躲雨，就造一间石屋；如果你想让后代记住你，你就造一座环绕城市的围墙；如果你想永垂青史，你就写一本书吧。"

从茅屋到石屋和围墙，再到写一本书，这不仅体现了犹太人的创造力，同时也体现了犹太人的价值观。一个希望永垂青史的人，绝对不应该只为商业利益而写作，绝对应该对人类有所贡献和创造。2010 年 10 月 12 日，第 42 届布克奖颁给了英国作家霍华德·雅各布的幽默小说《芬克勒的疑问》，这位作家就是一位犹太人。这是一部描述男人的"友谊和丧失，排斥和归属感，以及智慧和成熟"关系的作品。主人公是三位犹太鳏夫老友，他们在公寓里共进晚餐，在回想自己的过去的时光里苦甜参半，用一种人生悖论来阐述生命的真谛。这种悖论来自微妙的犹太式幽默，正如霍华德所说："犹太式的幽默是一种策略，而且是一种关于生存和如何生存的策略，它最明显的特点就是，幽默中总是伴随着笑声和眼泪。犹太人的幽默总是有痛苦，一个犹太人的笑话总是在伤害或反讽犹太人自己，因为一旦自嘲以后，别人就不会再重复伤害犹太人这种行为。我们会这么欺骗自己：我们是世界上最聪明的人，带着这些笑话，痛苦会被智力的游戏稍微减弱。"

对于死亡，这位犹太作家曾经这样说道："我希望贴近大地，我要安静地躺在墓地里。在欧洲，很多犹太人的墓地是冰冷和充满周围抛来的敌意的，我希望在墓地立一块写满希伯来文的墓碑，上面写一句我自己喜欢的笑话。"正是用这样一种异乎常人的逆向思维，这位犹太作家再次找到一把犹太人创造力奥秘的钥匙。

与犹太人为伍，就是与智慧为伍。没有智慧和创造力就无法在残酷的现实和未来的社会中生存。

2.4 马克思和他的犹太革命同志

客观地说，犹太人对人类的贡献主要体现在思想和文化方面，犹太人在政治方面历来是弱势。但是，从远古开始，犹太人也不乏政治领袖影响人类文明的进程。

《圣经》中提到的埃及宰相约瑟，从一名阶下囚直接变成埃及法老的副手，体现了犹太人的宽容精神与智慧；末底改的地位仅次于亚哈随鲁国王，而他的侄女以斯帖则成为一位女王，尼希米则展示了犹太人的管理才能。在穆斯林君主统治时代，维齐尔曾担任过国王的高级顾问和大臣；在 1437 年—1508 年，葡萄牙还出现了犹太政治家、哲学家和金融家阿巴伯内尔；在 1658 年—1724 年，匈牙利和摩拉维亚的主要拉比韦特海默则成为奥地利著名金融家；在 1784 年—1885 年，金融家和银行家蒙蒂菲奥里担任伦敦执政官；在英国历史上，英国保守党的政治家和作家狄斯累利曾两次担任首相，在政府中任职长达 40 年。所有这些著名的犹太人都是他们时代的推动者和震撼者。

在当代历史中，没有一个民族比犹太人更热衷于"革命"。在许多人心目中，犹太人和"激进分子"几乎是同义词。用沙俄内政部长普列韦的话说，"俄国革命几乎是一种犹太现象"。他告诉犹太复国主义领袖赫兹尔，虽然犹太人在俄国人口中所占的比例不到 5%，但是在俄国的革命者中，却有 50% 以上的犹太人。这并不使赫兹尔感到意外，他后来说："就秉性及其宗教信仰来说，犹太人是人们所能够指望的最顺从的守法者。但是在完全缺乏改善各种境遇，或缺乏仅仅是改善生存条件的希望，而是人们深感沮丧的情况下，犹太人更容易接受激进的思想，这有什么值得奇怪呢？"因此，不仅共产主义运动的伟大领袖马克思是犹太人，

"机会主义分子"代表拉萨尔和"修正主义"领袖伯恩施坦也是犹太人，匈牙利的革命领袖贝拉·库恩，巴伐利亚的革命领袖库特·艾斯纳，以及德国的女革命家罗莎·卢森堡也都是犹太人。在俄国布尔什维克党的领导层中共有24位领袖，犹太人就占了16位；其中的7名政治局委员中，有4名是犹太人：托洛茨基、季诺维也夫、加米涅夫和斯维尔德洛夫。据说，无产阶级革命运动的领袖列宁身上也有四分之一的犹太血统。所以，俄国革命党也被称为犹太—布尔什维克党。

卡尔·马克思于1818年5月5日出生于莱茵河畔的特里尔市，他的祖父是一位著名的犹太拉比，他的父亲是一位雄心勃勃的律师。在马克思看来，犹太人就意味着金钱，因此它们是所有"犹太问题"的核心。他问道：

犹太的世俗基础是什么呢？实际需要，自私；犹太人的世俗偶像是什么呢？做生意；他们的世俗上帝是什么呢？金钱。既然如此，犹太人就从做生意和赚钱中获得解放——因而也是从实际的现实的犹太传统中获得解放——也就是现代犹太人的自我解放。

马克思认为："金钱是犹太人的妒忌之神，在它面前，上帝也要退位。金钱藐视了人所崇拜的一切神圣事物并把它们异化成商品。"在马克思看来，环境把犹太人逼迫成重商主义，并使他们把这一风俗强加给西方世界。特别是在美国，犹太教已经使基督教沦落为一种商品："不管有没有犹太人，金钱已成为一种世界力量，犹太人的实际精神已成为基督徒的实际精神。犹太人被金钱异化的程度，达到了使基督徒变成了犹太人的程度。"马克思相信，这一切都与资本和商品有关，并将随着市场经济的消失而瓦解。因此，他通过撰写《资本论》和发起共产主义运动来体现它的革命理想。

欧洲共产主义领袖、"机会主义"的代表拉萨尔出身于德国一个犹太富商家庭，少年时代曾被誉为"神童"，青年时代就读于柏林大学，毕业后成了律师。在欧洲1848年革命期间，他投身于革命运动，在马克思领导的《新莱茵报》工作过，曾被捕入狱。在1849年2月至5月期间，马克思和恩格斯曾四次以"拉萨尔"为标题，在《莱茵报》上公开发表文章声援过拉萨尔的斗争。革命失败后，拉萨尔继续从事律师工作，完成了为一位伯爵夫人办理离婚案的工作，伸张了正义，在社会上获取了良好的名声。后来，当沉寂了一个时期的国际工人运动在19世纪60年代初开始复苏的时候，拉萨尔积极参加了德国工人运动，于1862年和1863年先后发表了《工人纲领》和《公开答复》等小册子，并从1863年5月担任了当时最大的、最重要的德国工人组织——全德工人联合会的主席。而此时的马克思和恩格斯正在远离德国的英国，主要从事理论工作。在这种情况下，拉萨尔在德国工人中声名鹊起，影响力超过了马克思和恩格斯，成了当时德国工人运动的领袖人物。

1864年，拉萨尔在为红颜知己的决斗中去世之后，马克思和恩格斯对德国工人运动中的拉萨尔机会主义采取了更加严厉的批判态度，矛头集中在其斗争策略上，而这种策略又被当时德国最大的工人阶级组织所接受。拉萨尔在《工人纲领》和《公开答复》中，批判普鲁士政府的反动政策，阐明建立独立的工人阶级政党开展政治斗争的必要性的同时，宣扬所谓"铁的工资规律"的理论，声称在资本主义制度下，工人的工资只是围绕平均工资上下波动，无法真正摆脱贫困。

怎样才能提高工人的生活水平，实现工人的解放呢？拉萨尔开出了两个药方，一个是"国家帮助建立合作社"，另一个是"普遍的、直接的选举权"。拉萨尔的思想在他去世后的十几年间，一直被"全德工人联合会"即拉萨尔派信奉着。当马克思和恩格斯在1875年得知他们的老朋友李卜克内西所领导的德国工人组织也要与拉萨尔派合并，并在纲领草案中采用了许多拉萨尔派的提法时，便压抑不住内心的愤怒。于是，马克思写了有名的《哥达纲领批判》，恩格斯也写了一封措辞尖锐的批判信。马克思的学生和追随者李卜克内西等人在接到"批判"后，认为从当时德国的实际情况出发，在合并时做出一些妥协，保留拉萨尔派的某些对整个工人运动无害的提法还是必要的，并没有完全采纳马克思和恩格斯的意见，于是德国两大工人组织终于实现了统一。

在欧洲的共产主义革命运动中，修正主义的鼻祖——犹太人伯恩施坦也是一位重要人物。何为修正主义？它是列宁主义政党对伯恩施坦主义政党的界定，那就是抛弃了"阶级斗争"和"无产阶级专政"。伯恩施坦认为，在西欧各国，一方面国家机器无比强大，暴力革命成功没有可能；另一方面存在开放的议会，暴力革命没有必要，可以通过议会斗争迫使资产阶级做出让步，从而逐步改善无产阶级生存状况。列宁则认为，资产阶级不会自动放弃政权，必须依靠暴力革命才可以从根本上改善无产阶级生存状况。围绕着这一观点的斗争，形成了无产阶级和社会主义革命的两条不同发展道路。

犹太人伯恩施坦，自称是"马克思的学生"，1850 年 1 月 6 日出生于德国柏林一个火车司机之家。学生时代的伯恩斯坦特别崇拜一位激进民主主义者 J. 雅科比，曾组织过"乌托邦"讨论俱乐部。从 1881 年初起，开始在瑞士苏黎世负责主编党的机关报《社会民主党人》，发表过多篇受到恩格斯称赞的文章。1888 年 5 月，因在德国俾斯麦政府的要求下，随该报编辑部从苏黎世迁往伦敦。当时的英国经济比德国要发达得多，生产技术和工具远比德国先进，特别是第二次技术革命给英国社会的各个方面带来了空前的发展，工人的收入普遍提高，生活和劳动条件大大改善。因此，伯恩斯坦开始反思曾经坚持和信奉的"暴力革命"道路。是否存在其他更好的工人运动之路呢？

1890 年，俾斯麦卜台后，德国社会民主党在议会选举中取得巨大胜利，社会民主党在议会中的地位空前提高。这极大地鼓舞了社会民主党中非马克思主义者渴望走和平社会主义运动的信心。同年 4 月，伯恩施坦在《社会民主党人》报发表了三篇文章，指出了此次议会选举胜利的重大意义，提出了"走向完全政治自由的道路是通过议会制度，而不是绕过议会制度"的主张。1893 年 7 月底恩格斯立遗嘱时，把全部手稿和书信遗赠伯恩施坦和倍倍尔，并把伯恩施坦作为遗嘱执行人之一。

1896 年以后，伯恩施坦的思想日趋成熟。他发表了大量文章，深刻地指出了在这新旧世纪交替的时刻，在世界各国尤其是欧洲发达国家的社会中，经济已经发生了根本性的变化，他认为马克思主义已经不适合指导社会的变革，必须重新认识资本主义社会和社会主义之间的根本矛盾。1899 年 2 月，伯恩施坦以他的社会主义观点对马克思主义作出了全面的"修正"，并系统地整理成书出版，该书就是著名的《社会主义的前提和社会民主党的任务》。因此，伯恩斯坦被称为"修正主义"和"民主社会主义"的鼻祖。

伯恩施坦在这部书中强调了"民主"对于社会主义具有关键的意义，指出"民主"这一概念中隐含着一个"法权"观念，即"社会的一切成员权利平等"，"民主是手段，同时又是目的。它是争取社会主义的手段，同时又是实现社会主义的形式"，没有民主就没有社会主义。他认为社会主义只是资本主义社会向全面民主社会发展的一个渐变的运动过程。他坚决反对阶级斗争。

伯恩斯坦强调，资本主义社会和以往的一切社会制度不同，不像它们一样要靠暴力革命才能建成一个新的社会制度，它自身具有自我更新的能力。只要社会民主党人通过积极地组织和行动来继续发展它，就可以逐步实现社会主义。他提出社会主义并不是一种具体的社会模式，只是一种社会进程，社会主义也并没有一个最终阶段，它总是在不断进步。他不同意列宁主义有关国家的学说，认为国家并非只能成为阶级压迫的工具，而是打理超越阶级的全社会共同事务的委员会。

伯恩斯坦《社会主义的前提和社会民主党的任务》一书的出版广泛地为社会民主党人所接受，标志着欧洲的社会主义运动基本摆脱了传统马克思主义的影响和束缚，独立发展成为了系统的民主社会主义学派，并最终使民主社会主义与共产主义（列宁主义）决裂。两派的基本原则分歧就在于是否坚持阶级斗争、是否坚持无产阶级专政。恰恰在资本主义得到充分发展的西欧，修正主义得到广泛传播，而在资本主义发展严重滞后的东欧，共产主义得到普遍发展。两大派本来是工人运动内部的意见分歧，后来在恩格斯逝世后逐渐成为两大政党的原则分歧，甚至列宁主义政党对伯恩施坦主义政党的攻击和批判成为政治斗争的主要内容。

在伯恩施坦民主社会主义思想的影响下，西欧各国工人阶级政党开始"放弃阶级斗争"，主张"议会斗争"和"阶级合作"。西欧政府也适应社会发展需要，先后废除对伯恩施坦主义政党的限制，允许其参加议会选举，甚至邀请其参加联合政府。在工人运动的推动下，英国工党开始取代民主党成为与保守党分庭抗礼的主要政党。后来，法国社会党、德国社会民主党与英国工党共同发起组织"第四国际"（社会党国际），并成为欧洲主要执政党。在社会党执政期间，西欧各国政府采取限制劳动时间、提高最低工资标准、发展社会福利等一系列措施，推动西欧各国传统资本主义国家进入到福利国家。今天，西欧各国的工会组织成为左翼政党的主要支持力量，从而获得了优越的社会地位，大大改善了西欧各国工人阶级的生存状况。

在列宁主义的影响下，东欧各国政党坚持"阶级斗争"和"无产阶级专政"，并主张"暴力革命"。在第一次世界大战后，列宁领导俄国十月革命取得了胜利，建立了第一个无产阶级专政的社会主义国家。在帝国主义武装干涉苏俄革命期间，各国社会党纷纷反对武装干涉，给予了社会主义苏俄极大的帮助。后来英国工党政府承认苏联，也可以说是社会党组织对共产党组织的支持。在第二次世界大战后，东欧建立了社会主义阵营。正如犹太女作家奈丽·萨克斯所言：

犹太—布尔什维克在全世界面前证明，犹太民族没有衰朽，这个古老的民族依然活着并且充满了活力。如果一个民族能够孕育出这样一些能够拯救世界的基因，并且使一些国家和政府心惊胆寒的人，那么这本身就是一个好的兆头，一个说明这个民族年轻、充满活力和精力旺盛的象征。

很显然，在法律是正当、合理、平等的国家，犹太人是最守法的公民。但是在许多以腐朽为特征的专制国家，当犹太人面临着各种压迫和蔑视的命运时，为了努力求得生存，使他们对革命产生了积极的兴趣，并渴望通过参加革命获得生命的拯救和新的发展机遇，从而获得更加平等自由的环境和美好的社会秩序。于是，许多犹太英雄主义者成为人类政治思想发展模式的先驱和殉道者。

2.5 思想和观念的帝国

众所周知，犹太人除了被誉为"世界第一商人"以外，还产生了像摩西、耶稣、马克思、爱因斯坦、弗洛伊德、索罗斯、格林斯潘，谷歌的两个创始人、facebook 的老板马克·扎克伯格、英特尔创始人安迪·格鲁夫、微软卸任总裁鲍尔默、戛纳电影节主席雅各布、美国好莱坞大多数电影公司的创始人，以及芭比娃娃的创始人、哈根达斯的创始人、牛仔裤的创始人，在许多行业都取得了令世界瞩目的成就，不仅产生了无数的名人和伟人，还孕育了181位诺贝尔奖得主。

有这样一句话说得好：六个犹太人改变了人类，推动了人类的进步。第一位是摩西，他说一切归于律法；第二位是耶稣，他说一切归于苦难；第三位是马克思，他说一切归于资本；第四位是弗洛伊德，他说一切归于性；第五位是爱因斯坦，他说一切都是相对的；第六位是罗斯柴尔德，他说一切都是财富。这六位伟大的导师都是人类历史伟大的开创者。摩西颁布了"摩西十诫"和《摩西五经》，奠定了人类道德的基础，也开创了犹太教，并在犹太教的基础上繁衍出基督教、天主教、东正教和伊斯兰教。耶稣的世界里是要拯救人类的生命和灵魂。马克思的《资本论》中对资本和剩余价值的分析，揭示了资本主义的秘密。弗洛伊德发明了性心理学，提出了本我、自我、超我的心理学理论，成为心理学领域最伟大的开创者。

爱因斯坦不仅提出了相对论，同时爱因斯坦也是一位伟大的科学家、思想家和教育家，他提出来的很多观点对现代人有巨大的启迪。爱因斯坦说："想象力比知识更重要。"他说，"我每天成百上千次地提醒自己，不要过多占用别人的劳动成果。"犹太人和中国人是世界上最古老的两个民族，世界上有这样一句口头禅，世界的财富在犹太人的口袋里，犹太人的财富在自己的脑袋里。那么，犹太人为什么那么聪明？本书作者曾经写过一本书，提出如下六大观点：

第一，信仰战胜苦难。因为犹太人是有信仰的民族，信仰和人的道德是有巨大的关系，绝对的信仰导致绝对的道德。如果没有信仰，道德可能也有，但是一旦你的道德和你的利益发生冲突以后，那些没有信仰的人，就往往会服从利益，不会服从道德。

什么是有信仰的人呢？所谓的信仰就是相信某种东西是真的，就是我们应该恪守一种价值观。所谓有信仰的人，就是每天都在思考人为什么活着的人。而按照成功学的观点来说，所谓有信仰的人，就是不会因自己的情绪变化而随意改变自己生活目标的人。而犹太教的第二部"圣经"《塔木德》说：信仰有六层含义，一个有信仰的人应该做到如下六点：第一，正确地说话；第二，正确地做事；第三，不撒谎；第四，拒收贿赂；第五，闭目不见丑恶之事；第六，闭耳不闻丑恶之闻。

第二，犹太教主张捍卫生命的价值和尊严，因为生命是最宝贵的。按《塔木德》的观点，每个人有四种动物的本能，就是吃、喝、生育和死亡，但同时又有四种天使的本能，就是能直立行走，会说话，能从正反两方面去见识和思考事物。所以人的生命是最宝贵的，每个人都是禀赋特殊的人，每个人活着都是有意义的，每个人活着就要体现出他在这个世界上独特的价值，犹太人的理想就是修复这个残缺而不完美的世界。

第三，学者成为一个民族的精神领袖。在犹太人看来，学者的地位高于父亲也高于国王。一个学者死了，没有人可以取代他，但一个国王死了，我们所有的人都可以取代他；宁可变卖所有的财产，也要把女儿嫁给学者；为了使女儿嫁给学者，即使丧失一切也无所谓；当教师和父亲两个人同时被绑架的时候，当儿子的如果能保释一个人出来的话，应该先保释教师，教师的地位是至高无上的。

第四，犹太知识分子敢于向权力说真话，敢于挑战权威是犹太人的一种精神。因为他们捍卫的是真理和神圣，捍卫的是智慧，如果用一句话概括犹太文化的话，就是：在上帝面前人人平等，到真理面前人人平等，最后到在法律面前人人平等。正是这样一种对真理和神圣的捍卫，让犹太人变得与众不同，他们捍卫的是人类永恒的精神——真、善、美。犹太人认为，最好的职业就是拉比、学者、医生、法官和律师。永恒的犹太"三圣"就是学院、医院和法院。

第五，从律法到法律，奠定了人类道德和法律的基础。上帝给人类颁布了诫律，让人类去反对偶像崇拜，让人类去守"安息日"，让人类去孝敬父母，让人不杀人、不淫荡、不偷盗、不做假证陷害别人、不贪恋别人的妻子和钱财。这是人类道德的基础。在律法的基础上又创立了法律，人的道德强大了，法律力度就不用那么强了，道德是法律的基础。

第六，犹太式幽默不仅塑造了犹太人的品格，也提升了犹太人的创造力，幽默是一种高等智慧的象征。犹太人笑在脸上，哭在心里；笑对自己，哭对上帝，幽默是他们最好的防身武器。每个犹太人都会讲笑话，他们讲完了呢，军人笑一遍，商人笑两遍，学者笑三遍。为什么学者要笑三遍呢？因为他还要再回味一遍，然后说，我给你讲一个更好听的笑话。

西方文明的两个源头，一个是希伯来文化，一个是希腊文化。希伯来文化便是犹太知识分子安身立命的民族文化传统，这意味着西方文明在本质上成为犹太知识分子的精神资源。希伯来文化的精髓就是对上帝的信仰，希腊文化的精髓就是逻辑思辨能力和怀疑批判的理性精神，以及对真理的追求。很多时候，这两种精神交替着在犹太人身上发挥作用，使敬畏上帝和追求真理成为犹太知识分子的文化内核。再加上犹太人的苦难经历，使反抗和质疑成为犹太知识分子的精神内涵。

著名的犹太思想家、后现代预言家齐格蒙特·鲍曼认为，主宰一个社会的有两种主要力量，一种是由党和行政机构控制的主流意识形态，一种就是大众文化。

在主流意识形态的宽容下，大众文化大行其道，娱乐化、庸俗化成为主流，使大众个个变成麻木苟活的"快乐的猪"，丧失公民意识，不去关注国家和社会，这样，这个社会中政客就可以大行其道。鲍曼认为，知识分子是具有"创新个性"的人，有权利对主流意识形态和大众文化都进行批评，并提出反对性意见，这些意见可能会更好地刺激和服务于人类的需要。知识分子应努力从社会中获取广泛的支持，从而赢得政权体制辩论的胜利[1]。鲍曼著有"现代性的三部曲"：《立法者与阐释者》《现代性与大屠杀》和《现代性与矛盾状态》。在这些书中，鲍曼认为，如今的知识分子都会赞同西美尔[2]在第一次世界大战的前夜草草写下的那个忧郁的预感："与所有早些时期的人们不同的是，我们已经在没有任何可供分享的理想状态下生活了一段时间了，也许甚至是没有任何理想地生活了一段时日了。"在这样的心境下，要把某人选择的价值当作具有绝对约束力的价值，就需要很大的勇气。鲍曼认为："毫无疑问，有人将担负起那个在荒野中呼号的角色，把自己推向这个崇高的然而并不明显有效的角色，而其他许多人则把实用主义的谦逊看作更为明智的选择……这种不确定性涉及与我们的主题最为相关的问题：知识分子的社会地位以及角色的转变。有许多迹象表明，由'立法者'这个隐喻所描述的传统角色（扮演的或向往的）正逐渐被'阐释者'这个隐喻所体现的角色所取代。"[3]

鲍曼对于犹太意识的思考，是纯粹知识性的和非感情性的。鲍曼最欣赏下列三句犹太人的话：

　　剧作家拉斐尔说过，"我作为一个犹太人的意义是，我在任何地方出现都是不合时宜的"；斯坦纳说过，"我的祖国就是我的打字机"；维特根斯坦说过，"真正的哲学问题能够把握和解决的唯一地方是火车站"。[1]

　　鲍曼认为，这三句话指向了同一个方向，那就是"无家可归"。而正是这种无家可归的感觉，不仅使犹太人可以没有规则的束缚和看得更远，同时也使犹太人更接近于上帝的"世界公民"的视角，他们关心的是公平、正义和全人类的道德建设。

　　列维纳斯在《塔木德四讲》一书中写道："人既非天使，也非魔鬼，而是与善恶交织在一起的存在，是欲望纠缠的生灵；没有诫律的犹太人对世界是一种威胁；人类在他们的本质上不仅是'为己者'，而且是'为他者'，并且这种'为他者'必须敏锐地进行反思；自由就是责任；犹太人是所有人类的人质。因此，犹太人需要世界——世界需要自己的人质犹太人——犹太人离不开犹太教——世界也离不开犹太教哲学和犹太文化。"正是在犹太教和犹太文化的支撑下，诞生了苦难的犹太人，也诞生了幽默的犹太人，同时也诞生了聪明的犹太人。

　　幽默是犹太人面对黑暗和苦难的心灵鸡汤，通过那些浸泡在苦涩中的"含泪的笑话"，犹太人去调侃和嘲弄权力与神圣，讽刺和批判人类的劣根性，从而来抵抗和超越世俗生活的悲苦与无聊。没有悲天悯人的"犹太式幽默"，没有"悲剧式的自嘲"，犹太人就不可能赢得弥赛亚的拯救，也不可能抓住真理的尾巴，从而直抵真理的彼岸。纵观犹太人的历史，一直是一部跌宕起伏的悲剧，他们反抗命运的主要手段，就是成功和渴望上帝的拯救，从而获得灵魂的慰藉与天堂的钥匙。正如俄国哲学家别尔嘉耶夫在《犹太教的命运》一文中所言："犹太民族在历史上能继续生存而未被消灭，它作为世界最古老的民族之一，在极其特殊的条件下得以延续……有其特殊的神秘基础……围绕犹太教的命运，把末日审判当作本民族摆脱其悲剧的历史命运的出路，当作向世界的某个能解决一切问题的崭新时代的过渡。救世主降临思想决定了这个民族的历史戏剧性……犹太民族永久地成了神的民族，即具有悲剧性历史命运的民族。"于是，犹太人只能用"悲剧式的自嘲"对自己进行末日审判，从而赢得或迎接弥赛亚的救赎。这不仅是"犹太式幽默"形成的宗教机制和必然性，也是犹太民族所特有的文化精神。

犹太大哲学家维特根斯坦曾经说过："真正的哲学问题能够把握和解决的唯一地方是火车站。"所以，当许多犹太人浪迹天涯时，除了生存还要寻找一个真正喜爱智慧的国度，但大多数国家的人们却沉醉于灯红酒绿和世俗的肉欲中，对幽默和智慧毫无兴趣。于是，这些犹太人只能变成无家可归的漂泊者和大地上的异乡人，被迫一次次地走向火车站。还是《快乐书》的作者犹太人泽布伦说得好：

我在这个城市生活久了。这里不适合我，这里的人都很无知，没有诗歌和文学，人们藐视法律，没有礼貌，罪恶横行，道德败坏。我已经离开家很多年了，我应该走了。

✡ ———— **第三章** ┃ 流着奶与蜜的地方 ┃

以色列虽然国土狭小，但她的地貌和风景却是非常多元化的，从高山到低谷，从大海到湖泊，从沙漠到绿洲，应有尽有，不禁让人感叹造物神奇。

困难的事情，我们赶紧做；不可能的任务，我们多花些时间。

——以色列前总理本·古里安

远见必须取代经验，最稳妥的办法就是放胆一试。

——以色列前总统西蒙·佩雷斯

3.1 谜一样的以色列

1948年5月14日，星期五，这是一个不同寻常的日子。这一天发生了三件大事：首先是以色列宣告独立；其次是英国对巴勒斯坦—以色列地区委任统治的结束；第三是阿拉伯联军准备进攻以色列。

下午4：00，在特拉维夫罗斯柴尔德大街10号，有200人参加了以色列的复国仪式。在犹太复国主义领袖赫茨尔的巨幅画像下面，以色列"开国之父"本·古里安敲响了木槌，示意由巴勒斯坦交响乐团演奏《哈提克瓦》，也就是现在的以色列国歌《希望》。它由犹太诗人伊姆贝尔作词，原为犹太复国主义的颂歌，曾在1897年第一届世界犹太复国主义者大会上首唱，歌词做过修改，后被确定为以色列国歌。歌词大意是这样的：

藏于我心深处的，

是犹太人的灵魂。

朝向东方故国的，

是凝望锡安山的眼睛。

纵然两千年颠沛流离，

希望仍未幻灭，

锡安与耶路撒冷啊，

我们会以自由之身重归故里。

这个优美而苍凉的旋律，令人想起了犹太人几千年颠沛流离的苦难历史。但是犹太人却一直渴望着自由，渴望着早日重归故里。紧接着，本·古里安宣读了共 1027 个字的《独立宣言》。他说："这是一块犹太人从未停止为之祈祷的土地，犹太人一直渴望着回归的土地。"他还提到了《贝尔福宣言》和欧洲犹太人遭遇的大屠杀，他主张以色列国的阿拉伯居民拥有"完全与平等的公民权利"，并呼吁他们参与到这个国家的建设和发展之中。宣布完《独立宣言》以后，本·古里安同其他 37 位领袖将名字签在一张空白的羊皮纸上。这些卓越的犹太精英们，宣告成立了一个新的独立国家，却未能及时找到一位《圣经》抄写员，用鹅毛笔事先将宣言誊抄下来。因此，以色列的《独立宣言》是先签上名，一周后才把宣言全部补齐的。

对于国家的正式建立，全世界所有的犹太人一片欢腾，本·古里安却在他的战争日记中写道，自己"在兴高采烈的人群中像个失去了亲人的哀悼者"。本·古里安意识到，由于以色列的独立复国，与周围 22 个阿拉伯国家的战争将不可避免。因此，以色列这个"流着奶与蜜的地方"，不仅到处长满了沙漠植物，而且从一复国就处于危机之中。

以色列意自英语"ISRAEL"，希伯来语原意为"与上帝摔跤"。以色列国旗上的基本图案是白底蓝色，上下各有一条蓝色宽带，蓝白两色取材于犹太祈祷者的蒙头披肩（塔利特），白色象征着犹太人渴慕"纯洁的新生活"，中间的蓝色"大卫之星"取自于古以色列大卫王的盾牌，象征着犹太人早在公元前 1000 多年就已复国。以色列国徽是一个长方形的七烛台，两边共六个枝杈，代表上帝创造世界共用了六天，中间高出的一枝代表安息日，烛台两侧的橄榄枝象征着犹太人对和平的渴望。烛台下方用希伯来文写着"以色列"三个字。

以色列的国花为油橄榄和银莲花。油橄榄被视为和平、智慧和胜利的象征，银莲花源自古希腊神话中美神阿芙洛狄忒所爱的美少年阿多尼斯在狩猎时被野兽吞吃，从他的胸口中流出的鲜血变成了银莲花，象征着历经沧桑的犹太民族。据统计，截止到2015年4月，以色列人口总数量达到834万，主要民族包括：犹太人、阿拉伯人和德鲁兹人，主要宗教包括：犹太教、伊斯兰教和基督教，国土面积（包括东耶路撒冷和戈兰高地）接近2.3万平方公里，官方语言是希伯来语和阿拉伯语，但大多数以色列人都会讲英语。主要城市有：耶路撒冷、特拉维夫、海法、埃拉特和贝尔谢巴。

以色列南北全长399公里，最窄处13公里，最宽处109公里，位于亚洲西部亚非欧三大洲接合处，是地中海东南岸一个狭长的半干旱国家。东部有山地和高原，比邻叙利亚和约旦，西南边则是埃及，北靠黎巴嫩，南邻埃拉特的海湾。以色列地形复杂，既有沿海平原，又有山区和约旦裂谷，同时还有戈兰高地和大面积的丘陵和沙漠。北方山区气候是多雨的地中海气候，南方地区则为沙漠性气候，最低气温在6℃以上，南方的沙漠气温最高达到44℃以上。降雨量在全国分配不均，越往南降雨量越低，尤其是内盖夫沙漠地区，超过70%的降雨量是在11月至次年3月期间，4月—10月通常是无雨季节，每年的冬季和春季在中部地区会出现降雪天气。以色列国内最具农业种植价值的土地便是那些每年降雨量超过300毫米的地区，这些地区只占全国面积的1/3，大部分地区是寸草不生的沙漠。

以色列境内最长的河流是约旦河，全场250公里，从胡拉谷南部流经加利利湖，最后注入死海。加利利湖是以色列最大的淡水湖，岸边基督教名胜古迹众多，备受全世界基督徒的青睐；死海是地球上陆地海拔最低的地方，由于海水中盐分特别大，人躺在海面上不会下沉，故有"死海不死"之美誉。

以色列提姆纳国家地质公园距红海之滨城市埃拉特只有25公里，是以色列南端最壮观的地貌之一。

提姆纳国家公园面积60平方公里，三面被陡峭嶙峋的山崖所环绕，红色、黄色和白色相间的土地上散布着许多天然的奇形怪石，因其独特的砂岩地质经长年风沙侵蚀而成，很像新疆的雅丹地貌。根据奇石地貌各自的形状特点，有蘑菇石、螺旋山、大拱门等景点。最著名的是所罗门王石柱，经多年风化侵蚀形成，为典型的红色砂岩。它的右侧有一座神庙，那里曾供奉着古埃及神话中的爱神哈索尔。

提姆纳公园不仅有壮丽的景色，还有迷人的历史故事和古迹。据考古学家考证，6000多年前，埃及人曾在这里开采铜矿，在提姆纳公园和周围的河谷，至今留有世界上最古老的铜矿遗址，古埃及人用驴子运送铜去埃拉特，在那里装船运往埃及。提姆纳公园还是适合自行车、徒步和露营以及举办集体活动的场所，并拥有沙漠地区独特的动物和植物景观，吸引了许多游客前来观光和探险。

由于以色列地形复杂，动植物资源非常丰富，全国共有2380种植物群。植物最密集的地区当属地中海地区，多为灌木丛和下层树丛。以色列野生动物资源丰富，尤以昆虫和鸟类最为突出。爬行动物和哺乳动物品种繁多，共有100多种野生哺乳动物，甚至许多哺乳动物是珍稀动物，如鹿、巨角塔尔羊、蹄兔和豺等。耶路撒冷的圣经动物园、拉马特甘的狩猎动物园和阿拉瓦卡哈伊巴尔保护区闻名世界。在以色列能看到510多种鸟类，大部分为春秋两季迁徙的候鸟，在许多国际级的鸟类保护中心可以观察候鸟的迁徙。以色列的海洋生物资源也非常丰富，游客不仅可以在死海体验漂浮的感觉，还可以在埃拉特参观海底世界或潜水观赏。以色列虽然国土狭小，但她的地貌和风景却是非常多元化的，从高山到低谷，从大海到湖泊，从沙漠到绿洲，应有尽有，不禁让人感叹造物神奇。

著名作家马克·吐温这样描述以色列："在所有景色凄凉的地方，这里无疑堪称首屈一指。山上寸草不生，色彩单调，地形不美。一切看起来都很扎眼，无遮无拦，没有远近的感觉——在这里，距离不产生魅力。这是一块令人窒息、毫无希望的沉闷土地。"但是，在短短的60多年里，以色列人创造了奇迹，这一切都要归功于以色列人的坚韧、勤劳和智慧。正如以色列开国总统魏茨曼所言："只要给我们一碗水，一粒种子，这个民族就能生存。"

在短短的60多年，犹太人在这片不毛之地上创造了奇迹，让以色列变成了一个弱小而又强大的国家。所谓的弱小，是指以色列人口少、国土面积小；所谓的强大，则是指科研能力强、技术产业化、创新能力强劲，科研投入占GDP的比例和人均吸引风险投资的比例都居世界第一，被公认为"中东硅谷""上帝眼中的瞳仁""创业的国度"和"智慧的国度"。

2014年全球科技排名，美国居第一位，以色列居第七位，创新能力以色列第一。

以色列拥有新兴科技企业超过4000家，平均每两千人拥有一家企业，其高密度为世界之最。

以色列拥有全世界最大的海水反渗透脱盐设备，并且拥有全世界最高的水循环利用率，75%的废水能够获得循环利用。世界第二大水循环国家是西班牙，只有12%的水循环利用率。

2012年，美国英特尔公司对以色列投资11亿美元，占以色列高科技行业出口总额的20%。到目前为止，世界科研巨头英特尔、微软、谷歌、IBM、思科、惠普、苹果和Facebook等公司均在以色列设立研发中心。

美国和以色列的3D打印技术产业化程度最高，研发并掌握了最核心的技术。

800多万人口的以色列拥有66所高等院校，其中7所进入世界排名前500名，共产生了12位诺奖得主。

魏茨曼科学院在全球生命科学和药物研究领域名列全球榜首，希伯来大学名列世界最好的500所大学中第54位，以色列理工学院与美国麻省理工学院和斯坦福大学并驾齐驱，并在中国开设了广东以色列理工学院。

以色列年人均读书量64本，位居世界第一；每一万人中有160名工程师，位居世界第一。

毫无疑问，以色列这个看似弱小的国家，却在高科技领域、农业科技、污水处理、生命科学等领域展现出无与伦比的活力与前景，已经作为世界科技强国而崛起。

世界上有这样一句口头禅："犹太人在家打个喷嚏，全世界的银行都将发生感冒。五个犹太人凑在一起，便能主宰国际股票市场。"很显然，以色列已经成为全世界知识水平仅次于美国的大国；以色列在纳斯达克拥有上市公司的数量仅次于美国和中国，名列世界第三。

在商业方面，以色列也是中东地区最强大、最现代化和经济发展速度最快的国家，位列发达国家之一；拥有中东地区管理最良善、对财产权利保护最佳的经济体制。以色列的军事科技产业，在世界上也相当知名。

今天，以色列人可以在沼泽和荒芜的土地上发展渔业，原本贫瘠不堪的丘陵也被改造成整齐平坦的粮田和果园，以色列已经变成了世界上最富饶的国家之一。荒凉的沙漠早已变成了片片绿洲，充满了勃勃生机。在古老、凄凉和到处断壁残垣的废墟中，新型的现代化城镇星罗棋布，一幢幢高楼大厦拔地而起，一条条高速公路四通八达。在这个古老灿烂的文化遗址上，却闪烁着令世界人民侧目的高科技文明，使这块古老的土地成为真正的"流着奶与蜜的地方"。

当年以色列首任总理本·古里安在战争爆发的危急情况下，力排众议，非常有远见地做出了"以色列未来的希望在南方"的战略决策。1953 年，67 岁的本·古里安总理卸职回家，来到内盖夫沙漠的一个基布兹定居，成为一介农民。他日出而作，日落而息，发誓"要让沙漠盛开鲜花"。1973 年，87 岁的本·古里安告别人世，留下遗嘱："葬礼无须颂词，棺椁埋于沙漠。"如今内盖夫沙漠，绿色遍布大地，本·古里安的墓碑静静地矗立在那里，他用一双慈爱的眼睛寻找着希望。

以色列，这是一个神赐予的名字，是荣耀也是使命。神说："我就要记念我与雅各所立的约，与以撒所立的约，与亚伯拉罕所立的约，并要记念这地。"（《圣经——利未记》26：42）"虽是这样，他们在仇敌之地，我却不厌弃他们，也不厌恶他们，将他们尽行灭绝，也不背弃我与他们所立的约，因为我是耶和华他们的神。"（《圣经——利未记》26：44）

纵观古今，多少强大的帝国曾经盛极一时，而今却灰飞烟灭。

然而，犹太民族几经异族统治，惨遭迫害和屠杀，在流亡 2000 年以后，竟能不被同化，于 1948 年复国，并能在周围 22 个阿拉伯国家包围中顽强生存，还在经历了五次中东战争以后仍然越来越强大，堪称真正的"奇迹"。

3.2 金色的耶路撒冷

"耶路撒冷啊，我若忘记你，情愿我的右手忘记技巧！

我若不记念你，若不看耶路撒冷过于我所最喜乐的，情愿我的舌头贴于上膛……"（《圣经——诗篇》137：5—6）

"世界若有十分美，九分在耶路撒冷。"（《塔木德》谚语）

"以色列地是世界的中心，耶路撒冷是以色列的中心，圣殿是耶路撒冷的中心，至圣所是圣殿的中心，神圣的约柜是至圣所的中心，而奠定这个世界的基石就矗立在神圣的约柜的前方。"（《米德拉西——坦胡马》，《为圣篇》10）

英国首相本杰明·狄斯累利说："观察耶路撒冷，就是在考量这个世界的历史；不仅如此，耶路撒冷的历史还是天国和尘世的历史。"

1966年诺贝尔文学奖得主 S.Y.阿格农在获奖致辞中说："经过一场历史大灾难，罗马皇帝摧毁了耶路撒冷。虽然我出生在流散地，但我一直认为自己是耶路撒冷之子。"

美国企业家特迪·克特勒说："每个人都有两座城市，一座是自己的城市，另一座则是耶路撒冷。"

以色列总理本雅明·内坦尼亚胡在2010年发表演讲时说："3000年前，犹太民族在耶路撒冷繁衍生息；今天，犹太民族还在耶路撒冷繁衍生息。耶路撒冷不是一个定居点，它是我们的首都。"

正如《耶路撒冷三千年》的作者西蒙·蒙蒂菲奥里在该书的前言中所言："耶路撒冷的历史是整个世界的历史，它同时也是犹地亚山间一座长年贫瘠的小镇的编年史。耶路撒冷曾被视为世界的中心，而今它比以往任何时候都要名副其实：这座城市是亚伯拉罕系宗教之间斗争的焦点，是越来越受欢迎的基督教、犹太教和伊斯兰教基本教义派的圣地，是不同文明冲突的战略角斗场，是无神论与有神论交锋对峙的前线，是世俗瞩目的焦点，是惑人阴谋与网络神话的发生地，是24

小时新闻时代里全世界摄像机聚集的耀眼舞台。宗教、政治和媒体兴趣相互滋养，使今天的耶路撒冷比以往任何时候都更频繁地暴露在世人的目光之下。"

西蒙·蒙蒂菲奥里，这个犹太人的后裔，他曾主持过纪录片《耶路撒冷：一座圣城的诞生》。他对耶路撒冷有无限的深情，他说："耶路撒冷是神圣之城，但给人以迷信、骗术和偏执的印象；是帝国的欲望与奖赏，但又不像他们所期望的那样具有战略价值……耶路撒冷是一座神的殿堂、两个民族的首都、三大宗教的圣地，它还是唯一一个拥有天国和城市两种存在维度的城市；而地上之城的绝美无双与天上之城的荣耀相比，又显得那样的微不足道。"因此，新耶路撒冷可以遍布世界，每个人都有自己心中的耶路撒冷。

自从《圣经》被翻译成各种文字出版后，耶路撒冷就变成"世界之都"，因为除耶路撒冷以外，世界上没有任何一座城市拥有自己的"圣书"。据说，亚伯拉罕、大卫、耶稣和穆罕默德这些先知和英雄，都曾在金顶清真寺底下的"荒漠之岩"上驻足，并留下许多神奇的传说。从某种意义上来说，《圣经》就是耶路撒冷这座城市的编年史。对于"圣书之民"犹太人来说，耶路撒冷便成了他们的"圣书之城"。

"圣城"这个词经常用来形容人们对神圣古迹的敬畏之感，而对耶路撒冷来说，它已成为尘世间人类与上帝交流的重要场所。为什么选中耶路撒冷这个荒凉的地方作为"圣城"？这里不仅缺水，而且不适合人类居住，夏天阳光暴晒，冬天寒风凛冽，嶙峋的岩石参差不齐，远离地中海海岸的贸易路线。然而，选择耶路撒冷作为"圣城"，不仅是人类自己的决定，也有上帝的首肯。随着时光的流逝，它的神圣性有增无减，"金色的耶路撒冷"越来越吸引着全人类的目光。

几千年来，许多朝圣者为了死在耶路撒冷，就购买墓地葬在圣殿山周围，为末日来临的复活做好准备。因此，耶路撒冷的周围被墓地包围，用赫胥黎的话说，耶路撒冷就是一个"宗教的屠宰场"；用福楼拜的话说，耶路撒冷就是一座"停尸房"。耶路撒冷的周围被"头盖骨"和"死亡大军"包围着，记录着它几千年的兴衰。与此同时，《圣经》取代了犹太人的国家和圣殿，成为"犹太人随身携带的祖国和随身携带的耶路撒冷"（犹太文学大师海涅语）。

> 凡事都有定期，天下万务都有定时……
>
> 抛掷石头有时，堆聚石头有时……（《圣经·传道书》3：1—5）

海外的犹太人在过逾越节时，通常都要读《哈加达》（《哈加达》是犹太人过逾越节时的庆典手册），并且口中会说"我明年一定要去耶路撒冷过节"。这让他们至少在精神层面上能更接近犹太人的首都，那里的人们会把茴香酒当作礼物互相赠送。许多以色列人到耶路撒冷其实只有"一箭之遥"，他们认为这种隐喻描述可以近距离表达出痛苦的历史感觉。

公元初年，欧洲人认为耶路撒冷是欧洲的尽头。公元前 11 世纪，古以色列王大卫统一犹太各部族，建立了以耶路撒冷为首都的以色列王国。公元前 10 世纪（约公元前 967 年）大卫王的儿子所罗门继承王位后，在首都锡安山上建造了首座犹太教圣殿——所罗门圣殿，俗称"第一圣殿"。来此朝觐和献祭的教徒络绎不绝，从而形成古犹太人宗教和政治活动的中心。大卫王和所罗门王也被称为犹太历史上最著名的君王，而所罗门王也被称为世界历史上最睿智和最富有的国王。至今关于所罗门王遗留的巨大宝藏和他判案的智慧，仍然成为世界人民茶余饭后所津津乐道的话题。中国人玩的扑克牌中的黑桃 K 便是大卫王。

所罗门王的巨大财富，成就了犹太历史上第一次的鼎盛时期。从圣殿内使用的器皿到祭司们的穿着，无不体现着敬虔和高贵。在所罗门王的鼎盛时代，古巴比伦王也主动前来参观圣殿，敬拜上帝。而所罗门王及其手下的傲慢无礼，让这位国王饱受羞辱。于是，巴比伦王暗暗发誓，一定要让羞辱他的人最终付出惨痛的代价。

所罗门王过世后，犹太人的国家分裂为南方犹大和北方以色列。北国为亚述帝国所灭，南国国王不顾先知耶利米的劝阻，依然加入反巴比伦的同盟，同亚述帝国一起被新巴比伦联军所灭。公元前 586 年，"第一圣殿"不幸被入侵的巴比伦人摧毁。将大卫王之子所罗门王为耶和华所建的"第一圣殿"付之一炬，4 万多名犹太人被虏，史称"巴比伦之囚"。至此，"第一圣殿"被毁，瓦片不存，连与上帝立约的约柜也流散民间。犹太人的国王被挖去双眼，在巴比伦河边空留懊悔与叹息。

"哭墙"，犹太人的千年之痛

经过了半个世纪的流亡生活，犹太人陆续重返耶路撒冷，后来又在"第一圣殿"旧址开始建造"第二圣殿"。公元 135 年，罗马皇帝哈德良平定了犹太人的第二次起义，犹太人被迫远走异国他乡，分散于万国之中。公元 70 年，罗马帝国皇帝统治时期，极力镇压犹太教起义，罗马提图斯将军烧毁圣殿，但遗留部分台基不拆毁，以向后世显示罗马的兵力强大。数十万犹太人惨遭杀戮，绝大部分犹太人被驱逐出巴勒斯坦地区，耶路撒冷和圣殿几乎被夷为平地，该墙为同一时期希律王在"第二圣殿"断垣残壁的遗址上修建起的护墙。拜占庭时代，犹太人被容许每年一次于圣殿被毁周年纪念日到西墙来，为国度复兴而哭泣祷告，从此"哭墙"之名不胫而走。

今每逢犹太教安息日时，尚有人到"哭墙"去表示哀悼，还有许多信仰者将心愿或悼念之词写于纸上塞进墙壁的缝隙里。特别是第二次世界大战期间，惨遭杀害的犹太人达 600 万之多。这些惨痛的历史遭遇，深深地印在犹太人的心灵之中，"哭墙"便更被犹太人视为向上帝哭诉的地方。

"哭墙"又称"西墙"，亦有"叹息之壁"之称。"哭墙"高约 20 公尺、长 50 公尺，中间屏风相隔，由大石砌成，在"哭墙"的上方，是同样著名的伊斯兰教的两处圣地——岩石清真寺和阿克萨清真寺。

"哭墙"是犹太教圣殿两度修建、两度被毁的痕迹，是犹太民族 2000 年来流离失所的精神家园，也是犹太人心目中最神圣的地方。犹太人相信它的上方就是上帝，所以凡是来这里的人，无论是否为犹太人都一律戴小帽，因为他们认为，让脑袋直接对着上帝是不敬的。在拥有 3000 年历史的这座古城，在著名的犹太人第二圣殿遗址"哭墙"下，祈祷是人们生活的一部分。在祈祷的人群中，有手拿《圣经》、背着枪的女兵，也有胡子一尺多长、专心虔诚的犹太老人。祈祷时男女有别，进入广场墙前，男士必须戴上传统帽子，如果没有帽子，入口处亦备有纸帽供应。许多徘徊不去的祈祷者，或以手抚墙面，或背诵经文，或将写着祈祷字句的纸条塞入墙壁石缝间。历经千年的风雨和朝圣者的抚触，"哭墙"石头也微微泛光，如泣如诉一般。

1948 年至 1967 年间，"哭墙"再次落入约旦手中，1967 年"六日战争"后，犹太人自约旦手中收复"哭墙"。现在，"哭墙"边还经常举行犹太少年 13 岁的"成年礼"，充满欢愉的气氛，所以改称作"欢乐之墙"。

公元 2000 年以来，西墙完全处于以色列的控制之下。以政府在西墙前开辟出宽阔的广场，每逢阵亡将士纪念日、大屠杀纪念日、犹太新年、赎罪日等重要的国家或宗教节日，便在此举行纪念活动或宗教仪式。"哭墙"所在的破败街区后来被拆除，成了一片宽阔的铺砌广场。虔诚的犹太教徒热切希望能重建"第三圣殿"，但那是不可能的，因为那将意味着要拆除后来在遗址上建起的穆斯林圣所。在圣殿地基附近还建有一座犹太教堂和一座拉比学馆。1981 年，"哭墙"被列入世界文化遗产名录。

耶路撒冷的"七道门"

耶路撒冷的老城一共有八个城门，以北墙为中心，逆时针转一圈，依次为：

大马士革门：因道路通向叙利亚首都大马士革，故名大马士革门。现在的城门是公元 1537 年由土耳其苏里曼大帝下令所建，犹太人也称此门为"示剑门"。

新门：于 1887 年所建，为方便基督徒进出城内的基督徒区。因为建成较晚，故名"新门"。

雅法门：又名约帕门，是通往约帕（今雅法老城）的道路起点。

锡安门：从锡安门可进入亚美尼亚人区与犹太人区，又称犹太门。城外可上锡安山，城门上留下了无数弹孔痕迹，是阿以战争的历史见证。

粪厂门：古时该城门是处理污秽废物的水沟流经之地，是最接近"哭墙"的城门。

金门：位于圣殿山东侧，犹太人认为弥赛亚（救世主）来临时，必由东方进入圣城，故称金门。

狮子门：因门上石狮浮雕而得名，但基督徒称此门为"司提反门"。第一位殉道的信徒司提反就是在这里被群众用石头打死，归入主怀。

希律门：曾经被误认为希律王的官邸在此门附近而得名。此门可进出穆斯林区，城门上有花饰石雕，故又称"花之门"。

明明耶路撒冷有八道门，为什么这里却说耶路撒冷有七道门呢？因为这八道门中最古老的是圣殿山下的金门，只能从远处的橄榄山上眺望，而且那扇紧闭的大门据说只有当弥赛亚来临时才会打开，因而称为耶路撒冷的"七道门"。

耶路撒冷的四座山

耶路撒冷除了有这世界闻名的七道门以外，还有世界闻名的四座山：橄榄山、锡安山、圣殿山和赫茨尔山。

橄榄山位于耶路撒冷老城东面，在《圣经》中屡有记载。公元前 586 年，犹太国被巴比伦灭亡前后，犹太先知曾预言，弥赛亚将从橄榄山降临，前来复兴犹太人的国家。耶稣在死前一周的初始，从这里进入耶路撒冷。相传耶稣死后三天复活，40 天后在此升天，所以峰上建有升天的教堂。站在橄榄山高处远眺，耶路撒冷的城市风貌尽收眼底：橄榄山上有很多坟墓，这里埋葬着世界各地的信徒，很多名人也选择把自己埋葬在橄榄山上。因为他们期盼着弥赛亚的再次来临，并从橄榄山上升天复活（《圣经·使徒行传》1:11）。

耶稣升天的小堂，位于橄榄山山顶，为八角形建筑，中间有升天石，据说上面有耶稣升天时留下的脚印。正如师徒约翰在《启示录》中所言："主耶稣啊，我愿你来！"（《圣经·启示录》22:20）；在橄榄山上还有主哭耶京堂和主祷文教堂，主哭耶京堂形状似一颗泪珠，象征着耶稣的眼泪。根据《路加福音》的记载，耶稣走向耶路撒冷的时候，为耶路撒冷哀哭（《圣经·路加福音》19:41）。主祷文教堂兴建于 4 世纪康斯坦丁所建的纪念耶稣升天的教堂原址之上，仿造 4 世纪的拜占庭教堂重建。教堂是无顶的，由台阶通往洞穴，那里是一些基督徒相信耶稣向他们的门徒预言耶路撒冷被毁和耶稣再临的地点。教堂刻有 100 多种不同语言的主祷文。

在橄榄山脚下，还有有名的客西马尼园。客西马尼园，意为榨橄榄油之地，位于汲沦溪旁，园中的 8 棵巨大的橄榄树在耶稣时代就已经存在。客西马尼园是早期基督徒朝圣的焦点，因为耶稣在那里被捕。正如《圣经·马可福音》（14:32）所言："他们来到一个地方，名叫客西马尼。耶稣对门徒说：'你们坐在这里，等我祷告。'"毗邻客西马尼园是著名的万国教堂，该教堂建于 1919—1924 年，因得到很多国家的资助而得名。万国教堂又名"忧伤教堂"，相传是耶稣在被捕前晚间祷告的地方，"耶稣极其伤痛，祷告更加恳切，汗珠如大血点，滴在地上。"（《圣经·路加福音》22:44）

锡安山又被译作"郇山"，位于耶路撒冷的西部，是犹太人朝见上帝的所在地。《圣经》曾经说过，"锡安山就是耶和华居住的地方"。公元前 1000 年，此地被大卫王攻下，实际是一个拱卫耶路撒冷城的城堡，所罗门建造的圣殿就是在锡安山上。《圣经·诗篇》（2:6）中写到："我已经立我的君王在锡安我的圣山上。"

锡安山不仅是犹太人的圣山，也是基督教的圣地，因为这里也曾有耶稣的足迹。公元30年，耶稣在耶路撒冷被捕受难，就曾在锡安山上的鸡鸣堂停留。鸡鸣堂是一座罗马天主教堂，这座教堂是纪念彼得在鸡叫两次以前三次否认耶稣所建。现在的鸡鸣堂屋顶塑有一个金色公鸡的雕像，描绘了公鸡、妇女和罗马士兵的故事。碑文是圣经经文："彼得却不承认，说：'女子，我不认得他。'"（《圣经·路加福音》22:57）教堂的北侧是一条古老的楼梯，通往汲沦谷。这可能是在第二圣殿时期所修的一条下山的通道，许多基督徒相信，耶稣被捕前夜就是从这条路走到客西马尼园的。锡安山上还有以色列王大卫的衣冠冢和耶稣享用最后晚餐的马可楼。耶稣复活后，在此楼中向门徒共显现两次，众门徒领受了圣灵。正如《圣经·马太福音》（26:20—21）的记载："到了晚上，耶稣和12个门徒坐席。正吃的时候，耶稣说：'我实在告诉你们：你们中间有一个人要出卖我了。'"

圣殿山就是《圣经》中的摩利亚山，亚伯拉罕在此献以撒，雅各在此与天使摔跤。公元前1010年左右，所罗门王建造以色列第一圣殿，存放约柜；公元586年左右，第一圣殿被巴比伦所摧毁；公元前37年，希律王建造第二圣殿；公元后70年左右，第二圣殿又被罗马所摧毁。因此，这里是犹太人世世代代盼望的第三圣殿的建造地址。公元7、8世纪，穆斯林第九任哈里发在这里建立了著名的阿克萨清真寺和萨赫拉清真寺，1994年约旦国王出资为清真寺圆顶覆盖了24公斤纯金箔，从而使阿克萨清真寺名扬天下。"哭墙"就是清真寺底下的一段墙，也是犹太第二圣殿仅存的遗址，成为犹太人心目中的第一圣地。

在圣殿山下还有古老的大卫塔和圣墓大教堂，以及著名的苦路。苦路从鞭打教堂开始，一直通往圣墓大教堂，是纪念耶稣从被审判到被钉死在十字架上的一条路。苦路全长500米，共14站。此外，在圣殿山下耶路撒冷老城北墙附近的花园里，还遗留着一个大约是1世纪时从山洞凿出来的坟墓，据说是耶稣坟墓的所在地，坟墓内的墙上有几个空的坟墓位。在坟墓外的碑文上写着："耶稣基督……因此从死里复活，以大能显明是神的儿子。"（《圣经·罗马书》1:4）

苦路是指救世主耶稣基督道成肉身为世人赎罪受难，被鞭打直到钉上十字架之前走过的那一段漫漫长路，是耶路撒冷旧城最重要的参观景点之一，更是朝圣者来到耶路撒冷必走的一段哀伤又充满感恩之路：

第一站：耶稣被鞭打，血流满地，又被罗马士兵戴上荆冠，戏称他为"犹太之王"。

第二站：耶稣被判刑之处，今日成为"铺华石处"，罗马士兵在此下棋，戏弄耶稣。

第三站：耶稣第一次跌倒，他身背十字架，体无完肤。

第四站：耶稣在这里见到母亲玛利亚。

第五站：耶稣体力不支，罗马士兵找来古利奈人西门为耶稣背十字架，西门因此得救。

第六站：少女维诺妮卡用手巾为耶稣擦汗，手巾留下耶稣真容。

第七站：耶稣第二次跌倒。

第八站：妇女们为耶稣哭泣，耶稣转身对她们说："耶路撒冷的女子，不要为我哭，要为自己和自己的儿女哭。"（《圣经·路加福音》23:28）

第九站：耶稣第三次跌倒。

第十站：耶稣在此被剥去外衣，如羊羔般献给天父。

第十一站：耶稣被钉上十字架之地。在这里，耶稣见母亲和他所爱的门徒站在旁边，就对他母亲说："母亲，看，你的儿子！"又对门徒说："看，你的母亲！"从此，那门徒就接她到自己家去了。（《圣经·约翰福音》19:26—27）

第十二站：十字架被高举立起，主耶稣断气之前，说了一声："成了。"他完成了救赎，布幕开裂，大地震动，罗马的百夫长看见了就说："他真的是神的儿子！"

　　第十三站：耶稣下十字架，受膏抹，埋入圣墓。

　　第十四站：圣墓之所，只是圣墓已空，耶稣已复活。

　　除了橄榄山、锡安山和圣殿山以外，耶路撒冷还有一座以犹太复国主义领袖西奥多·赫茨尔命名的小山，名叫赫茨尔山。在19世纪末的时候，赫茨尔就撰写了《犹太国》一书，大胆预言了以色列国的诞生。以色列复国后，为了纪念赫茨尔的伟大贡献，人们将他的遗骸从奥地利移葬于耶路撒冷西部的赫茨尔山顶。与赫茨尔一起长眠于此处的还有许多以色列著名政治家，如总理艾希科尔、梅厄夫人和拉宾。山坡上的军事公墓，安葬着历次阿以战争中牺牲的以色列将士。

3.3 浪漫之都特拉维夫

　　特拉维夫是第一座希伯来城市，位于以色列西部的地中海东岸，面积52平方公里，比海法要大，是耶路撒冷的一半，以色列的第二大城市，也是以色列经济、商业和文化生活的中心。特拉维夫濒临东地中海，居住的主要是犹太人。以特拉维夫为中心的城市群，被称为"特拉维夫都会区"，有人口304万，被列为中东生活费用最昂贵的大城市。特拉维夫被称为"中东的纽约"，具有活跃、摩登、世界主义的特征，被公认为以色列现代生活的象征和世界著名的浪漫之都。

　　特拉维夫的老城名叫雅法，是一个具有4000多年的港口城市，也是世界上最古老的城市之一。1950年，特拉维夫与雅法合并，逐步发展成为一座现代化的新兴城市。这里有以色列规模最大的大学——特拉维夫大学，最古老的剧院——以色列剧院，最著名的乐团——以色列交响乐团。以色列的商业机构、银行、许多政党、犹太工人总工会，以及各大报刊和出版社，总部都设在特拉维夫。几乎所有的使馆、领事馆也都设在特拉维夫。以色列人常说：在耶路撒冷祈祷，在海法居住，在特拉维夫玩耍。所以，许多热衷于旅行的人都愿意到特拉维夫享受那里的美食、夜生活、湿润的气候和美丽的海滩。而特拉维夫的老城雅法在《旧约》中被称为"约帕"，在《圣经·约拿书》中提到先知约拿不愿尊崇神旨拯救敌国，从这个港口城市搭船逃往相反的方向。

春天的山丘——特拉维夫

在希伯来语里，特拉是一座古老的山丘（它形成于数千年来在废墟上建立城镇之时），维夫是春天的意思。因此，"特拉维夫"一词既包含了古老的传统，也带有新生或更新的含义。

1909 年，特拉维夫在雅法北部建立。雅法是一座由迦南人在公元前 18 世纪时建造的城市，迦南人称其为雅芬（意为"美丽的"），阿拉伯人称其为雅法，以色列人则称之为雅福（现今的名称属于希伯来语）。在所罗门王统治时期，雅法是为首都耶路撒冷服务的港口，建造第一圣殿时所使用的著名的黎巴嫩香柏木就是经由雅法运输的。在罗马人统治时期，雅法曾以拥有大量犹太社区而著称，这些犹太社区在公元 58 年的犹太人叛乱中被大幅削减。

19 世纪初，居住在雅法老城的犹太人抱怨雅法恶劣的居住条件、糟糕的卫生状况、拥挤不堪的住房及昏暗的街道，最糟糕的是，是酋长穆合塔尔颁布法令，强迫犹太人每年都要搬离住处，目的是要建造一个独立于雅法的新社区。这标志着特拉维夫的开始，它迅速扩张，导致现今的雅法已变成特拉维夫的一个郊区。雅法旧城的居民区经过翻新改造，现在主要由艺术家们居住，他们在那里创建了自己的工作室和画廊。

以色列最富裕的城市——荷兹利亚

荷兹利亚，为以色列中部海岸一城市，为特拉维夫区一部分。城市名称来源于现代犹太复国主义的领袖西奥多·赫茨尔。它诞生于 1924 年，1960 年才正式宣布为一座城市，占地 6000 亩，人口只有 9 万，却是以色列的硅谷和高科技产业中心，享有极高的国际声誉。荷兹利亚是以色列最富裕的地区，建有大量的外国使馆和商业办事处。

荷兹利亚创建时是一种半农业合作社的莫沙夫村社，居民是来自全国各地的犹太移民和退伍军人。20 世纪 20 年代时，原 NBA 篮球运动员、驻以色列国际亲善大使泰尔·布罗迪的父亲和祖父在此投资修建以色列的第一座飞机场。1948 年以色列复国后，该市迎来了大批移民。到 1960 年时其人口已经达到了 25 万，随后就被升级为市。

根据以色列中央统计局的数据，在 2003—2005 年间，荷兹利亚全市平均工资为 8211 谢克尔，超出全国 15 个最大城市平均水平近 1500 谢克尔。根据 2008 年的全国生活质量调查，该市在全国 15 大城市中排名第二，财政收入居全国第二位，且当地的高等教育投资是全国最高的，大学升学率也最高。当地最著名的荷兹利亚跨学科研究中心（IDC 商学院）是以色列全国 66 所大学中最受学生欢迎的一所大学，占地面积虽然不大，但校园非常精美，而且具有浓厚的现代生活气息，有来自全世界 88 个国家的学生在此就读，为世界培养了大量的创新人才。

荷兹利亚是一个多元化的文化中心，不仅有以色列最先进的艺术和现代艺术博物馆，还有以色列最大的电视台和电影制片厂，名为荷兹利亚制片厂。当地有一个建于 20 世纪 70 年代的游艇码头，有一个小型飞机场，三个大型购物中心，此外有许多的电影院、博物馆、文化中心和体育场等设施。2008 年荷兹利亚实验电影院在市中心开业。自 2000 年起，荷兹利亚已成为以色列重要的会展中心，许多以色列领导人与各国领导人的峰会都在此举行。市西的荷兹利亚普图阿区是以色列全国海滩最为美丽但房产也最为昂贵的地方之一，区内聚集着大量高科技公司，这里的游艇码头、餐馆、娱乐设计使其成为以色列夜生活最美丽的地方。大规模的"城市绿肺"建设，使这座以绝美海滩风光闻名的旅游胜地更具魅力。

罗马皇帝之城——恺撒利亚

恺撒利亚位于特拉维夫以北 30 公里，原属西顿，公元前 90 年，被犹太国王亚历山大·詹尼亚斯攻占，成为一座犹太城市。公元前 63 年，罗马帝国征服此城，并令其自治。

在大希律王在位期间，曾大力建设此城，改其名为"恺撒利亚"，意为"罗马皇帝之城"，从而向罗马示好。公元前 22 年，此城营修深水人工港，并配以神庙、市场、大灯塔、市政设施，力图将恺撒利亚打造为地中海贸易重镇。从公元 4 世纪到公元 6 世纪的拜占庭时代，恺撒利亚达到了繁荣的顶点。

大希律王对希腊和罗马文化推崇备至，他虽然荒淫暴虐，却是一个非常杰出的建筑家。恺撒利亚的引水渠是他的得意之作，从北方 7 公里以外的迦密山引清泉进城里，并使城里的废水通过地下水渠排入大海中。因为有先进的给水和排水系统，从而使恺撒利亚才能保持沙漠中的持续繁荣。

19 世纪末，人们开始在恺撒利亚进行考古发掘工作，希律王的古城和十字军堡垒才得以重见天日，圆形竞技场、赛马场、古罗马洗浴中心昭显了当时恺撒利亚的辉煌。面向大海的歌剧院，现在仍然承办着音乐会，甚至无需更多的音响设备。

今天的恺撒利亚已经成为以色列著名的历史遗迹公园。繁华的生活如烟飞去，只有希律王的铜像仍伫立在那里，面对着浩渺的地中海，眺望着远方的罗马城。

以色列复国后，罗斯柴尔德家族出资开发恺撒利亚，将此地开发为旅游胜地。

3.4 从海法到埃拉特

海法位于地中海沿岸迦密山上的斜坡，号称"北方的首都"和以色列的主要港口。重进口关税的设置是为了保护生产商免受贪婪消费者的驱使，炼油厂、钢铁铸造厂、玻璃制造、饲料、纺织品和化学工厂这些词描述出了海法的产业定位，它是以色列继耶路撒冷和特拉维夫之后的第三大城市，也是目前闻名世界的"创新之城"。

海法被称为地中海的"旧金山"。海法是座舒适宜居的城市。在这里当你早上醒来时可以呼吸到满口新鲜污染的空气，听到鸟儿在树上嘤嘤啼叫，走在城市的花园里到处能都看到曾经洁白的百合花，如今被染成了紫色、棕色、黄色等色彩缤纷的颜色。为了放松一下，你可以去码头钓鱼，会看到许多货轮和大型船只都在波光粼粼的海上巡航。来自海法港湾的鱼有三种类型（根据石油的等级划分为）：特级、普通和无铅。沙丁鱼在打捞上来时就已经带油。当地一个古老笑话说："如果你给海法人一条鱼，你将喂饱他一天；但如果你教会他怎样钓鱼，他将在三年内死于汞中毒。"

目前的海法与过去相比发生了天翻地覆的变化，不仅有闻名世界的巴哈伊空中花园和迦密山，还有世界著名的以色列理工学院和 MaTam 科技工业园区。世界科技巨头英特尔、微软、谷歌、飞利浦和 IBM 等公司均在海法建有生产与研发基地。

巴哈伊空中花园是巴哈伊教的圣地，也位于海法市内。该教虽然产生历史不长，却已被联合国教科文组织列入了世界遗产名录。巴哈伊空中花园建造工程断断续续持续了 100 多年，最终在 2001 年惊艳亮相。迦密山位于海法市的东侧，意思是"上帝的葡萄园"。自古以来，迦密山就是美丽与荣耀的象征，因为历代的先知及君王，大多在迦密山上筑坛，祭拜各种不同的神祇。迦密山之所以声名远扬，就是因为在这座山上，先知以利亚曾向巴力的先知发出挑战，当巴力先知的咒语失效后，以利亚向上帝祈祷将大火把巴力先知所献的燔祭烧尽。据经上记载，"以利亚前来对众民说：'你们心持两意要到几时呢？若耶和华是神，就当顺从耶和华；若巴力是神，就当顺从巴力。'"（《圣经·列王记上》18:21）

阿卡古城

阿卡古城，位于地中海东部海岸以色列北部，是世界最古老的城市之一，据文献记载已经有 5000 多年的历史。阿卡最早是生活在那里的迦南人的一个部落所建，后来逐渐发展成为从地中海东岸通往西亚内陆的重要商业口岸。

为什么阿卡古城能被评为世界遗产？联合国教科文组织认为，阿卡古城是 18 世纪到 19 世纪的穆斯林防御城堡，同时完好保留了中世纪十字军东征时期的历史遗迹；阿卡古城生动再现了中世纪耶路撒冷十字军王国的城市规划和城市结构；如今阿卡已经成为一座典型的伊斯兰城市，拥有保存完好的城堡、清真寺、商栈和土耳其浴室等建筑，其中部分是建筑在当初的十字军建筑基础上的。

阿卡古城看上去仍是历史堡垒的模样，仿佛在地下沉睡了数百个世纪。当访客在那座巨大的堡垒中穿行时，会惊叹于那些高大的议事亭、美丽的弧形拱顶、曲折的暗道、两人难以合抱的粗大廊柱，眼前也会出现历史的金戈铁马和刀光剑影。

加利利和提比利亚

加利利海也称提比利亚海，是以色列最大的淡水湖，也是地球上海拔最低的淡水湖，位于地中海水平线大约 200 米以下的位置。加利利海并不是海洋而是个湖泊，约旦河经其横贯而入涌流而出。此湖泊用希伯来语称为"加利利海"，就是"竖琴"的意思。由于地势低，处在背风地，加之湖水的影响，因而加利利湖冬暖夏凉，特别适合鱼类的生长，从而使加利利湖自古就有繁荣的渔业。

耶稣的大部分神迹都发生在加利利湖边。据《马可福音》和《马太福音》记载，耶稣在加利利湖边呼召了他的四个使徒：渔夫彼得和他的兄弟安德烈，以及使徒约翰和雅各。经上说："耶稣在加利利湖边行走，看见弟兄二人，就是那称呼彼得的西门和他的兄弟安德烈在海里撒网。他们本来是打鱼的，耶稣对他们说：'来跟从我，我要教你们得人如得鱼一样。'"（《圣经·马太福音》4:18—19）

而著名的八福堂、五饼二鱼堂和彼得授职堂就位于加利利海边的小城提比利亚。

拿撒勒、他泊山和迦拿婚礼教堂

拿撒勒位于加利利地区，人口约 6.5 万，居民以信仰穆斯林的阿拉伯人为主，其余都属希腊东正教。拿撒勒本来是一座不起眼的小城，但是由于耶稣基督的缘故而声名鹊起，成为闻名世界的城市。正如《圣经》所言："到了一座城，名叫拿撒勒，就住在那里。这是要应验先知所说，他将称为拿撒勒人的话了。"（《圣经·马太福音》2:23）

拿撒勒是耶稣的父母约瑟和玛利亚的故乡，主耶稣在这里生活了 30 年。据《以赛亚书》称救世主弥赛亚为"枝子"，表明基督是从大卫的父亲耶西所长出的枝条，这枝条在寒微的环境中萌芽成长。拿撒勒最令人瞩目的建筑是天使报喜堂，建于1966 年，据传说，是天使向玛利亚问安报信的地方，教堂正面墙上塑有天使、玛利亚及四福音书作者的雕像。堂内还有约瑟和玛利亚的家。

位于拿撒勒东 10 公里处的耶斯列平原上，有一座著名的他泊山。公元前2000 年，迦南人巴力崇拜者遍布各地，它的神殿建于高山各处，其中就包括他泊山。到了《新约》时代，主耶稣曾在这里登山变像，这里的第一所教会建于公元422 年。用《圣经·马太福音》（17:1—2）的话说就是："过了六天，耶稣带着彼得、雅各和雅各的兄弟约翰暗暗地上了高山，就在他们面前变了形象，脸面明亮如日头，衣裳洁白如光。"

在拿撒勒东北约 10 公里的地方，有个叫"迦拿"的小村庄，《新约》中有四次提到它，被称为"加利利的迦拿"，耶稣曾在此变水为酒，行了第一个神迹，从此迦拿成为一个非常重要的地方。迦拿的婚礼教堂成为世界上举行婚礼的首选之地。

戈兰高地和黑门雪山

戈兰高地南北长 71 公里，中部最宽处约 43 公里，面积 1800 平方公里（其中以色列控制 1200 平方公里，占三分之二）。位于叙利亚西南部，约旦河谷地东侧。

戈兰高地于 1967 年第三次中东战争期间被以色列占领至今，联合国在边界设置缓冲区。戈兰高地西与以色列接壤，居高临下，是叙利亚西南边陲的战略要地，从戈兰高地可以俯瞰以色列加利利谷地。高地上公路交通网密布，库奈特拉为此地重镇，有公路直通叙利亚首都大马士革，只有 60 公里。目前，戈兰高地也成为以色列著名的旅游风景区，上面有很多用废弃的子弹壳和枪械的零部件做成的艺术品，充分体现了以色列人丰富的想象力和幽默的性格。

黑门雪山位于戈兰高地，终年积雪，是以色列的最高峰。在加利利大多数地区都可以看见山顶有雪的黑门山，黑门山的雪融化后向下流，成为约旦河的主要源头之一。《圣经·诗篇》(133:3) 提到："又好比黑门的甘露降在锡安山，因为在那里有耶和华所命定的福，就是永远的生命。"黑门山的雪水流入巴尼亚斯，再沿着约旦河流入加利利湖，这个巴尼亚斯就是过去的凯撒利亚腓利比。对于基督徒来说，凯撒利亚腓利比是福音的风水岭，耶稣到了那里就问门徒："人说我人子是谁？"西门彼得回答说："你是基督，是永生神的儿子。"（《圣经·马太福音》16:13—18）

伯利恒

伯利恒位于犹大山地南部,耶路撒冷以南 5 公里。公元前 3000 年,赫梯人和吉普赛人就开始在伯利恒定居,但在旧约时代,它一直是一座小城。伯利恒之所以能够闻名于世界,就是因为耶稣基督在这里出生。这里有耶稣到埃及避难前住过的乳洞、圣凯瑟琳教堂、十字军庭院、无辜婴儿墓穴和首先拥抱耶稣的牧羊人的旷野等,但最著名的地方还是坐落于市中心马槽广场的圣诞教堂。

据说耶稣当年就出生在教堂下面一个长 13 米、宽 3 米的地下岩洞中的泥马槽里。后来,泥马槽被人用银马槽所替代,银马槽后来又被换成了一个大理石圣坛,上面镶嵌着一枚空心的十四角伯利恒银星,以表示耶稣出生的具体位置,并镌刻着拉丁文铭文:"圣母玛利亚在此生下耶稣基督。"正如经上所说:"犹大地的伯利恒啊,你在犹大诸城中并不是最小的,因为将来有一位君王要从你那里出来,牧羊我以色列民。"(《圣经·马太福音》2:6)

据《圣经》记载,伯利恒也是大卫的出生地和加冕成为以色列国王的地方,城外还有著名的拉结墓。

约旦河受洗处

约旦河受洗处位于以色列北部和加利利海南部的约旦河口。约旦河谷地实际上是西亚、东非大裂谷的一个组成部分,东非大裂谷平均宽约 10 公里,最窄处在加利利海(深度为 209 米)两端,最宽处在杰里科一带,宽约 24 公里。

根据《马太福音》3:13—17 记载,耶稣受洗的地方应当在死海以北、耶利哥以东的 Qasrel Yahud,但那里在"六日战争"后变成了前线地区,所以以色列旅游局将受洗处迁至现在的约旦河口。

约旦河受洗处两岸桉树围绕,花藤成荫。岸边竖着一块墓碑,上面用英语和希伯来文写着"耶稣基督受洗处"。能在约旦河受洗处接受洗礼，那是人一生的荣耀。约旦河受洗处每天都有来自不同国度、不同民族、不同肤色的人前来受洗。据统计，每年有超过了 50 万人来这里受洗。

在水资源稀缺的中东地区，约旦河这条流经了叙利亚、黎巴嫩、约旦、以色列和巴勒斯坦的河流显得弥足珍贵。同时，约旦河也因其悠久的历史和独特的人文气息出现在诸多宗教典籍和文学作品中。相传耶稣就是在约旦河中接受洗礼的，因此约旦河也成为了世界各地朝圣者心中的圣地。

2011 年，一个由以色列、巴勒斯坦和约旦三国科学家组成的共同小组研究表明，约旦河下游将面临枯竭的危险。用"中东地球之友"以色列方面负责人吉顿·布朗伯格的话来说："现在你几乎能够蹦过约旦河，许多地方连跳都不用跳，水只能没到脚踝。"

为拯救"奄奄一息"的约旦河，报告建议以色列和约旦两国应从加利利湖和约旦河最大支流耶尔穆克河抽取大量水源注入约旦河，并适量注入经过处理过的污水。为此，"中东地球之友"发起了拯救约旦河项目，计划向其注入 4 亿立方米的淡水，并逐步增至 6 亿立方米。

中东媒体分析认为，约旦河面临枯竭危机的背后是以色列和周边阿拉伯国家对水资源的激烈争夺。约旦河由发源于叙利亚和黎巴嫩的几条河流汇聚而成，向南注入加利利湖，此后还有包括耶尔穆克河在内的几条支流汇入，最终流入死海，长约 300 多公里。从 20 世纪 50 年代开始，以色列就开始修筑水渠从约旦河上游的加利利湖引水，几乎将约旦河上游所有水流全部截走，而约旦、叙利亚只能通过约旦河下游主要支流耶尔穆克河引水。沿岸各国关于共享约旦河及其支流水源的谈判已陷入僵局，以色列和周边的阿拉伯国家一直互相指责对方出于自身目的转移本应共享的水源，为此双方还多次爆发冲突乃至战争。争水的结果导致约旦河陷入今天"无水可流"的境地。

马萨达、死海和耶利哥

马萨达位于以色列中部，是犹太人的圣地，也是联合国世界非物质文化遗产之一。公元 73 年，960 名死守马萨达堡的犹太人为了避免被罗马军队生擒活捉，而在此选择了集体自杀。马萨达事件充分体现了犹太人"永不陷落的马萨达精神"。现在的马萨达堡成为以色列孩子举行成年礼和新人当兵誓师大典的举行之地，是犹太人的"爱国主义教育基地"。

死海位于约旦和巴勒斯坦交界处，是世界上最低的湖泊，也是世界上最深和最咸的咸水湖，而且越到湖底，湖水盐度越高，是一般海水的 10 倍。死海湖面海拔 417 米。死海之名至少可以追溯到亚伯拉罕时代，《圣经》名为"亚拉巴海"，就是盐海的意思。1967 年阿以战争以后，以色列占领整个死海西岸至今。

耶利哥城位于死海以北，是犹太人出埃及流浪旷野 40 年之后攻下的第一座城池。耶利哥的意思是"馨香之气"，也被称为"棕榈之城"。目前考古学家认定耶利哥是世界上最古老的城市，在一万一千年以前就有人在这里居住，耶利哥也是世界上海拔最低的城市。

从耶利哥古城出发，往北有一座高山名叫"试探山"，因耶稣在此受试探而闻名天下。

内盖夫、贝尔谢巴和埃拉特

内盖夫沙漠横亘于以色列南方的内盖夫地区，占据了以色列国土面积的一半以上。由于地处矿野沙漠，内盖夫全年大部分时间少雨干旱，人迹罕至。但这里的自然景色却蔚为奇观，吸引了全球的游客到这里步行、骑车或驾驶越野车兜风。当然，内盖夫也不乏灿烂的历史：亚伯拉罕在别示巴安家，他的家族坟墓就位于别示巴以北的希伯伦，那里埋葬着亚伯拉罕、撒拉、以撒和利百加、雅各和利亚。

贝尔谢巴是以色列的第六大城市，又名"别示巴"，意思是"盟誓的井"，因为贝尔谢巴境内有两口大深井，井的四周有石头凿成的水槽。据《圣经》记载，当亚伯拉罕驱逐夏甲和以实玛利的时候，两人曾在别示巴的旷野迷了路。后来这口井被亚比米勒王的仆人霸占了，亚伯拉罕指责亚比米勒。于是，他们便在此地立约，起名"别示巴"。亚伯拉罕还在此地栽上一棵垂丝柳树，表示立约的证据，并在树下求告耶和华的名。到以色列人分迦南时候，这城给予了西缅支派，名示玛，又名示巴。1948 年以色列复国后，别示巴迅速发展，本·古里安大学等重要大学就在贝尔谢巴。

埃拉特是以色列最南部的港口城市，是红海亚喀巴湾的重要自由港。一面是旷野，一面是大海，温暖的海滩、绚丽的珊瑚礁与秀丽的山景，使这座有着地中海式气候的城市成为著名的旅游胜地。每年春秋两季，大量候鸟在埃拉特郊外水域觅食，补给养分。这些候鸟通常在欧亚大陆繁殖生长，秋季前往非洲过冬，来年春天返回北方。作为连接欧亚非三大洲的唯一桥梁，以色列南部的埃拉特成为候鸟的必经之地，每年吸引数万名鸟类学者和观鸟爱好者慕名来到埃拉特。

海豚在埃拉特得到了朋友般的保护和尊重，当地规定不得利用海豚进行任何商业性表演，也不允许游人给海豚喂食，这里对海豚健康管理有着严格的饮食制度。在红海珊瑚礁表面 15 英尺下，有一个奇妙的水下餐厅。在五颜六色的珊瑚花园里，数以百计的热带海洋生物寻觅着食物，餐厅内以海洋生物作布置设计，有水母型餐椅、海星顶灯、珊瑚灯饰及各种海草形铁花围栅，甚至连菜单也强调其水下生活主题。隔着玻璃窗，看着鱼儿们游来游去，享受着深海美食大餐的情调，如置身于梦境中。

3.5 以色列的博物馆与各种节日

犹太评论家斯坦纳说过，"我的祖国就是我的打印机"。

犹太人自称是"记忆的民族"，特别重视博物馆的建设，以色列不仅年人均读书量世界第一（64本/年），而且人均拥有博物馆的数量也是世界第一。民族的历史和苦难、拉比的智慧、先知的言行等等，都靠书籍和博物馆保存下来，意在告诉子孙后代所发生的一切，以便从中吸取教训，坦然面对一切黑暗和苦难。因此，以色列的博物馆被称为以色列的历史名片，主要包括：以色列大流散博物馆、以色列国家博物馆、耶路撒冷大卫塔历史博物馆、犹太大屠杀纪念馆，还有位于特拉维夫的以色列故土博物馆、特拉维夫艺术博物馆等等。

以色列大流散博物馆是应时任世界犹太人大会主席古德曼先生的提议而建立的，于1978年5月建成并对外开放，是世界上最大的专门展示犹太民族及其历史的博物馆之一。博物馆的展品按照主题进行展出，包括：照片、文献、电影、音乐和地图等，用最现代的手段充分展示了犹太人漫长的历史和苦难。

以色列国家博物馆是耶路撒冷最重要的现代化建筑之一，外观造型犹如一个巨大的白瓷罐盖子，于1965年落成，它四周围绕着以色列议会、最高法院和国家图书馆，是以色列的重要象征。博物馆的镇馆之宝是迄今为止发现的全球最古老的希伯来文《圣经》手稿——《死海古卷》和世所罕见的中世纪早期《圣经》手稿。博物馆中还陈列了犹太几千年文明史中的各种历史遗物。

大卫塔历史博物馆，坐落在耶路撒冷大卫塔历史遗址上，讲述了耶路撒冷4000年的历史；而犹太大屠杀纪念馆也位于耶路撒冷，于1953年开馆，馆中保存了4.4万名大屠杀幸存者对大屠杀的录音和视频见证，令每一位参观者看后无不震惊和流泪；而以色列故土博物馆则以其关于迦南美地丰富的考古和历史文物著称；特拉维夫艺术博物馆则是世界上最大的以色列艺术收藏机构之一，是以色列顶尖的当代艺术博物馆；大流散博物馆位于特拉维夫大学校园内，收藏了大量关于犹太人各个时期的历史和大流散时期历史文献和艺术品。另外，特拉维夫还有好几个有关以色列国防军历史的军事博物馆，还有无数个小型的私人博物馆。

以色列不仅博物馆多，而且每年的节日很多。按照节日的起源和时间顺序可以做如下排列：

创造世界（犹太新年）→逃离埃及，获得自由（逾越节）→西奈半岛沙漠流浪40年（住棚节）→领受上帝的《妥拉》（五旬节）→向上帝忏悔，请求宽恕（赎罪日）→庆祝波斯帝国皇后以斯帖拯救犹太同胞（普林节）→庆祝马加比起义成功夺回圣殿（光明节）等，以及许多现代节日：大屠杀纪念日、阵亡将士纪念日和以色列独立日。

犹太传统把主题为"忏悔"与"救赎"的新年放在了至高的神圣位置，使节日的精神意义得到升华，不仅要庆祝生命的欢乐，更要进行"灵魂的清洗"，使人和上帝之间的关系更加亲密。

犹太人正是通过这些节日浓缩了以色列的历史和文化，从而让每一个犹太人牢记历史，不断地提升自我，勇敢地面对黑暗，并迎接未来的挑战。

✡ ———— **第四章** ｜ 不创新就意味着死亡 ｜

犹太人由于苦难的历史，时刻充满了危机意识，在
任何情况下都决不懈怠。即使有平安的生活，他们
也常常居安思危，保持警惕。每当幸运来临的时候，
他们总是最后感知。而每当灾难来临的时候，他们
总是最先感知。

世界有十分美，九分在耶路撒冷。

——犹太第二圣典《塔木德》

第一个犹太人开加油站赚了钱，第二个人在加油站边上开饭店，第三个人在饭店边开超市。但中国人不是这样，第一个人开加油站挣钱，第二个人迅速开加油站，第三个人也开加油站，最后一起打价格战，都死掉了。

——中国段子

4.1 想法必须与众不同

对于许多人来说，以色列是一个陌生而神奇的国度，这里不仅培养出了十几位诺贝尔奖得主，同时还是上帝的故乡和耶稣的诞生地。尤其是现代的以色列，经常成为世界的焦点，不仅经常牵动联合国五个常任理事国的神经，同时每天都上演着形形色色的悲喜剧。

以色列于 1948 年 5 月 14 日复国，土地贫瘠，大部分国土面积是沙漠和盐碱地，严重缺水，全年中约有 300 天是日照，只有约 50 天是阴雨天。雨量非常稀少。以色列境内没有可供开采的石油、天然气、煤和森林资源，而且还处于周边阿拉伯国家的全面封锁之中。目前全国人口只有 800 多万，60 多年来历经磨难，在危机中发展和成长，年度 GDP 从 20 世纪 60 年代末的 25 亿美元上升到 2003 年的 1140 亿美元，翻了 40 多倍，而同期人口只增加了 4 倍。年人均 GDP 现已高达 2 万美元，名列世界前 20 位，位于发达国家行列。2008 年，以色列的人均风险资本投资是美国的 2.5 倍，欧洲国家的 30 余倍，中国的 80 倍，印度的 350 倍，吸引了近 20 亿美元的风险资本，相当于英国 6100 万人口所吸引的风险资本或德法两国 1.45 亿人口所引入的风险资本总额。以色列在纳斯达克上市的新兴企业总数，超过全欧洲在纳斯达克上市的新兴企业的总和，甚至超过日本、韩国、中国和印度四国的总和，这个弹丸之地爆发出了惊世的能量。

以色列复国的时间比新中国成立不过早一年半。一个诞生几十年的国家，为什么能从一个农业国家快速变身为现代化国家？

一个人800多万的国家，为什么能在炮火和连续的战争阴影中实现年人均GDP超过2万美金的经济奇迹？

一个国土面积只有2.6万平方公里的国家，为什么能够成功地从"农业小国"转型为世界第二的"科技大国"？

一个除了沙漠和人的大脑外一无所有的弹丸小国，为什么能在世界经济论坛国家创新排名中遥遥领先？

这一切谜团值得每一个追寻社会进步的有识之士认真探索和思考。

我于2010年至2014年期间，先后6次考察了以色列，第一次是参加以色列风投与高科技年会，第二次是随同中国教育考察团考察以色列的教育，第三次应以色列一流智囊团PenZA的邀请考察以色列的创新和黄金教育模式。

时光飞逝，往事历历在目，犹太人的聪颖智慧和教育思想深深地打动了我，让我久久难以忘怀。中华民族和犹太民族都是伟大而古老的民族，只要相互学习和交流，取长补短，一定能激发出智慧的光芒。

2011年11月2日上午，我第三次访问以色列的时候，以色列著名的管理创新智囊团PenZA感知实验室的董事长Erez开车带我去海法市MATAM科技园参观，科技园的CEO热情地接待了我们，加上PenZA的CEO Zohar先生，共有四个"光头"。当时我非常奇怪，难道犹太人的聪明和他们的光头有关系吗？为什么叫绝顶聪明？

MATAM科技园的主管也是一个"光头"，一见面就幽默地说道："中国人很多，犹太人很少，我们两个民族加起来，在全世界就很多。"这就是犹太人的哲学，他们的算术学得很好。海法是以色列最主要的高科技研发基地，在全世界仅次于美国的"硅谷"，排名第二。海法共有两所大学——以色列理工学院和海法大学，共产生了三位诺贝尔奖得主。

以色列最大的体育馆就在 MATAM 科技园，2013 年海法会展中心也在这里完工。我们到了 MATAM 科技园主管的办公室，看到了全世界所有最著名的展览中心的照片，包括中国的鸟巢。"为什么会有中国的鸟巢呢？"我随口问了一句，那位"光头"主管回答说："因为我们的展览中心在设计和建设的时候，一定要和全世界所有的著名展览中心区分开来，以它们为标准，体现我们的创新能力。以色列每建设这样一个项目，都要站在历史和世界的高度来进行分析论证。"这说明海法市的起点非常高，中国每年有很多地方政府来这里学习如何做科技园区。

我又问道："为什么中国的地方政府和公司要来海法学习呢？"

"光头"主管再次幽默地回答道："第一，因为这是以色列，不用介绍，犹太人很聪明；第二，在以色列当兵的人很多，他们知道该做什么；第三，海法有两所世界著名的大学，这里聚集了很多的人才。一边是人的脑子，另一边是技术，中间就是我们。"以色列的军人素质非常高。

海法体育场可容纳三万人，MATAM 科技园区现在共有 15 个新公司，美国的 Google 公司、微软公司和巴菲特的公司都在这里设立了研发基地。于是，我迫不及待地向这位"光头"主管问道："高科技一直引领着人类的发展，但现在人类出现了很多问题，高科技还会引领人类未来的发展吗？未来高科技的发展趋势是什么？"这位"光头"主管没有正面回答我的问题，PenZA 的 CEO Zohar 先生接着道："一边是犹太人的智慧，一边是中国人，中间是我们 PenZA。未来能做什么，让我以后慢慢告诉你。"

当天下午我们赶到 Technion 学院，同世界一流的领导力创新专家、Technion 创新中心的主任 Miriam Erez 教授见面。这位女教授外表看起来非常精干，她开门见山地说道："为什么我对创新感兴趣？什么可以刺激人们热爱学习，各种文化有巨大的差别。但有一种文化是全球的文化，那就是创新能力。创新就是指每一个人都能有一个办法来解决自己的难题，从办法到产品就是我的工作。每一种文化同另外一种文化的差别，都可以推动创新的发展。由于文化的差别导致了对机会认识的不同。我的创新中心旨在帮助普通工业的发展。"

返回特拉维夫的时候，我们又参观了一个由以色列著名的本扎蕾艺术学院首席创新专家 Ezri 教授主导设计的以色列最新科技发明成果展览，共有 200 多项以色列最新的科技发明专利，我们走马观花看了十几项，诸如，小西红柿的种子、最新的防盗门、手指测血压、检测血压和心脏的床等。参观这项展览的孩子们非常多。在以色列，创新和发明是每一个公民和每个公司的责任，创新能力是激发一个民族智慧与发展的根本。

参观完创新展览后，我感慨万千。Erez 对我说："如果你也要发明创造的话，想法就必须和别人不同。"这可能是解开以色列创新 DNA 的第一把钥匙。从比尔·盖茨对以色列高科技人才的赞美，到 IBM 等世界一流企业落户海法高科技园区；从以色列人发明网络电话 VIP 技术到改变人类沟通方式的 ICQ；从提升无线计算能力的奔腾和迅驰芯片到丰富网络运用的 Comverse 的语音邮件……以及摩托罗拉公司在以色列研发中心发明的世界第一部手机，以色列退伍军人发明了维护网络安全的防火墙，以色列高科技公司成为外国投资家的首选目标，股神巴菲特用 40 亿美金收购了以色列伊斯卡公司 80% 的股权，ScanDisk 则将最新发明移动硬盘技术的 M-system 公司揽至麾下。世界权威机构 Fitch 将以色列的国家评级从 "A" 调到了 "A$^+$"。这一切无不证明了以色列人有着世界上最聪明的头脑和最独特的想法。据称，巴菲特在收购伊斯卡公司时宣称，伊斯卡是头脑、才干和想象力的独特组合，他们的投资从本质上来说是一场对犹太人头脑和想法的博弈。

在一本近 40 万字、以 91 位名人作例证、专门谈论创造性的专著中，编者采访了若干名犹太人，例如：哲学家阿德勒、1991 年诺贝尔文学奖得主内丁·戈迪默、生物学家乔治·克莱因、1958 年诺贝尔生理学和医学奖得主莱德柏格、发明家弗兰克·奥夫纳、物理学家业伯拉罕·佩斯、花旗银行总裁约翰·里德、生物学家乔纳斯·索尔克、作家斯特恩、医学物理学家耶洛……足见犹太人的创造性是多么强。

犹太民族是全世界最具创造性的民族，除了上述提到的各个领域的精英人才外，1907年迈克尔逊精确测定了光速，1908年李普曼发明了天然彩色摄影技术，1908年埃尔利希发明了梅毒的近代化学疗法，1915年威尔斯泰特发现了植物色素和叶绿素，1918年哈伯发明了合成氨，1930年兰德施泰纳发现了人类的四种血型，1945年钱恩同别人一起发现了青霉素，1952年瓦克斯曼发现了链霉素，1959年科恩伯格发现了RNA和DNA的生物合成机制，1962年佩鲁茨测出了蛋白质的精细结构，1969年盖尔曼发现了"夸克"，1976年布鲁姆伯格发现了乙型肝炎的起源和传播机制，1980年吉尔伯特发明了测定人类DNA顺序的方法（伯格则研究探索基因重组DNA分子），1989年奥尔特曼发现了RNA自身具有酶的催化功能，此外，原子弹、氢弹等也都是犹太人发明的。以爱因斯坦和玻尔、玻恩、奥本海默等科学家为代表的犹太人为自然科学和思想艺术、经济等领域的贡献更是不计其数。

此外，犹太人在生活时尚方面也是人类的急先锋，不仅发明了牛仔裤、胸罩、避孕药和芭比娃娃，还推销了"POLO"和"CK"服装，更有"公关之父"伯奈斯，以及购买英超切尔西足球俱乐部的神秘大亨阿布拉莫维奇和缔造立体主义画派的"毕加索的商人"康维勒等，无数的犹太人为人类贡献了与众不同的想法。

目前，以色列被视为世界上科技最先进的国家之一，正如爱因斯坦所言："以色列只有大力发展科技创新，才能赢得生存的战役。"而以色列外交部亚太司副司长AmosNadai在谈到以色列崛起之谜时也说道："我们成功的秘密，真的在于我们一无所有。我们几乎没有任何自然资源，要想在地球上生存，就必须找到适合我们自己发展的道路。"

正因为犹太人鼓励每个人具有不同的想法，所以在很多以色列的公司里，管理5个犹太人，比管理50个美国人还要难，因为他们一进公司后，就会不停地向你提出各式各样的问题。一般的问题往往会从这句话开始："为什么你是我的经理？而不是我来做你的经理？"

4.2 越是艰难越要走向成功

《圣经·路得记》中讲述了一个摩押女子路得的故事。路得是犹太人以利米勒和拿俄米的儿媳妇。以利米勒共有两个儿子，娶了两名摩押女子为妻，一个名叫俄珥巴，一个名叫路得。后来以利米勒和他的两个儿子都先后死了，只剩下拿俄米和她的两名儿媳妇。当时正是饥荒年代，三个寡妇的生活非常艰难。婆婆拿俄米就对两名儿媳妇说："你们各自回娘家去吧，愿上帝能使你们在新夫家中得平安。"于是，拿俄米就和两名儿媳妇拥抱亲吻，她们恋恋不舍。拿俄米就说："我的女儿们啊，回去吧！我还能生子做你们的丈夫吗？我已年纪老迈，岂能拖累你们使你们不嫁别人呢？我因为你们的缘故，甚是愁苦。"

两名儿媳放声大哭，俄珥巴与婆婆亲吻而别，但是路得舍不得离开拿俄米。拿俄米说："你也跟着你嫂子回去吧！"路得坚定地说："不要催我离开你。你往哪里去，我也往哪里去；你在哪里住宿，我也在哪里住宿……你的神就是我的神；你在哪里死，我也在哪里死，我也葬在那里。"后来，路得感动了富裕而有名望的以色列人波阿斯并娶她为妻，她成为大卫王的曾祖母。

曾几何时，路得成为每一个犹太母亲的榜样，她们以坚定的信仰，教导自己的子女度过人生中的各种苦难，不要害怕失败，越是艰难越要走向成功。正如犹太谚语所言："只有碾碎的葡萄才能酿出最纯的酒，只有压碎的橄榄才能榨出最好的油。"为此，犹太人制定了各种规则，或者以各种节日纪念历史。即使在新婚典礼的重要时刻，他们也要提醒新人不要忘记苦难。婚礼规定新人不能喝完酒后把酒杯完整地放入盘中，而是把酒杯摔碎，告诉两人要同甘共苦一起度过艰难的一生，如果一味享乐，没有危机感就是败家的象征。

犹太人由于苦难的历史，时刻充满了危机意识，在任何情况下都决不懈怠。即使有平安的生活，他们也常常居安思危，保持警惕。每当幸运来临的时候，他们总是最后感知。而每当灾难来临的时候，他们总是最先感知。

因此，对于犹太人来说，每一次危机也是一次奋发图强的机会。在近 2000 年漂泊流离的生活中，犹太人不仅没有被逆境压垮，而是将苦难转化成一笔宝贵的财富。

《塔木德》说："人的眼睛是由黑白两部分组成的，为什么只能透过黑眼球才能看到东西呢？因为人必须透过黑暗才能看到光明。"所以，犹太人顽强而坚韧的精神意志和挑战风险永不气馁的进取意识，恰恰构成了犹太商人的重要底蕴，从而使他们在逆境中从容镇定，应付自如。他们面对失败，从未丧失过信心，而是汲取教训，重新再来。

犹太企业家很喜欢这样一则故事：

有三只蛤蟆不小心掉在鲜奶桶中。第一只蛤蟆说："这是上帝的意志，不可违抗。"于是，它盘起后腿，等待着奇迹发生。

第二只蛤蟆说："这桶太深了，没有希望了。"于是，它被淹死了。

第三只蛤蟆说："尽管掉到鲜奶桶里，可我的后腿还能动。"于是，它奋力地往上跳起来。它一边在奶里划，一边跳，慢慢地，它觉得自己的后腿碰上了硬硬的东西，原来是鲜奶在蛤蟆后腿的搅拌下，渐渐地变成奶油了。凭着奶油的支撑，这只蛤蟆跳出了奶桶。

犹太人就和那只奋力拼搏的蛤蟆一样，不但没有沉沦，反而在绝望中奋发向上，犹太大亨中几乎很少有暴发户。

纽约股票巨人约瑟夫·贺喜哈在 8 岁时就成了一名小乞丐，和寡居的母亲住进了杂乱肮脏的布鲁克林区的贫民窟。更不幸的是，母亲又被大火烧成了重伤，住进医院，靠他饥一顿饱一顿的乞讨为生。从那时起，他就发誓摘掉"穷鬼"的帽子，变成一名有钱人。

他终于找到了在一家公司做收发员的工作，并毛遂自荐成为总经理的股票经纪人……凭着他对股票事业的执着，更凭着他的信心、智慧和胆量，最后他终于成了亿万富翁。他发财后，没有忘记还有许多穷人，于是，他慷慨地投身慈善事业，成为一名令人非常尊敬的慈善投资家。

美国著名的报业家和新闻学者约瑟夫·普利策，也是一名白手起家的犹太人。21 岁的时候，他获得了律师执业许可证。作为一个有抱负的青年人，他觉得当一个律师不会有太大的出息，于是决定进军新闻业。他先在一家报社当记者，顶住了老板的百般刁难和同事不屑的白眼，虚心研究报社各环节的工作，并于第二年被晋升为编辑。随着他署名文章的增多，影响力逐渐扩展，于 1869 年当选为密苏里州议会议员。过了两年，他又牵头筹备密苏里州共和党，声望大增。1878 年，他用积蓄买下了一家濒临倒闭的报社，开始了独立办报的生涯。在历尽艰辛之后，他将《西方邮报》《圣路易斯快邮报》和《纽约世界报》办成当时美国首屈一指的大报，并创办了以自己名字命名的新闻奖——普利策新闻奖，这个奖项已经成为当今美国新闻界的最高荣誉。

回眸犹太人的历史，确实充满各种曲折和动荡。但是，他们用自己的鲜血、汗水、泪水和屈辱创造了辉煌的今天。如今以色列的耶路撒冷和特拉维夫，早已不是蚊虫滋生的沼泽和干旱无雨的沙漠，而是到处长满了鲜花的"伊甸园"。强大的农业经济使得农产品非常丰富，从番茄到金鱼，全部销往欧洲市场。犹太人改进太阳能技术和水循环技术，发现治愈各种疾病的方法，为医学和其他行业发明新工具，并在数百个研究领域取得巨大进步，成为许多著名跨国企业最喜欢的地方。这些公司包括微软、思科、英特尔、谷歌、IBM、索尼、爱立信等，正如沃伦·巴菲特所言："如果你去中东寻找石油，那么就不要停留在以色列。但是如果你去寻找智慧、活力和正直，那里就是唯一可以驻足的地方。"而比尔·盖茨则认为，以色列非常适宜搞高科技研发，"这里的人的素质是无与伦比的"。

TANGOROI 在日本也是一家不小的企业，拥有一批包括主要汽车制造商在内的主力客户，但 2008 年秋季开始，经营一落千丈，亏损严重。2009 年 5 月不得不在公司内部招募 100 名自愿退职者。本来，刚刚被外资收购的亏损企业是无力组织退职员工出国旅游的，促成这次员工成行的是伊斯卡公司董事长埃坦·贝尔特迈亚。当他获知被伊斯卡购并的 TANGOROI 自愿退职员工有到以色列旅游的愿望后立即表示，"TANGOROI 现在是我们的家族成员，现在虽然经营形势仍旧严峻，但我们要有长远眼光，希望尊重员工的心愿。"他提出，这 100 名员工旅游的所有费用由公司来承担。这项决定令正陷入困境的 TANGOROI 上下十分感动。

伊斯卡在刚收购了 TANGOROI、经营业绩尚未出现起色的情况下，还决定对 TANGOROI 在福岛县的主力工厂提供 100 亿日元规模的设备投资。TANGOROI 社长上原好人说："如果没有伊斯卡的这个投资，TANGOROI 光靠裁减 100 名自愿退职者肯定还是不能渡过难关。"

"我从没见过这么好的企业。"这是美国著名投资家沃伦·巴菲特对伊斯卡的评价，这位投资巨擘在 2006 年以 40 亿美元购买了伊斯卡 80% 的股份。向巴菲特出售股份以后，伊斯卡获得了巨额的资本收益。此时，贝尔特迈亚董事长又做出了一个惊人之举："赶快寻找所有自 1952 年创业以来曾在伊斯卡工作过的人，以便向他们发放公司礼金。"尽管好多老员工已不在人世，但伊斯卡还是千方百计地找到他们的子女，甚至孙辈，将公司的礼金送到他们的手中。

这个故事正是导致世界首富沃伦·巴菲特出资收购以色列伊斯卡公司的真正原因，这家公司隶属于古老的韦特海姆家族，是世界金属切割工具行业的龙头企业。这笔生意是巴菲特在美国之外最大的投资，不仅显示了巴菲特对高素质企业精神的推崇，也显示了他对投资以色列的信心。巴菲特在接受以色列最大的报纸《新消息报》采访时说："我相信以色列的市场和以色列的经济，这是投资的最好时期。"当巴菲特被问及这项史无前例的投资为何选在以色列这样危险的地方时，他非常坚定地回答："我们生活在一个危险的世界。在俄克拉荷马城有危险，在马德里有危险，在伦敦有危险，在曼哈顿岛一样也有危险。"巴菲特凭借其敏锐的洞察力看到了以色列的潜力。

华人首富李嘉诚旗下的高科技创投基金也以五笔投资成为以色列创投市场的新贵。一向在地产和通讯领域以大手笔投资闻名的李嘉诚突然发力以色列高科技创投市场，让人非常惊奇。在以色列生活过的中国人一般都熟知有个叫 Orange 的电信品牌，其推出的以个性化服务和收费标准较低为特色的电信业务，深受年轻人的欢迎，已经成为以色列最大的电信公司。不过很少有人知道这是李嘉诚的公司，这位华人首富每天都在大笔赚着最精明的犹太人的钱。以总价 13.81 亿美元高价卖出股份，以 1.25 亿美元低价回购，用了不到三年的时间，李嘉诚净赚 97.9 亿港元，真不愧为投资超人。除此而外，李嘉诚还把投资的触角延展到以色列的基建（港口）、海水淡化和能源领域，紧接着李嘉诚还发力以色列的创投行业，成立 HV 创投基金，重点开发互联网图像视频软件，并在高科技创投领域被奉为"华人创投教父"。让犹太人也开始佩服中国人的商业智慧。

广东以色列理工学院（TGIT）是由广东汕头大学与全球知名的以色列理工学院合作办学，该学院已获李嘉诚基金会捐资 1.3 亿美元（约 10 亿港元），这也是以色列理工学院有史以来获得的最大一笔捐款。广东省政府和汕头市政府将拨款 9 亿元人民币及一块面积达 33 万平方米的土地，支持 TGIT 建设与初期营运开支。广东以色列理工学院是一所全新理工学院，将引领中国大学在工程、科学和生命科学等领域的教育进程，推动科学研究与创新。

2013 年 9 月 29 日，在李嘉诚先生亲临见证下，以色列理工学院校长 Peretz Lavie 教授与汕头大学执行校长顾佩华教授，在以色列特拉维夫签署合作备忘录，共同创办 TGIT。合作备忘录将会递交以色列理工学院和中国有关部门批核。

TGIT 于 2014 年度学年开办土木与环境工程和计算机科学的学士课程。以色列理工学院与汕头大学又会合建一创新中心，成为一座发展的桥头堡，把广东工业直接和以色列的创新科技对接，让以色列创新科技进入中国，并与中国共同研究、开发和引领新技术。TGIT 将以英语教学，而教职员将会从全球大学的科研人员中招聘。

李嘉诚先生参与签约仪式时说："在今天变动不居的年代，'科技'本身就是那支迷人魔术棒，内含成就转变的威力，产出成千上万种新选择、新想法与新对策，也能为存在已久的问题带来新的解决方法。然而发挥魔术棒的威力，取决于魔术师本身的能力修为，真正的魔法潜藏在思考的创造力中。要在竞争中开创胜局，要释放人类的潜能，要构建一个知识丰富的社会，让大家享有可持续的优质生活；投资教育失当，不推行改革是对未来的罪行，'投资'教育就是创造未来。"

以色列理工学院于1912年创校，在纳米科技、生命科学、干细胞、水资源管理、可再生能源、信息科技、生物科技、物料工程、太空和工业工程以及医学等领域，备受全球肯定，并一直引领着世界科技发展的潮流。以色列理工学院是全世界仅十家曾经组建及发射人造卫星的大学之一。过去有三名教授先后获得诺贝尔奖的殊荣。目前该学院的学生毕业就业率达到100%。以色列理工学院是以色列科学、技术与应用研究方面的顶尖中心，在MIT 2013年全球技术与创新体系大学排名中位列世界第六，其中"在艰难条件下创建创业与创新体系"排名世界第一。

在李嘉诚基金会的大力支持下，2014年以色列理工学院在中国增加招生名额，并首次在广东招生。以色列理工学院拟在广东招收40名学生，入读该校"王牌专业"土木与环境工程学士学位课程，全英语教学，四年本科学习全程在以色列。招生的程序和要求是：学生直接向以色列理工学院提出入学申请，除了填写申请表之外，需提供高中1年级至3年级的成绩单、两封推荐信、高考理科成绩、英语水平考试成绩、个人申请短文，并参加该校组织的面试。

由于和汕头大学有合作关系，以色列理工学院招生的面试、英语测试以及暑期预备课程都将在汕头大学举行。面试主要是考查学生报读以色列理工学院的意愿、对未来的规划以及是否具备在该校学习和生活的能力；英语测试委托汕头大学英语语言中心组织，如果学生有80分以上的托福成绩或者6.0以上的雅思成绩，则不需再参加英语测试；为期16周的暑期预备课程是以色列理工学院国际生入学前必须修读的课程（数学、物理、英语），也在汕头大学进行。

毫无疑问，"以色列理工"是世界上一流的理工学院，比 MIT 毫不逊色，以色列在高科技和自然科学领域方面能够领先于世界，同"以色列理工"的努力是分不开的。当年李嘉诚先生创办"汕头大学"，成为自己商业帝国的"黄埔军校"；而今李嘉诚先生再次投资重金，除了能够赢得以色列政府和广东政府的信任外，更为自己的商业帝国走向未来储备人才，绝对是高瞻远瞩。许多所谓的"资本家"之所以昙花一现，主要是因为他们只想利用资本投资迅速发财，而不想成为真正的"资本家"，而推动人类进步的强大动力恰恰是真正的"资本家"，而非玩资本撞大运、贪求急功近利的鼠辈。李嘉诚为什么能成为华人首富？同他的远见卓识是分不开的。正如以色列前总统佩雷斯先生所言："远见必须取代经验，最稳妥的办法就是放胆一试。"

在数世纪的深受迫害之后，犹太人的才能不仅没有被扼杀，而且得到了可持续的发展。邪恶的反犹主义不仅没有让犹太人灭亡，反而让犹太人更加团结、更加坚强、更具有忍耐力，并人才辈出。正如德国哲学家尼采所言，反犹主义的价值就在于"迫使犹太人为他们自己设定更高的目标"，为了生存，他们要与别的民族同样优秀，甚至更加出色。此外，由于各扇大门长期对他们关闭，他们被迫为自己创造机遇，并成为"世界公民"，变得更加精明和更具适应能力。他们把流浪当作向全世界汲取智慧和布道的机会，面对反犹主义的仇视与迫害，不仅回归了上帝对他们的"应许之地"，还把这片土地从荒凉的沙漠创建成世界高科技之都。与此同时，每一个犹太人将绝望变成喜悦，透过黑暗获取光明，将贫穷变成富有，对传统进行创造，像地下的煤一样不仅顶住了压迫，还变得像钻石一样坚强和熠熠生辉。正如美国世界犹太裔理事会主席杰克·罗森在其新著《犹太人的大梦想》一书中所说："犹太人的坚持——以及他们对现状的不满——使得他们坚信可以通过政治和社会变革来克服被压迫的命运……作为偶尔被容忍、经常被迫害的少数民族，加速调整进入现代特别符合他们的利益。犹太人认为，一个社会越自由，犹太人所受到的待遇就越好。"很显然，没有人比犹太人更像犹太人。在资本时代，他们是最富有创造力的企业家；在被隔离时代，他们是最有经验的流亡者；在专业时代，他们是最熟练的专业人员。几乎每一个犹太人的成功故事，都像一个把柠檬变成柠檬汁的过程——如何把被压缩的状态发挥到最佳。把劣势变成优势，这就是全部犹太奇迹的核心。

4.3 如何发现和创造市场需求

在以色列复国之初，以色列是一个典型的农业国家，他们最主要的标志就是向全世界出口了很多柑橘，由于柑橘的产地在雅法，所以柑橘的品牌名称就被命名为雅法古城的城市名字Jaffa。但是，不足半个世纪的时间，以色列在高科技领域，尤其是在信息通信领域，取得了举世瞩目的成就，在古老的耶路撒冷之外，缔造了一座崭新的科技圣殿。他们不仅向全世界兜售柑橘，还向全世界兜售象征高科技的Jaffa。Jaffa是一种新型的计算机语言，以色列人读起来和Jaffa的发音一致。正是因为发现了市场对高科技产品的真正需求，以色列被誉为世界上的"第二个硅谷"。

以色列的国土面积实在是太小了，相当于中国某个省的一个地级市，而且国土资源的质量相当低。他们不仅没有阿拉伯邻国的石油资源，却有一半以上的沙漠和半沙漠地区，而且雨水资源非常稀少。因此，一无所有的以色列人知道，他们能够开发的资源只有每个人的大脑。于是，从复国之初开始，总理本·古里安就意识到"科技立国"的重要意义。他语重心长地告诫人民，应该非常重视科学研究及其成果的应用，不能仅仅是学习抽象的知识，否则以色列将无法生存。以色列流行这样一则笑话：

有来自美国、俄罗斯、中国和以色列四个国家的男人，聚到一起。

一名记者走上前来向他们问道："打扰一下，请问你们对肉类短缺有什么看法？"

俄罗斯人回答说："肉类指的是什么？"

美国人回答说："什么是短缺？"

中国人回答说："什么是看法？"

以色列人回答说："什么是'打扰一下'？"

这则笑话非常真实地揭示了犹太人热爱思考的习惯，正是因为这种习惯，让他们在创新和创业的早期，常常能够产生与众不同的想法，并能够发现和引导市场需求。

犹太人正是在面对各种危机的情况下，让自己的头脑越来越聪明。到目前为止，以色列拥有超过3000家的新型高科技公司和小型创业公司，是世界上除美国硅谷以外的第二个高科技企业最为集中的地区。以色列研发的无数产品，在世界上都获得了领先地位，每天被数以万计的人使用，并成为人类生活不可或缺的一部分：除了为摩托罗拉开发的第一部手机以外，Windows XP 操作系统中的许多部分是由微软公司以色列研发中心开发的，奔腾MMX芯片技术，奔腾4微处理器和 Centrino 处理器全部是以色列英特尔中心研制的。以色列的防火墙技术全球领先，航空产业最难以渗透的飞行安全系统是以色列设计的。以色列 Teva 公司还发明了能够治疗多发性脑硬化症的一种创新药物，以色列的其他医药公司还研发了世界上第一款形状大小都和胶囊相仿的体内检视仪（口服肠胃内窥胶囊），服用后可以迅速诊断出人体消化系统的病患状况，并应用于癌症的诊断；还开发出第一个柔软的心血管支架NIR，最大限度地防止心血管疾病的扩散，以色列医药公司 Medinol 是世界上心血管支架一流的设计制造商。类似于这样具有创新能力和市场需求的科技发明在以色列还有很多。此外，以色列还拥有农业灌溉和改良种子以及乳品方面的一流创新技术。

正是由于市场的需求和先天的劣势，让以色列将劣势转化成优势，不仅解决了自己的难题，也为以色列的公司进军世界市场打下了良好的基础。奈特菲姆公司是全世界最大的滴水灌溉系统供应商。这家公司创建于1965年，他为以色列落后的农业技术架起了一座桥梁，为后来日益盛行的清洁灌溉技术拉开了序幕。辛迦·布拉斯曾是一名建筑工程师，"一战"期间出生于波兰华沙，20世纪30年代来到以色列，成为国家自来水公司的首席工程师，专门负责解决内盖夫地区的干旱问题。布拉斯滴水灌溉的灵感来自于邻居家后院一棵看起来非常茂盛的树。那应该是非常缺水的一棵树，可为什么如此茂盛呢？这引发了布拉斯巨大的好奇心。后来发现，这棵大树正是通过地下水管缓慢渗透出来的水维持生长的，而当时现代塑料技术刚刚流行，这时布拉斯灵感迸发，申请发明了滴水灌溉技术的专利，并和位于内盖夫沙漠地区的基布兹签订了合作协议，共同开发和推广这项新技术。滴灌技术将农作物的产量提高了50%，还节约了40%的水资源，很快使奈特菲姆公司成为基布兹地区的第一家工业企业，并使基布兹集体公社改变了单一的农业产业结构。从20世纪60年代开始，奈特菲姆公司在世界节水灌溉农业领域捷足先登，将滴灌技术推广到全球110多个国家，横跨5个大洲。不仅推动了世界农业的发展，还使许多历来对以色列充满敌意的外国政府也开始向以色列开放并建立外交关系。

以色列是最早承认中华人民共和国的国家之一，于1950年1月9日就正式承认中华人民共和国政府。在此之前，中国人民不仅积极支持过犹太人的复国主义运动，还在上海拯救过45000名犹太人，因此，中以关系一直非常友好。第一批来中国访问的是以色列高级农业官员波哈莱斯教授，他被称为"柑橘密使"。当时，波哈莱斯教授亲自开创和参与了中以合作的甘肃武威的干旱农业规划、广西的柑橘开发、山东烟台的农作物发展问题研讨等一大批项目。从1985年以后，越来越多的以色列公司和企业家到中国来推销他们的农业技术，诸如：河南新乡棉花试验田、甘肃武威沙漠植物园以及广西等地的滴灌和微喷灌试验田等。1988 年，以色列哈谢拉种子公司的优质品种和先进栽培技术在广东省中山市获得商业上的成功。中以合资开发的樱桃西红柿迅速畅销全中国。此外，第一批来华的以色列商业科技专家阿莫斯·尤丹、萨尔·艾森伯格和欧慕然等为中以农业合作立下了汗马功劳。以色列第一个滴灌设备生产线也落户中国。

以色列依靠科技进步走上了富国强民之路，被世人誉为"二战"后的"世界奇迹"。据国际货币基金组织统计，1948 年以色列 GDP 仅为 2 亿美元，但到 2007 年飞跃至近 2000 亿美元，人均 GDP 达到 31767 美元。在许多领域的高科技研究和开发，也达到了国际一流水平，甚至位居世界第一。以色列在独立以来短短 60 多年里，一跃成为世界科技强国，而且发展速度非常迅猛，并具有可持续发展的趋势。

目前，以色列被公认为"创业的国度"，是全世界高科技新兴企业最兴盛的国家。在过去的 60 多年间，几千家以色列初创公司在各个行业崭露头角，像 GPS 导航，樱桃小番茄等。但哪些以色列初创企业真正改变了世界呢？权威机构挑选了 10 项影响世界或者正在改变世界的以色列技术：

1. 3D 打印正应用在各行各业。以色列—美国公司 Stratasys 拥有最多的 3D 打印技术并把打印带到了全新水平。Stratasys 可以把当今最创新的主意变成现实，他们可以应用在不同行业领域，从车到衣服到医疗设备。

2. 预测未来。27 岁的以色列理工博士生 Dr.Kira Radinsky 发明了一种软件，可以提前几个月预测出流行病和种族灭绝。通过近 500 年的文献资料，她发现多种历史事件中的强烈关联。她提前几个月成功预测了古巴的霍乱疫情。Radinsky 从 15 岁开始上大学，26 岁获得博士学位，并创办了两家初创公司。

3.USB 闪存是由以色列 M-system 公司发明的，可以协助我们存储文件，创始人将该技术以 16 亿美金卖出，它的存储量是以前磁盘的 11830 倍，使存储更便捷更安全。

4.Rewalk 旨在帮助那些下肢残疾的截瘫患者可以走路。Rewalk 使用包含专利技术的外骨骼套件，可以让腿机动化带动膝盖和臀部运动，电池充电可以保障全天使用。Rewalk 由电路板和传感器一起控制，不需要借助拴带和开关就可以让患者恢复自主走路。系统通过上身的运动启动第一步，然后再重复步伐确保有效自然地行走。Rewalk 可以站、坐、转身，甚至可以爬楼梯。

5.在空气中获取电能。Phinergy 发明了一种应用在电动汽车上的铝空气电池，可以 3 倍加大行驶里程。这种更加环保的高效电池可以大幅减少石油消耗和废气排放。系统主要依据金属空气科技，包含铝空气和锌空气。这种电池取代了之前内置沉重氧气转化设备转而用空气电极直接从空气中吸取氧气。并且做到二氧化碳零排放。

6.能抗旱的"超级植物"。以色列的研究人员研发的抗旱植物，可以改变当前的全球粮食危机。目前，全球有 40 个国家正遭遇粮食短缺问题，有 8.7 亿人，也就是八分之一的地球人口长期营养不良。许多国家的粮食短缺是因为干旱。这种超级植物生长只需要很少的水，但产量很大，并且能长时间保鲜。即便持续一个月没有水它们也能正常成长，需水量是正常植物需水量的 30%，因此能在干旱条件下生存。也许这一发明能帮助地球走向免除饥饿的自由世界！

7.车车（Car to car) 通信，做会说话的汽车。看起来像未来的事情？不过，让汽车相互通信——提高驾驶安全的时代却很近了。半导体创业公司 Autotalks 开发了一款智能芯片，使汽车和交通基础设施可以通过电子信息"对话"。这项技术能够预测交通事故的概率和交通堵塞，然后车辆到车辆（Car to car）地实时发送警报，通知后面的司机减速或停车。

8.永久太阳能电池，让一块电池具备无穷电量……并不难，我们现在就已经有了。以色列电子元件供应商 Sol Chip 和 Cellergy 两家公司合作开发出一种太阳能采集技术，可用于为无线传感器供电，让这些传感器只需少量电池能量或不用电池就能正常运作。这种高性能的太阳能采集器整合了 Cellergy 的超级电容器和 Sol Chip 公司的太阳能采集技术，可整合于各种设备和应用中，而为短距离无线通信提供电能。Sol Chip 推出了世界上第一款能自我充电的太阳能电池 Everlasting，这是一种整合了电池管理功能和充电电路的太阳能电池。虽然目前仅限于输出 8.4 伏特的电力，却足以为大量的户外设备提供电量。

9. 蛇形机器人。有了蛇形机器人（Robot Snake)，拯救自然灾害的受害者比以前容易多了。Robot Snake 的独特之处在于可以非常灵活地爬行。虽然移动速度并不是很快，但它可以深入灾后废墟的各个狭小角落，还能攀爬 20 度角的倾斜面。而它的相机可传送回图像，让救援人员了解并控制灾区里的情况。每个接头都配备了电话、计算机、传感器、无线通信模块和电池，头部携带照相机。

10."侵入"人类大脑。EIMindA 发明了一种新的自动显示脑部活动功能的方法，即大脑网络激活。该技术主要基于分析事件相关脑电信号。通过对不同领域如数字信号处理、图像理论、聚类分析、模式识别等采用先进的算法，EIMindA 的核心技术能够自动揭示特定大脑活动过程的多维模式，如执行功能、注意功能、记忆功能、疼痛、情感等等。这种新的神经技术，被称为大脑网络激活，用于诊断和治疗大脑紊乱和脑颅受伤，如脑震荡、多动症、阿尔兹海默症、疼痛、自闭症和忧郁症等。总之，EIMindA 打开了我们的视野，让我们对大脑的认知进入一种前所未见的维度。

以色列最令人期待的一项技术是，一家公司发明了一款"超级充电器"，30 秒就能给手机充满电，充满一台笔记本电脑也只需要几分钟。因为智能手机很容易没电，这项技术满足了很大的市场需求。这款充电器预计很快投产，售价大约 30 美元，合人民币 190 元。当 CCTV 新闻频道公布了这个消息后，许多中国消费者盼望着这项专利产品早点面世。

以色列的企业家不仅热衷于向全世界推销以色列的技术，还热衷于向全世界推广整个以色列的经济和文化。许多被昵称为"经济晴雨表"的发明家，不仅穿梭在纳斯达克的种子风投公司之间，还穿梭在全世界的科技和医疗领域。他们手里带着一台电脑和便携式投影仪，电脑里下载并储存了以色列几乎所有科技成果的图片，一有机会逢人就展示"强大的以色列"。有时候他们一年要去40多个国家，做800多场演讲，许多国际知名人士成为他们的听众。正如美国一家杂志的首席执行官所言："别人都在为自己的公司做宣传，而只有犹太人从来都是为以色列做宣传。"

4.4 团队精神让犹太人千年不衰

以色列的公司派人出差的时候，一般至少两到三个人，他们非常重视团队精神。在谈判过程中，常常会停下来用希伯来语交换彼此的看法；在演讲过程中，经常三到五个人共同讲一个话题，有时候七八个人也会讲一个共同的话题。只要是共同做一件事，他们彼此配合得非常默契，绝对不会出现个人英雄主义或互相推诿的情况。在犹太人看来，我们是一个团队，成功是所有人的成功，失败也是所有人的失败。因此，在实施过程中每一个人都必须发挥出色，尽到自己的职责。如果遇到特殊情况，须及时沟通，不允许出现穿帮现象。因此，创新精神的核心就是努力发挥团队精神。

那么，犹太人的团队精神究竟是从何而来的呢？在犹太传说中有一则关于"折箭"的故事：

很久以前，希腊国的国王有三个儿子。这三个小伙子个个都很有本领，难分上下。可是他们自恃本领高强，都不把别人放在眼里，认为只有自己最有才能。平时三个儿子常常明争暗斗，见了面就互相讥讽，在背后也总爱说对方的坏话。

国王见到儿子们如此互不相容，很担心，他明白敌人很容易利用这种兄弟不和的局面来乘机各个击破，那样一来国家的安危就悬于一线了。国王一天天衰老，他明白自己在位的日子不会很久了。可是自己死后，儿子们怎么办呢？究竟用什么办法才能让他们懂得要团结起来呢？

一天，久病在床的国王预感到死神就要降临了，他终于有了主意。他把儿子们召集到病榻跟前，吩咐他们说："你们每个人都放一支箭在地上。"儿子们不知何故，但还是照办了。国王又对大儿子说："你随便拾一支箭折断它。"大王子捡起身边的一支箭，稍一用力箭就断了。国王又说："现在你把剩下的两支箭全都拾起来，把它们捆在一起，再试着折断。"大王子抓住箭捆，折腾得满头大汗，始终也没能将箭折断。

这时国王语重心长地说道："你们都看明白了，一支箭，轻轻一折就断了，可是合在一起的时候，就怎么也折不断。你们兄弟也是如此，如果互相斗气，单独行动，很容易遭到失败，只有三个人联合起来，齐心协力，才会产生无比巨大的力量，战胜一切，保障国家的安全。这就是团结的力量啊！"

儿子们终于领悟了父亲的良苦用心，国王见儿子们真的懂了，欣慰地点了点头，闭上眼安然去世了。

折箭的道理告诉犹太人：团结就是力量，必须努力发挥团队精神。"人以群分，物以类聚"，如果将组织看作是一个完整的人体，团队便是构成人体的各类系统，如消化系统、循环系统等，个人则是组织或团队的最基本的细胞。否定个体，整体就不复存在；否定整体，个体便无意义。

犹太民族是一个弱小的民族，正是凭借着强大的凝聚力才存活下来并发展至今。无论是犹太共同体或犹太互助组织，还是犹太家族企业的千年不衰，无不体现了犹太人的团结互助和团队精神。

有人说："发挥团队精神的核心，主要取决于一个领导者的魅力和能力。"因此，要想成为一个真正的领导者，必须努力学习相关的信仰和知识。正如获普利策奖的美国管理学家詹姆斯·伯恩斯说："自尊的需要与承担社会角色的需要，将一些人推向潜在的领导位置，同时将其他人排除在外。这就是领导的社会根源。"对权威人物的信赖程度是不同的，地位越低的人越少质疑他们的动机。

在"二战"时的纳粹集中营发生过一个真实的故事，在一个生死攸关的危急时刻，一个人站出来挽救了一群人的生命，使他们得以存活下来：

在嘈杂声中，一个声音响起来了，一个名叫弗兰克·布里奇特的人爬上楼梯顶端，清晰而坚定地对着疯狂的众人喊道："先生们，我们都被困在了这个东西里面。如果想活的话，我们就必须团结起来，就像一个人一样。"在这个特定的时期，布里奇特为人们带来了清凉的信息，疯狂开始止息下来。"请保持头脑清醒"，他要求道，"恐慌会让我们耗去更多的珍贵氧气。现在，请听着，我们都需要静下来，所有的人。"

领导者是有特殊魅力的人，从而激发出一个团队的巨大潜能。那么，犹太教是如何定义"领导"的呢？希伯来语中只有"国王""统治者"这些词，却没有"领导"这个词。但是，犹太人认为，"一个领导者就是拥有追随者的人，成为一个领导者必定需要有跟随者。"要想拥有追随者，必须具有某些品质，在生命的适当时刻承担起自己的责任。犹太人的领袖摩西在埃及时就具有领导者的特质，后来在出埃及时发挥了杰出的才能，并获得了整个犹太民族的追随。因此，如果你要想学习领导才能，就必须先学会跟随别人，然后再掌握相关的信仰和知识。

作为一个商界的领导者，对应的有五项任务：

1. 你必须给员工传授自己的公司文化；

2. 你必须清楚每个员工应该做什么；

3. 你必须保证所有员工都不因孤独而懒散倦怠；

4. 你必须为员工提供技能培训，让他们对公司有所贡献；

5. 你必须让员工有能力在混乱中保持平衡和信心。

在某些时候，信仰比知识还重要。因此，犹太人从一开始就坚信，他们在每一次和别人合作前，必须把期待的结果当作已经存在的现实而付诸行动。这样，往往事半功倍。就仿佛婚姻一般，你无法在确定今后是否能过上幸福的生活和彻底了解你的配偶之后才去结婚。你是否结婚，完全取决于你的信仰和信心。

"领导"的进退两难之处在于，当两种矛盾无法调和时仍然能保持心态的平衡。领导者真正的威信和权力来自于他对员工真正的关心。例如，"二战"时，只要一想到同盟国士兵的伤亡，丘吉尔就无法平衡内心深处的悲哀。当德国发动闪电战的时候，他看到他们被炮火摧毁的家园和那些站在废墟上英勇抵抗的人们，就禁不住痛哭流涕。与此相似，任何一个领导，都需要将下属视为整体的一部分和独一无二的重要的人，使他们在服从制度的同时，保持自己的个性。要想方设法让他们感觉到你对他们的关心，要想方设法让员工在效率和休息之间找到平衡，这样才能获得他们对你宝贵的忠诚。正如莎士比亚通过哈姆雷特所言：

> 真正的伟大，
> 并不完全是只为轰轰烈烈的大事奋斗，
> 而是肯在一些区区小事中，
> 力争一份荣耀。

这就是所谓的"细节决定成败"。商业生活中最激动人心的一面，就是要学会如何应付变化和面对挑战，一个成功的领导要拥有综合的素质——这些素质中除了要学会跟随以外，还包括要有勇气向别人阐述和展示你的前景规划，确保短期目标和长期目标之间的平衡，以及运用肢体语言，显示你的自信和气魄，并学会抛开笔记进行演讲等等。

打造好一支团队，事业就成功了一半。一个优秀的团队不仅需要一个优秀的领袖，更需要一群追随者和拥有共同梦想的人。团队不仅需要激发每一个成员的创造力，还需要用情感和精神把大家紧紧凝聚在一起，同时还必须制定出每位成员共同遵守的目标和游戏规则，并在不断的实践中发挥和激发每位成员的潜能与智慧。

谷歌首席执行官埃里克·施密特说过："参加过叙利亚战争的以色列坦克指挥官是世界上最优秀的工程指挥官。他们执行力最强，而且一切以细节为导向。这是建立在实战经验基础之上的——兢兢业业，敏于观察。"尽管每一支部队都在倡导随机应变的战术，但真正在战争发生的时候，不仅需要一个头脑非常清晰的指挥官，还需要一群具有独立思维能力和随机应变的个体。因为战场的情况任何人都无法预料，遇到紧急情况的时候，没有一个课本可以提前告诉你如何应对和解决危机。

在以色列的军队中，只有屈指可数的几名陆军上校，而副官或者助理人员的数量却很多，因为在紧急情况下，一个团队只能有一名指挥官做出决策。美国军队中高级军官占整个部队的比例为 1∶5，而以色列国防军中的比例仅为 1∶9。再加上以色列的指挥官在战场上必须身先士卒，所以中级指挥官的死亡率很高。在打仗的时候，他们常常手臂一挥高喊道："弟兄们，大家跟我一起冲！"

对于以色列来说，每个人的生命是最重要的，因为他们缺少总领土、总人力、总时间和总预算这四个"总"。正如一位以色列企业家所言："如果缺少总人力的话，我们就什么事也干不了，因为我们不能像其他国家那样，养活那么多的军官。"因此，在以色列的军队，当局放权给每一个普通士兵的力度非常大，甚至让以色列的领导人也会大吃一惊。1974 年，在以色列总理拉宾第一届任期期间，以色列国防军情报部一名女战士被恐怖分子绑架，当时拉宾最担心的就是"一个普通的女孩怎么能知道那么多至关重要的机密信息呢"？因此，以色列不仅关注每一位士兵的生命，也关注他们的独立思考能力和应对危机的能力。判断一个人能力的高低，不仅在于你能提供多少新的想法，还看你是否能和自己的团队亲密合作。

在以色列的企业中，几乎所有的人都服过兵役，这种团队精神早已融入他们的血液中。

4.5 不放弃任何机会

犹太人逃离欧洲前往最终目的地——美国的时间比第一批到达美国定居的清教徒晚了几年，可追溯到 1654 年 23 个葡萄牙犹太人从那些致力于驱逐、迫害他们的葡萄牙人手中逃脱，抵达新阿姆斯特丹港，也就是现在美国的纽约。他们逃离欧洲不仅仅是为了追求信仰自由和躲避不公正待遇，还为了寻找新的商业机遇。据说发现新大陆的哥伦布就可能有犹太血统，而且他的重要助手有两三名都是犹太人。正如孟德斯鸠所言："哪里有钱，哪里就有犹太人。"也可以这样说，哪里有机会，哪里就有犹太人。犹太人从来不放弃任何机会。美国不仅仅是欧洲人发现的新大陆，也是犹太人的机会大地。许多欧洲犹太人很早就漂洋过海，到美国寻找发展的机会。美国给犹太人提供了一块发展潜能巨大的空间。

著名作家菲茨杰拉德在其经典小说《了不起的盖茨比》中描述美国是"一个清新和稚嫩的乳房"——一个没有旧欧洲的仇恨和狭隘的地方，一个可以给予那些在别的地方遭受歧视之人公平机会的地方。对于犹太人来说，机会意味着祝福和恩赐，给他提供一个巨大的舞台。所不同的是，虽然犹太人在欧洲也曾经获得了巨大的成功，但是反犹主义还是如影随形，尤其是"二战"时希特勒的残酷迫害，让他们不得不逃往美国。美国的繁荣和大批犹太人的到达有很大关系，他们不仅从社会的边缘跻身美国的上层社会，还为美国的繁荣和富强做出了巨大的贡献。

100 多年前，当来自欧洲的移民乘船到达美国时，第一眼看到的就是纽约港口的自由女神像。女神像底座上镌刻的就是这首不朽的十四行诗《新的巨像》。而这首诗的作者，就是美国著名的犹太女诗人爱玛·拉扎勒斯。

不似那铸成铜像的希腊诸神

征服者的双腿横跨两岸

在这浪拍夕照的大门

将矗立起一个伟大的女人

她手中的火炬是囚禁的闪电

她的名字是"流亡者之母"

她灯塔般的手臂闪耀着对全世界的召唤

温柔的目光俯视着连接双城的海港

她呼喊着，张开沉默的双唇：

"古老的土地，留下你华丽的传奇

给我送来你疲惫的人，你贫穷的人

你渴望呼吸自由的芸芸众生

让他们来吧！

被你丰饶的海岸推走的不幸的人们

被风暴席卷、无家可归的人们

在这金色的大门边

我为他们举灯照明。"

其实，在自由女神像的背后，不仅留下了爱玛的名字，还留下了普利策、阿道夫·奥克斯、凯瑟琳·格雷厄姆、沃尔特·李普曼、路易斯·布兰代斯、卡多佐、波斯纳、戴维·鲁本，以及哈罗德·伯尔曼、亚伦·德萧维奇等人的赫赫大名，他们为美国和全人类的新闻出版自由和司法正义做出了不朽的贡献。

没有普利策，就没有自由女神像。1883 年，法国雕塑家精心雕塑了自由女神像，却因经费不足难以施工。普利策不仅亲自捐款，还在《世界报》上呼吁民众捐款，最终使这项伟大的工程于 1886 年圆满竣工。他与那些只想勒索房租而不管房屋维修的贫民窟房东作斗争，与欺诈的警察和行为可疑的政客作斗争，并且取得了胜利。甚至连他的竞争对手赫斯特也不得不承认，普利策是"我们国家生活中一股最强大的民主力量"，是"国内外新闻界的一座灯塔"。正如他自己所言："永远为进步和改革而战；永远不容忍不平和腐败；永远与各政党蛊惑民心的政客作斗争；永远不依附于某个党派；永远反对特权阶级和掠夺公众利益者；永远不要丧失对穷人的同情心；永远对公共福利尽职；永远不满足于单纯地印刷新闻；永远要绝对地独立；永远不惧怕抨击坏事，不管做坏事的是巧取掠夺的富豪，还是故意搞破坏的穷人。"1875 年他在一次政治集会上的一番话依然那么惊人地切合现实："在这个国家，金钱势力的增长已大得惊人，它与政府的种种联系以及它对政府的兴趣令人深感忧虑……但愿我们的华盛顿政府永远不会屈从于百万富翁的权利而漠视数百万民众的意志。"

如果说普利策是一个堂吉诃德式的理想主义者，那么，《纽约时报》的创始人阿道夫·奥克斯同样是一名理想主义者。他不仅几十年如一日坚持"只登正当合理之新闻"的办报原则，而且努力创造一个独立、客观、负责、诚实、富有尊严和值得信任的大众媒介。他用事实证明，高发行量、高利润和高品质新闻是可以并行不悖的。在奥克斯的影响下，《纽约时报》虽历经百年风雨仍然风格不改，成为一个巨大的报业帝国。它不仅是一份报纸，还是一家社会公共服务和慈善机构。至今，奥克斯的一句名言还被雕刻在《纽约时报》行政大厅里他的半身铜像下面，他名言的原意是："公正报导新闻，无所惧，亦无所私。摆脱两党偏见，摒弃宗派分歧，不受利益所惑。"这句话被奉为《纽约时报》的言论原则。

凯瑟琳·格雷厄姆则受命于危难之际，在自己父亲创办的《华盛顿邮报》奄奄一息的时候扭转乾坤，被称为全世界最有权威的女强人和犹太女人，因为正是她搞垮了尼克松。她敢于坚持真理，捍卫新闻出版自由，为自由女神增光添彩。

在《世界报》写过评论文章、又在关键时刻支持过凯瑟琳·格雷厄姆的犹太人中，有一位伟大的新闻记者和专栏作家。他一生中写出了总数超过 1000 万字的时政文章，不仅约见过赫鲁晓夫，还与罗斯福共进早餐，与丘吉尔一起讨论过"二战"进程，并被戴高乐奉为上宾，还与肯尼迪讨论美国国务卿的人选。他以自由的思想征服和影响了世界，受到美国政府以及各国首脑和外交机构的高度重视。他就是美国最伟大的新闻记者沃尔特·李普曼。他曾说过："这是一个生活乐趣太少的世界。在这个世界中，现代人的暴行更加肆虐，但是某些邪恶也同样有所减退——在这个世界中，人类平等的权利已经植下了根基。唯有进步，才使世界变得更加人道与合乎理性。这是我们唯一可以用来衡量世界的标尺。"李普曼及其同道们，已经成为美国社会进步的标杆和伟大的制衡力量。

除了新闻自由以外，法律和正义其中也浸透了犹太人的心血。在今天，纽约和华盛顿著名的律师事务所合伙人当中，有40%是犹太人。在历届美国最高法院的大法官中总共出现过七位犹太裔大法官，他们是布兰代斯、卡多佐、法兰克福特、高德伯格、傅德斯、金斯伯格和布莱尔。布兰代斯一生捍卫民众自由，反对国家侵犯公民的权利，被誉为"人民的律师"。在他的专著《别人的钱》中，他还大力抨击托拉斯和金融寡头，认为他们不仅控制了市场，钳制了舆论，甚至还左右了法律。美国总统罗斯福在谈及股票市场时，一般都会援引布兰代斯这样一句话："公开应当被推荐为消除社会和工业弊病的补救方法。阳光是最好的消毒剂，灯光是最有效的警察。"

犹太人常常被看作"机会主义者"。他们习惯于流浪生活的反复无常和艰难困苦，也能很快适应反犹主义者的歧视，并能把非常有限的机会发挥到极致。当他们获得了借贷的机会，就很快成为银行家；当他们获得了买卖的机会，就很快成为优秀的商人；当他们获得发言的机会，就迅速变成一流的新闻工作者。他们不仅服务于犹太同胞和社区，也服务于整个人类社会。他们依靠的不是他们的天才，而是他们的文化传统和拼搏精神，他们把劣势变作优势，化腐朽为神奇，不断地驱动，不懈地努力，因为在他们的眼中"机遇只依附于能力"。

要正确理解犹太创新精神的根源，就必须认真了解犹太人的传统和历史。正如许多大屠杀的幸存者所说："如果我能从希特勒和他的毒气室里幸存下来，那么还有什么事情做不成功。"也就是说，犹太民族之所以成为不屈不挠的民族并具有强大的创新能力，不是由于"他们被允许活下去，而是因为他们不被允许活下去"。当新世界无限制地为他们敞开通往信仰、真理和法律的阳关大道时，他们发现并创造了无数个新的机会，在金融、医疗、钻石、法律、影视、电脑、新闻出版、服装玩具、美容、通信、娱乐、风险创投和高科技等无数领域成为执牛耳者。一句话，犹太人的成功就是"走别人没有走过的路"和"走自己的路"。正如一位犹太学者克里夫茨在《犹太人与钱》一书中所言："无论是流浪给犹太生活带来的颠沛流离，还是现实生活的种种限制与包围，迫使犹太人在不知不觉中必须处理一个最基本的问题，那就是：如何生存和发展。"也就是说，正是极大的苦难和几千年的颠沛流离，培养了犹太人极强的生存能力和适应变化能力，以及把握机会的能力。他们不仅能够不断地产生新的想法，还能够发现和洞察市场的需求，并想方设法利用团队的力量去满足这种需求。如果不能如此，便意味着死亡。

对犹太人来说，常常处于生死的边缘，机会稍纵即逝。如果不能很好地把握机会，就不可能生存。因此，在丹·塞诺和索尔·辛格所著的《创业的国度》一书中，他们把以色列的创新精神和企业家精神的来源归结为"以色列在世界上的不确定性和不稳定性"，以色列的成功出现在所有可以公平竞争的领域。他们认为，以色列的座右铭是"你越要禁锢我，我越要证明我可以出去"。无论如何要寻找机会，必须获得成功。"以色列人会很自然地拥抱互联网、软件、电脑以及电信的角斗场……在这些行业里，国界、距离以及运费都变成无关紧要的事情。"事实上，创新和智慧才是他们的核心竞争力。

✡ ——————— **第五章** | 中东"硅谷"：弱小而强大的高科技 |

以色列和美国硅谷最大的不同是：以色列人的创新，是基于一定
要化解威胁、解决问题、增加安全感为内因与动力源头，以信仰
为用之不竭的能量，核心因素是"被逼"。而硅谷的创新，则是
以实现个人的伟大梦想、为了改变世界，进一步凸显优势、彰显
自我价值作为强大驱动力，核心因素是"寻找自我"。

没有钱并不是问题，没有创造力才是问题。

——犹太谚语

世界的财富在犹太人的口袋里，犹太人的财富在自己的脑袋里。

——口头禅

在当今的美国，成功、富有和犹太人一再联系在一起，这绝对不是偶然的。

——犹太拉比西尔比格

5.1 以色列何以成为中东"硅谷"

从国土面积的角度来说，以色列相当于中国的半个珠三角，人口不到北京市的三分之一，而且一直是一个战火纷飞、资源匮乏的小国，为什么在纳斯达克上市的新兴企业总数曾一度超过欧洲的总和，超过日本、韩国、中国和印度四国的总和？为什么以色列被称为中东"硅谷"？

瑞士洛桑管理学院发布的《全球竞争力年鉴 2014》中，以色列的创新能力排名高居全球第一位，同时在世界经济论坛的《全球竞争力报告 2014—2015》中，以色列在 148 个经济体创新综合排名位居第三位。

根据 MappedinIsrael 等网络数据显示，以色列目前约有 5000 家高科技初创公司。最近 5 年，每年的平均增长数量为 927 家，年均增长率为 10%。对于人口只有 800 多万的小国，每天就有两到三家创业公司成立，平均每 1844 个人中就有 1 个人创业，每 1600 人中就有 1 个人开公司。在特拉维夫的罗斯柴尔德大道周边 1 平方英里的土地上，就塞进 600 多家大大小小的新创公司。而这个略显神秘、资源匮乏的中东国家，是如何在短短 20 年内飞速成长为令世界瞩目的创新创业圣地呢？

作为一个面积只有 2.3 万平方公里、人口只有 800 多万的小国，以色列在科技创新方面创造了举世瞩目的成绩，并创造了三个世界第一：研发支出比重位居全球第一、硅谷以外创业公司数量第一、风险投资人均第一。以色列境内拥有220所跨国公司设立的研发中心，2013年外贸出口额达64亿美元，70家公司在纳斯达克上市。2009年企业境外子公司研发费用占总研发费用比例的63.3%，高居全球首位。在过去的10年间，新企业诞生了7027家，死亡2882家，存活4145家，企业的存活率高达60%，且大部分以高科技互联网公司为主。

以色列为什么能够创造这样的奇迹呢？这和以色列社会所形成的独特的创新生态系统有关，其中包括教育创新、高科技社会、政府激励政策、国防体系建设、风险投资与社群建设，以及全球高科技社群等创新的外在因素，也包括企业家自身素质、个人价值、思想创意及创业动力等内在因素。

以色列创新的外部条件

作为以高科技立国的国家，以色列在科研教育领域成果突出。以色列有很多享誉国际的著名大学，包括世界上最优秀的工科大学以色列理工学院曾获李嘉诚基金会1.3亿美元赞助，已在中国广东汕头创办了"广东以色列理工学院"。以色列大学的学术论文在国际领先杂志上出版、发表和引用率仅次于瑞士与瑞典，位居世界第三。

为了在全球吸引优秀人才，以色列还专门设立了移民吸收部。在移民吸收部中设立科学吸收中心，为科技移民提供就业方面的咨询，并向用人单位提供补助，开始两年用人单位只需支付科技移民工资的15%—20%，其余的80%—85%由科学吸收中心支付。另外，一些团体和协会也为促进以色列的科技进步发挥了很大作用。如以色列科学与人文学会由60名以色列最杰出的科学家组成，该学会负责管理以色列国家科学基金，积极向国内外募集资金资助基础研究。

2013年以色列的风险投资总额为2.3亿美元，仅次于美国、欧洲和英国。而中国的风险投资额为1.8亿美元。换句话说，以色列这个800多万人口的小国，风险投资总量要超过整个中国的风险投资量。足够的风险投资量，为以色列创新创业提供了强有力的物资保障。

由于以色列形成的独特创新生态，吸引了全球高科技社群在以色列的汇集。全球化跨国公司在以色列设立的研究中心共有 57 家。像英特尔、微软、苹果、IBM 等等，中国的联想、小米也在以色列设有研发中心。跨国公司在以色列的大量研发投资为其创新发展提供了强有力的帮助作用。

以色列创新的内在动力

以色列地域狭小，自然资源匮乏，对现实的不满迫使他们不断创新与变革。环境使得以色列人以十分宽容的心态对待失败，尤其在对待创业方面，失败容忍度很高。这也是以色列人能够把创业当作职业的一个重要原因。生存环境的不稳定使得以色列人具有很强的危机意识，创业也不会考虑时间长短的问题，在企业做到成长期就会将其卖掉。因此以色列的风投也往往对企业初期阶段更热衷。

在以色列的社会中个人主义与集体主义并存。正是以色列服兵役的传统，他们的集体主义就来源于这种平等体制下的军队训练，团队之间强调互相依靠，而恶劣生存环境也使得每个人必须互相协调与配合。

以色列企业家良好的创新思维和创业动力与以色列国家的独特文化不无关系。以色列文化所倡导的平等思想，给予以色列人自由开放和敢想敢做的创新动力。以色列社会的等级观念十分淡漠，如果将中国等级观念算作 99，那么以色列就是 0 到 3。此外，动荡的社会环境也锻炼出了以色列人对风险的高容忍度，以及快速应对风险的能力。

除此而外，犹太文化特别鼓励"特立独行"，年轻人不愿墨守成规，并总有创新的思路，创造与众不同的新事物。所以很多人选择创业也就顺理成章。再加之历史上犹太民族历经磨难，即便在复国之后也处于资源匮乏四处临敌的环境中。

因此，在困难的生存环境中，以色列不得不通过冒险激进的方式创造更好的生存条件，正如索尔·辛格所说，"以色列的冒险精神是被'逼'出来的"。犹太人认为每一次创业与创新都是一种风险试错，而他们更多看重的是创业可能带来的收益，而非失败可能带来的损失。

同样也因为民族的历史遭遇，使得犹太人明白成功的不易，因此允许失败的存在，家庭社会对于个人的失败也不会进行过多的批判。因此在这种情境下，年轻人能够以轻松的心态去尝试新的事物，对于失败也相对平和，并保持相对乐观的态度。

延续一生的教育倡导

在以色列，教育经费占国民生产总值的 10% 左右。他们的基础教育是培养孩子打破传统思维定式的能力。在以色列初中，就开设了一门课叫"年轻创业家"，直接要求每个学生独立设计一套自主创业的方案，以摆脱思维束缚。甚至有以色列专家认为："过去犹太母亲希望孩子成为律师，但现在许多母亲都希望自己的孩子退学回家进行创业。"而到了高等教育阶段，以色列大学鼓励每个学生成立自己的孵化器进行资金资助，还成立高校科研成果商业转化中心。创新创业不仅仅是商科和管理系的问题，还是哲学和文化的问题，跨学科交叉合作更容易成功，而且各种科研机构、院校和企业之间也会开展密切的合作。

此外，以色列还十分注重职业教育和社会培训教育。随着以色列高科技创业公司的不断兴起，每年高科技行业新增 7000~8000 个岗位，但是只有不到 6000 名毕业生能满足需求。因此，政府新推出方案，为年龄较大的员工免费教授最新的科技课程，让他们可以填补高科技职位的空缺。"在以色列，老年人都在读书。"近几年以色列有不少创新成果其实都源于中老年人和退休人士。

积极的政府支持

以色列政府对高科技研发大力支持。以色列政府对高科技研发的支持基金非常多，虽然从 1993 年的 22.3% 降到 2010 年的 4.2%，但总体还是呈上升趋势。在以色列复国之初，国家就成立了科学委员会。20 世纪 60 年代以来，政府各部纷纷建立首席科学家办公室，为保障科研开发的经费需求，以色列政府除由国家财政拨款解决 70% 左右的科技发展经费外，还通过吸引国内外科研开发基金和企业的研发投入等补足另外 30% 的缺口，使以色列成为世界上按比例计算研究开发经费最高的国家。

20 世纪 90 年代初，以色列高等院校强大的科研力量大多不问产业的发展和需求，曾出现过"与经济发展相脱节"的情况。为此，以色列工贸部首席科学家办公室于 1993 年推出"磁铁计划"，以支持企业与学术机构组成研发联合体。这些联合体可以得到多年（通常为 3 年~5 年）的研发支持，额度为核准研发总预算的 66%，更不必偿还。

对于那些因缺乏资金支持、企业管理和市场开拓能力而倒闭的创新企业，以色列政府拿出风险资金 1 亿美元，吸引国外经验丰富的风险资金管理公司加盟成立 YOZOM 公司，并吸收私人风险资金成立风险投资基金。2008 年，以色列人均风险资本投资是美国的 2.5 倍、欧洲的 30 多倍。风险投资业的崛起也推动了高新技术产业迅速发展。

另外，以色列政府政策上的巨大扶持也起到了极其重要的推动作用。从干预政策涉及的范围、政府资助、贷款及担保项目到税收优惠等。以色列于 2011 年颁布了"天使法"(angel law)，鼓励早期的投资行为。符合资格的投资者，如果投资于本土的高科技企业，就能减免相应额度的税款。同时针对符合相应要求的高科技公司，政府将资助 1/2 的研发经费，而针对创业公司，政府将资助 2/3 的经费。此外，以色列政府还成立了数十家孵化器，对创业公司提供 85% 的研发费用。

活跃的国际合作

以色列政府一直努力引进国外资金、技术和优秀人才，比如与其他国家建立一系列科学研究基金会、聘请世界一流科学家、从新移民中发掘人才。在苏联解体前后，从 1989 年到 1994 年，就有近万名科学家和约五万名工程师从苏联移民以色列。1993 年以色列新移民中各类专业人员比例高达 70%。以色列还在 1995年推出 GILADI 计划，聘请 530 位世界一流的外国科学家赴以色列进行为期三年的研究工作。

以色列还特别善于引进改造国外技术。比如以色列引以为荣的"幼狮"式战斗机正是引进他国先进技术加以改进后的结果。不过，经过以色列技术人员对外国技术的消化和改进，以色列生产的"改进型"产品往往比技术来源国的"原始型"产品还要先进。这正是犹太人在 2000 年离散生活中形成的善于博采其他国家和民族之长的传统的生动写照。

此外，以色列科教创新事业的发展，还得到了世界各地犹太人的支持。世界各地犹太社团一直大力资助以色列的科教和创新，设立各类基金会和奖学金，捐赠教研基础设施。以色列则以捐助人的名字命名学院、图书馆、教学楼、实验室、宿舍区、教室和医院等，并经常举行各种联谊会和校友活动，增进捐助人与受赠单位的友谊，如授予荣誉博士、教授称号，并举行纪念碑、牌揭幕典礼等。

一位中国企业家在考察了以色列以后，这样写道：

以色列是一个神奇的国家。它是世界上历史最悠久之一的民族的家园，却在几十年前才得以复国；它自复国当天就被环伺的强敌联手讨伐……非但没有亡国，反而国土越来越大、军队越来越强；它的国土一片黄沙漫漫、烈日当头，自然资源极度匮乏，人均耕地 1.5 亩，人均水资源只有世界平均水平的 1/4，却发展出了世上最先进和高效的农业技术；国土面积跟北京差不多大，人口不到北京的三分之一，在纳斯达克的上市公司数量却仅次于中国和美国，超过了整个欧洲国家的总和。1948年，以色列从零崛起，全民皆兵的生活在纷飞战火之下，经济却高速发展至今，人均GDP排到世界前30位，其中科技产业对GDP的贡献比例在世界上排第一位。

虽然地处最危险和荒蛮的中东，以色列却吸引了来自全世界的巨头公司和风险投资纷至沓来。及至今日，有300多家跨国公司把科技研发中心开在了以色列，并且这个弹丸小接受了全世界最高密度的风险投资，甚至超过了硅谷。就如耶路撒冷是三教圣地一样，以色列大概也是所有科技行业从业人员心中的圣所。

根据以色列IVC咨询公司的数据，以色列到了2014年，与创业公司相关的风险投资进入了突破性的一年，全年共有688家创业公司获得本土及全球范围的融资，总额达到了34亿美元。与全球创业最活跃的美国对比：美国2014年高科技创业公司投资额达到470亿美元，但是以色列国土面积仅为美国的0.5%，人口为美国的2.7%，以色列高科技创业公司吸引到的风险资金却超过了美国的7%。

根据IVC咨询公司提供的资料，以色列创业公司主要包括七个大领域，其中IT及企业软件类，主要是指较传统的IT公司，特别是从事网络安全类的信息技术公司；而互联网类，包括互联网应用、互联网设备、在线广告、电子商务、在线媒体等。根据近四年的统计数据，可以看到以色列的互联网和生命科学领域加速活跃，风险资本大都投入到了这两个领域，通讯行业逐渐降低，而IT及网络安全方面的投资情况保持相对稳定的状态。

2014年，互联网行业总融资额达到9.5亿美元。在年度融资额最高的10个高科技创业公司中，互联网初创公司占到一半，IT大类占到60%。其中，ironSource为软件及APP分发商，其基本模式类似于华军软件＋应用商店＋精准广告平台的合体，于上一年融资8000多万美元，2010年成立至今仅有的两轮融资总计超过1亿美元，成功跻身硅谷"10亿美元俱乐部"。

在 IPO 上市方面，以色列创业公司主要选择三个地方——美国、欧洲以及以色列。根据近 10 年总体上市公司数量，本土上市的创业公司占 46%，美国为 30%，剩下的一部分则选择欧洲上市，然而美国上市获得的总融资额远超过本土及欧洲市场。根据美国 NASDAQ 数据显示，目前以色列 NASDAQ 上市公司数量为 76 家。《华尔街日报》的 VentureSource 做过一项研究，对比了各国创业公司从获取种子期投资到退出之间的时长，以色列初创公司平均只发展了 3.9 年便快速退出，与此相比，德国为 4 年，英国为 6.4 年，法国为 6.6 年，而瑞典创业者则等待 9 年的经营与发展后才选择退出。

2010 年以色列人均风险投资额为 170 美元，美国为 75 美元。主要高科技工作者为软件、硬件工程师约 5300 人，销售 4200 人，营销 3700 人。国家对科学技术的研发投入每年都占国民生产总值的 3% 甚至更多，这一水平，比多数工业发达国家都高出许多。以色列发展高科技的一个重要途径，是通过中小型创业公司自主研发，创业公司吸引到的国际风险投资也促进了部分 GDP 增长，1999—2002 年以色列高科技创业公司吸引到的国际风险投资占 GDP 的 0.6%，位居世界第一。显而易见，"创业"给以色列的现代经济贡献了不少力量，也使得整个国家能够在资源贫瘠的条件下得以生存发展。

所以，世界首富巴菲特说过："如果你去中东寻找石油，你可以不去以色列。如果你来寻找智慧，那么请聚焦以色列！"

5.2 危机感倒逼下的颠覆式创新

犹太圣经《塔木德》说："世界有十分美，九分在耶路撒冷。"而当上帝、耶稣基督、真主安拉聚集在同一块土地上的时候，世界上就再也没有任何地方能像耶路撒冷这样，令人如此着迷，并充满了矛盾与冲突。除"圣城"耶路撒冷外，以色列还有一座城市也在同样深刻地影响着全世界，这就是"浪漫之城"和"创新之都"特拉维夫，虽然它们相距很近，却又是那样的不同，从一个维度看它们毫不相干，从另一个维度看，却又是那样的一脉相承、互为作用。

以色列是一个只有830多万人的小国，但以色列年人均GDP已超过35000美元（美国年人均GDP约30000美元），在美国纳斯达克的上市公司数量已超过90家，仅排在美国和中国之后居世界第三，数量超过整个欧洲国家总和，这不能不说是个奇迹。

这个国家强大的创新力到底是如何形成的呢？有一位中国企业家在考察了以色列以后做出了如下思考：

1. 信仰的力量，让人的内心变得强大

在这个地球上，恐怕很少有几个民族对待自己的信仰能如此笃信不疑，并以此作为终生最大的精神支柱，从而让自己的内心变得如此强大，并深刻影响着每个人的行为习惯和人生目标。

2. 家庭的启蒙，让孩子从小学会爱人如己和自强不息

以色列犹太人，在家庭启蒙教育上非常成功。父母不仅让每个孩子从小就认识到学习知识是快乐的，而且每个成年男人都热爱自己的家庭，并尽最大可能在工作和发展事业的同时，愿意花很多时间陪伴孩子并言传身教。以色列几乎所有的孩子，无论是在富贵还是贫困的家庭，从小就得到了爱人如己和自强不息的启蒙与熏陶。

在以色列整个国家，你几乎看不到任何一名犹太人在街上乞讨，他们坚持一定要通过自己的劳动、工作，创造出价值和活得自强、有尊严。

3. 价值观教育，敢于挑战权威

如果说犹太人的家庭启蒙，让孩子充分感受到了爱人如己和自强不息，以色列整个国家的教育体系，则淋漓尽致地诠释了敢于挑战权威的价值导向和理念。

以色列的各类学校教育，从小学、中学到大学，几乎所有的老师，都鼓励学生在课堂上，对已有的知识、观点、理论，甚至是定律，提出怀疑。在怀疑的同时，激发学生提出自己的分析、看法和新思维。在打破权威、表达真我、发现新价值这种理念的影响下，以色列的青少年从小到大，逐渐在思维上就储藏了足够多的创造性能量。

4. 军队的洗礼，强化危机感下的生存

以色列实行的是全民服兵役制度，所有国民成年后都需要先当兵后上大学，在部队里，他们接受了更为深切的危机教育和专业训练。让每个人直接意识到，自己的国家所处的环境是多么危险，危机时刻存在。

以色列人的危机感是深入骨髓的，无以复加。以色列国土上几乎每天都可能受到火箭弹的攻击，真实的安全威胁就在身边，这倒逼着他们研制出像"铁穹系统"这样可以精准拦截导弹的超一流武器系统；而这些在部队里获得很多创新成果的人，在退伍回到商业社会后，大多从事的是最新技术、最新产品的研发，然后将新技术卖给美国著名的大公司，也有自己发展起来后到美国上市的，通过以色列的创新技术，生产出的产品在全世界销售。

5. 务实的文化，寻找生命的真谛

在以色列大街小巷和马路上，几乎看不到任何与奢华有关的视觉物件，从建筑，到大街，到汽车，到人们的穿着，处处看上去倒很像是在中国三线城市的样子，这与年人均 GDP 超过 35000 美元的数字相比，简直就是太寒酸了，但这种务实的文化，正是以色列人非常厉害的地方。

在大街上、商店或餐馆里，你从以色列人的表情中分明能够读出，他们似乎更接近于发现了生命的真谛。以色列国民普遍生活得非常朴素，几乎看不到任何炫耀的言行。

6. 能量的浓度，汇聚和激发创新的激情

以色列拥有 38000 名科学家，人均比例世界领先。在佩雷斯中心，以色列第一位获得诺贝尔奖的科学家阿隆教授，在分享中再三提到了"做一个勇敢的挑战者"对以色列人的重要性。

而在特拉维夫，到处弥漫着真实而触手可及的创业公司，还有众多的孵化器、风投公司，其创新的浓度完全不输给硅谷。

它和美国硅谷最大的不同是：以色列人的创新，是基于一定要化解威胁、解决问题、增加安全感为内因与动力源头，以信仰为用之不竭的能量，核心因素是"被逼"。而硅谷的创新，则是以实现个人的伟大梦想、为了改变世界，进一步凸显优势、彰显自我价值作为强大驱动力，核心因素是"寻找自我"。

但无论怎样，这两股力量均在强有力地推动着全球科技、经济和趋势的发展，对中国企业和企业家来说，我们可以从学习、接纳，甚至是因地制宜地模仿、借鉴开始，坚持久了，找到自身的特质和独特优势，我们完全有机会在追赶中实现局部超越。

创新需要土壤。毕竟创新和创业的成功概率比较低，常常是九死一生。无论是美国硅谷的创业者，还是以色列的青年创客。他们的心态一般是比较轻松的，并不惧怕失败。

可以这样描述，所有硅谷和以色列的创新项目都是以颠覆传统行业为出发点的。中国的传统行业，这些年发展得比较顺利，这和中国近期的整体经济发展趋势有关系，不一定是自己有多强大；走出去到国际上 PK 一下，绝大多数会铩羽而归；国外的企业巨头进入中国，也因政府保护等原因，限制了他们的发展。如果真的完全开放市场，中国还有 BAT 三个巨头存在吗？在硅谷新技术、新产品里，IT 和互联网仍是主流；近期，大数据、医疗健康、机器人等行业更加热门了。

"创新是少数人的需求，大多数人没有这个愿望。"创新需要氛围、需要集聚、需要浓度才能发生质变。从投资人的角度来观察，以色列的初创项目大多是技术驱动型的创新项目；而中国的初创项目大多是应用驱动型的，或者说服务创新，不是技术创新。

原因是什么呢？因为以色列市场狭小，技术研发力量过剩，需要大量输出；中国市场大，人口多，满足内需是主要目的；中国经济快速发展这么多年，有些产业也出现了产能过剩的问题，如何解决呢？我们当然也需要输出产能，钱多了也需要对外投资，这个趋势谁也挡不住。以色列人很务实，走在街道上，看不出谁在创新。而在中国，创新都写在报纸和每个人的脸上了。

以色列所取得的巨大成就和全球影响力，无疑是一个真实存在的奇迹。毫无疑问，犹太人在过去两千年经历了太多的苦难，即便是在 1948 年复国后，也是强敌环伺，再加上整个国家自然资源的极度匮乏，给犹太人的生存与安全带来很大挑战，令每一个犹太人的内心都充满危机，而这种残酷的环境，逼迫他们必须更倚重犹太人自身能量的挖掘与表现。

正因为以色列整个国家几乎没有任何可依赖的自然资源，又面临强敌环伺，犹太人的生存意愿被彻底激发起来，让他们意识并相信，只有通过强化教育水平、提升人的学习力和自身能量，才有主动权。

在这些基础上，犹太人又通过政府的制度层面，建起了立体的鼓励创新、容忍失败的创业机制，使创业与创新成为以色列这个国家和犹太民族在极致专注信仰下的主流文化和在青年精英中的时代风尚。犹太创业者由于民族文化、发展历程等，造就了他们热爱创业、勇于拼搏的共同特点。由于犹太民族的特殊性，他们的身体里就流淌着创业的 DNA。

在历史上，由于战争等原因，犹太人被迫离开自己的国家，分散到世界各地，其身份都是"外来移民"。他们需要生存，有挣钱养家的需要，这种被称为"生存型创业"。无论是早期流散在外的犹太后裔，还是以色列复国后的犹太移民，面对的都是一种从头再来的生活，而创业是能够让他们"绝处逢生"的机会。以色列"连续创业者"的比例是 10%，是硅谷（5%）的 2 倍，其中一个原因便是根植于犹太文化及教育中，对有所成就，力求卓越的社会肯定的动机。

在以色列，绝大部分人只要过了 20 岁，就尝试着到外面的世界去挖掘机会。他们从不惧怕进入一个陌生的环境，也不担心和一种完全不同的文化打交道会发生什么麻烦。到 35 岁的时候，这些以色列人就已经游历过 12 个以上的国家。他们叫"Go far，stay long，see deep"。就是说走得越远越好，非常深入地去体验当地的生活。以色列人的思维并不喜欢跟风，而更愿意另辟蹊径，因此他们并不是在同类的软件中不断地烧钱拉流量和竞争，而更愿意在垂直细分领域中突破，寻找新的价值洼地，发现或者开发新的客户需求。

以色列还有一个文化性格特点，叫 Chutpah 精神，就是挑战权威、非常放肆的民族，厚脸皮、非常自信、自以为是，以色列人恰恰认为 Chutpah 精神是他们创新背后最大的动力，每个人都可以挑战名人和各类权威。他们勇于挑战的背后，是他们勇于试错不怕失败并包容失败的心态。犹太人认为每一次创业与创新都是一种风险试错，而他们更看重的是创业可能带来的获得，而非失败可能带来的损失。他们没有成王败寇的理念，而是将失败作为成长的方式，持续坚韧不拔地面对困难和挑战困难。也因为民族的历史遭遇，使得犹太人明白成功来之不易，并允许失败的存在，家庭、社会对于个人的失败也不会进行过多的批判。在这种情境下，年轻人能够以轻松的心态去尝试新的事物，对于失败也相对平和并保持相对乐观的态度。

以色列人有着不知满足、追求极致的创新精神。以色列人一直保持着犹太文明的特征——怀疑和争辩，他们的思维方式是"解释、反解释、重新解释、反对性解释"这样一种开放型、充满善意的争辩文明，这恰恰又符合了互联网思维，他们永远在寻找哪里错了，哪里是痛点，哪里可以做得更好，他们不畏惧艰难，愿意不断挑战和解决问题，最终实现极致的产品和体验。

当然，除了历史和民族文化的因素外，人才的汇集也是以色列能够快速崛起的重要原因之一。以色列的开国人士是曾经分散流居在世界各地的犹太后裔，这些犹太后裔在开创新国家之前，就已经在商业与科技创新领域取得杰出的成绩。

犹太裔学者 Tsvi Vining 提出，创业国度的现象与精神，不仅始于以色列复国，更是贯穿着整个犹太经济史。

生于忧患，死于安乐。太安逸的国家难以产生创新，因为没有动力。犹太民族是个多灾多难的民族，但他们却坚忍不拔，能时隔2500年后复国。尔后战争不断，一直处在动荡之中，强敌环伺，他们只有不断进取，构建自己的卓越优势，才能够生存和立国。磨难给予以色列的不是打击，而是持续地成长和进化。也让他们懂得如何去理解和使用时间和生命。

以色列人有这样一个词——"davka"，一个无法翻译的希伯来语词汇，大意是"尽管有人'揭伤疤'，也要打个翻身仗"。这好像在说："你越是攻击我们，我们就越是会成功。"长年的战争和义务兵役制，也使每个以色列人都受到了严格的军事化训练，培养了他们果断、勇敢的品质。

以色列那么好，有谁捷足先登了呢？

海外互联网大佬纷纷抢滩：

苹果：2011 年收购了以色列闪存公司 Anobit Technologies。2013 年，苹果又收购了 PrimeSense Ltd，该公司的技术是第一代 Kinect 体感控制器中 3D 传感的基础。2014 年 4 月，苹果收购以色列摄像头技术公司 LinX 金额约 2000 万美元。

Facebook：收购以色列应用开发商 Onavo，交易的金额在 1.5 亿～2 亿美元。

微软：2014 年 7 月决定以约 3.2 亿美元的价格收购以色列云安全厂商 Adallom。

中国的互联网大佬也不甘落后：

百度：2014 年底，百度和中国平安注资以色列风投 Carmel。Carmel 风险投资公司是以色列的私人证券集团 Viola 的一部分，管理资本超过 8 亿美元。百度还曾向以色列视频捕捉技术公司 Pixellot 投资 300 万美元。

阿里巴巴：2015 年 3 月，阿里巴巴数千万美元投资以色列风投

JerusalemVenture Partners(以下简称 "JVP") 旗下基金。JVP 是以色列知名风险投资集团，目前所管理的资金规模约为 10 亿美元。JVP 在网络安全市场进行了几笔成功的投资，包括 2015 年在纳斯达克 IPO(首次公开招股) 的 CyberArk Software。JVP 还投资了安全创业公司 CyActive，CyActive 后被 PayPal 收购。此外，还投资了 CyOptics 和 XtremIO。CyOptics 被美国半导体制造商 Avago 以 4 亿美元收购，而 XtremIO 被 EMC 以 4.3 亿美元收购。2015 年 1 月，阿里巴巴投资了以色列二维码创业公司 Visualead。

奇虎 360：2014 年底，360 计划设立一只全球性前期投资基金 "360Capital-IoT Fund"，投资重点放在中国、美国和以色列，目标规模为 6000 万美元，用于投资物联网公司。360 过去一年多在以色列进行几笔投资，包括投资于该国两只主要风投基金 Carmel Ventures 和 JerusalemVenture Partners。奇虎 360 还牵头了一轮对以色列图像识别技术公司 Cortica 的投资。此外，360 至少已对以色列初创企业进行了两笔投资：一笔是对手势控制技术公司 Extreme Reality Ltd. 的投资，另一笔是对即时通讯应用商 GlideTalk Ltd. 的投资。

红杉资本：2015 年 1 月 16 日消息，据 Re/code 消息，以色列群组视频聊天移动应用 Rounds 周三表示，已在新一轮融资中筹集到 1200 万美元，红杉资本领投，三星旗下风投公司 Samsung Ventures 以及 Verizon Ventures、Rhodium 等现有投资方跟投。

李嘉诚：通过其个人名下的维港投资，投资了逾 25 家以色列公司，其中一些公司大获成功，比如 Waze 就被谷歌（Google）出价 10 亿美元收购。

活跃在以色列的中国投资者，还有复星（Fosun）和中国光大集团（China Everbright）、联想、小米和华为等投资于科技和医疗领域，在此就不再一一列举。

中国高净值投资者也对投资以色列表现出极大的兴趣，在他们看来，投资以色列似乎是当下的热门。中国最大互联网公司创始人、家族办公室乃至大陆煤老板都在将个人财富的一小部分投资到以色列。

中国市场广阔，同时在中国政府高度鼓励创新创业的大背景下，更多中国资本向海外寻找创新技术，因此中国成为以色列一个重要的海外资本来源。根据 IVC 的统计数据，以色列每一个来自欧洲的投资者，对应了 10 个来自中国的投资者。中国至今已经投资了 80 多家以色列高科技创业公司，相比 2011 年增加了 88%。

根据以色列经济部粗略计算，中国在过去三年对以色列的投资额从零上升至 40 亿美元，特别是中国巨头 BAT 开始深入布局以色列高科技创业公司及基金公司，并成为美国投资者的强劲对手。诸多以色列创业者也越发开始关注中国市场，尽管存在诸多文化上的差异，但是随着越来越多的交流与合作，未来预期还会有更多动作。

以色列创新如此强大，那么究竟有什么推动人类进步的发明创造呢？

"视觉码"让一切更美

二维码已经融入了我们的日常生活，但是每次拿起手机扫描时，总觉得在一幅精致的海报上，黑乎乎乱糟糟的二维码显得如此突兀又违和。商家的 logo 通常会机械地内嵌在二维码中，完全没有统一的品牌美感。

"视觉码"可以解决这个问题。利用图像处理和识别技术，"视觉码"可以将传统二维码中近 70% 的色块抹掉，取而代之的是自己选择的图片或设计，从而生成一种近乎无形的二维码，只剩四角的方块提示你："嘿！我是二维码。"

"视觉码"的技术能够将任何图片、照片或广告转化为一个具有视觉效果的绚丽二维码，既保存了 75% 的原设计，同时能够轻易被任何 App 中有的二维码阅读器所读取。这类二维码主要是为市场营销人员和广告商设计的，方便他们利用二维码更好地进行品牌营销。

用以色列反火箭技术在线卖家具

以色列铁穹工程（Iron Dome）是一项可以在空中拦截并摧毁火箭的复杂机械、软件和计算机程序设计法技术的结合。但是，你能想象这样一个导弹防御技术的分支，也可以用来出售家具吗？Cimagine是一家以色列初创公司，它研发的网上购物软件可以让人们拿着移动设备在家里行走，从屏幕上看看某款正在出售的沙发或咖啡桌，摆在每个房间里会是什么样子。这个智能手机或iPad系统结合了现场图像和家具的3D画面，展现摆放上你能买或不能买的东西之后的真实景象。

海上数据分析专家

Windward是世界上唯一一家提供并分析世界海上相关数据的公司——每天要分析超过一亿多的数据点。据这家公司介绍，海洋是一片还未经开发的"荒地"，这是现存的最后一个模拟市场，它所占据的市场份额是难以想象的一个庞大比例——90%以上的世界贸易都是通过海洋运输的。

从30秒超级充电器到传送药品到大脑

这款充电器只是快速充电技术的一个使用原型，仅支持三星Galaxy 4手机。StoreDot的神奇产品都基于同一种技术：纳米点。纳米点技术不仅打破了原始电池的充电界限，也给显示屏领域带来革新。在纳米点技术的帮助下，StoreDot研发出可弯曲、透明、超薄的显示屏，并且这些屏幕将比现有技术产生的屏幕更加节能。StoreDot公司试图将纳米点技术应用于医学领域。由于此技术使用生物原材料，生成物无毒无害，并且生成品可用于药物运输，因此通过精细操作就能将药品传送到大脑的特定区域。

看了那么多以色列的创新，我们最后还是要回顾一下以色列互联网时代和我们最相关的一个创新：ICQ。我们每天用的QQ最早称为OICQ，模仿美国的 ICQ 研发出来的。而 ICQ 诞生于 1996 年，是以色列几个年轻人研发的，是全球最早的即时通信工具，辉煌时期曾拥有几亿的用户，但其最初只有英文版。1998 年马化腾模仿 ICQ 推出了中文版 OICQ，结束了 1998 年期间 ICQ 对中国即时通信工具的垄断，并最终将 ICQ 挤出了中国；OICQ 占领中国的即时通讯市场，然而在 1999 年，ICQ 的东家 AOL 发来律师函，要求腾讯停止侵权；2000 年，OICQ 退出舞台，QQ 进入大家视野。腾讯如今是国内 BAT 成员，其市值约 1500 亿美元，旗下涵盖了影视、游戏、智能家居等服务。而随着 MSN、Skype 的诞生，ICQ 被挂牌出卖，在很多国家 ICQ 也已经淡出人们视野。但其实如果没有 ICQ 怎么会有今天的腾讯帝国呢？

通过上述案例，我们发现以色列技术有如下几个特点：

1. **解决客户的痛点，从小处切入，但具备巨大的推广前景，而且很多是颠覆式创新；**

2. **创业模式大部分是技术驱动，而不是产品或服务模式驱动；**

3. **创业的领域大部分集中在高科技、医疗领域和互联网方向。**

较少对商业模式进行深度探索，这是以色列互联网行业的典型特征之一。与国内如火如荼的创业相比，以色列的创业和创新似乎更"硬"。现在中国很多人谈创新创业，谈互联网＋，更多地在进行产品和商业模式的探索，同质化现象严重，竞争非常激烈，在创新方面更多地是寻找和照搬国外的创新模式。很多企业就是做个 App，拉一笔风投，然后利用中国人多市场大的特点，迅速扩张，但在技术上很少有突破性的创新，这也是中国未来非常令人担忧的地方。我们更多的还是走在形式上的创新创业，互联网＋，被中国巨大的市场潜力所蒙蔽，没有发掘出真正创新的力量。当烧钱大战偃旗息鼓的时候，真正留给国人的是一个怎样的世界？

也许在远古的时代，一个弹丸小国，在世界的舞台中掀不起什么波浪，但今天的世界早已不同，国家的进化一刻都不曾停歇，而互联网时代是一个 n 次方传播速度的快速时代，任何一个分叉都可能和历史错失万里。互联网固然鼓励试错，但它鼓励的是整个世界的试错，而对于真正走错路的人，必然会谬之千里，甚至转瞬即逝。世界不再会被占领，不再会被拥有，而是要被颠覆，而后再融合与进化，只看在最终的世界中拥有谁的基因而已。我们都不愿意成为时代进化后回首往事的大猩猩，我们都希望成为明天的人类，所以我们只有适应时代，构建出自己符合时代发展的基因，在进化之旅中颠覆别人的世界，最后才会创造我们真正的未来。

5.3 节水灌溉让沙漠盛开鲜花

以色列是一个严重缺水的国家，一片黄沙覆盖曾是这个国家最大的特色。2/3的国土是戈壁和荒漠，年降水量北部地区 70 毫米，南部只有 20 毫米，最南部的沙漠地带干脆常年无雨，而蒸发量却大得惊人，水资源奇缺。但就是在这样的地方，以色列人创造出适宜人类生存发展的环境。

农业曾是以色列的立国之本，也一直是其用水大户。目前每年大约有 70%～75% 的水配额分配给农业经营者，用于农业灌溉。 20 世纪 60 年代以来，随着以色列著名的滴灌技术的发明和发展，以色列农业在世界上创造了一个沙漠农业的"神话"。

以色列恶劣的自然条件和水资源的极度匮乏，成为加速以色列水技术工业迅速发展的驱动力，并催生以色列成为全球水技术领域的领先者和全球水处理市场的出口大国。目前，以色列在水循环利用、水净化、海水淡化和滴灌技术等领域均拥有领先世界的技术优势。其中包括以色列水资源回收利用率全球最高，达到75%，远远领先于第二位利用率只有 12% 的西班牙。以色列创造的滴灌技术使农业用水效率达到 70% 以上，成为全球最高水平。

以色列拥有世界上规模最大的海水淡化设施，自 2005 年以来，已经建成五座海水淡化厂，80% 的家庭用水来源于经过淡化的海水。因此，以色列在全球水占有率为 40%，成为全世界的"水资源解决方案中心"，自从 1948 年复国以来，经一代人就实现了农业现代化，节水灌溉让沙漠盛开鲜花，赢得了欧洲"后厨房"的美名，创造了令人惊叹的世界奇迹。

生活用水 :70% 依赖海水淡化，节水有高招

在以色列中北部小城 Hadera，从海水淡化厂的水管中接一杯清澈的淡水品尝，如果不是事先告知，很难想象不久前它还是眼前地中海里一片咸苦的浪花。

"目前以色列的自然水蓄水大约为每年 12 亿立方米，耗水量则约每年 22 亿立方米。10 亿立方米的缺口怎么填？"满头银发的以色列国家水务局海水淡化处的前负责人和水淡化处理机构 (WDA) 的主席 Abraham Tenne 告诉参观者：

"以色列临海，海水资源相对不受限制。"他说，"15 年前以色列政府决定通过海水淡化解决缺水问题，目前已经完成了第 5 个海水淡化厂的建设，合上了水源供需之间的缺口。"

在这座以色列目前第二大海水淡化厂，巨量的海水经过脱盐装置，每年大约可产生 1.87 亿立方米淡水。以色列 70% 的生活用水来自海水淡化。Abraham 介绍，海水淡化的处理费用每立方米 60~80 美分，加上把水运到终端的运输费用，用水成本较高，需要一个更明智的税收政策。

以色列每年水处理等有关的财政投资达到 90 亿新谢克尔，折合美元大约 23.6 亿。"通过价格激励促使居民节约用水。如果每月人均用水量低于 3.5 立方米，水费是 2.3 美元每立方米 ;如果每月人均用水量高于 3.5 立方米，水费则是 3.7 美元每立方米。"以色列国家水务局副局长 Oded Fixler 说。

以色列根据水资源稀缺的程度来调整水价，让大家充分意识到水的稀缺性。

水价的调整短期内会对人们用水产生影响，但从中长期来看，教育才是最好

的选择。以色列多年来通过电视广告、学校教育等多种形式向全民宣传水资源的紧缺性和高效用水，已取得了明显效果。

污水：逾九成回收处理用于农业

淡水的短缺、不断增长的人口和生活水平的提高造成了对城市污水净化的需求，从而带动了以色列先进的技术发展和再循环水对灌溉不同作物影响的研究。

来自以色列工业贸易和劳动力部的数据显示，以色列年均污水量达到 5.2 亿立方米。4.75 亿立方米的污水被回收处理，占总量的 91%；3.6 亿立方米的污水被回收用于灌溉，占总量的 75%。这使得以色列有更多的水资源可以利用。在以色列最大的废水处理中心 Shafdan，树木茂盛，鲜花明丽，讲解员拿着一瓶处理后的清水演示说："经过预处理、沉淀池、生物反应、螺旋水泵、厌氧分解池等处理步骤，净化后的水甚至能达到饮用水级别。"

早在 1956 年，以色列 Dan 都市区的七个主要城镇针对污水和环境议题专门成立了地区联合会 IGUDAN。IGUDAN 通过建设地下管线，将包括经济中心城市特拉维夫在内的多个主要城镇的废水运送到 Shafdan 集中处理。

目前，Shafdan 的废水年处理能力达到 1.2 亿立方米，确保 Dan 都市区没有任何废水排向地中海。污水在 Shafdan 净化处理后，全部作为南部沙漠的农业灌溉用水。在以色列南部最大的沙漠 Negev，70% 的农业用水来自 Shafdan。

Dan 都市区通向 Shafdan 总长约 70 公里的地下管线和污水污泥等项目一共投资约 1.5 亿美元。以色列还将继续针对升级系统进行改造。中国有很多比以色列还要大型的处理设施，但需要注意做到全链条都保持严格的高水平处理并不容易。要使得水资源净化回收达到预期效果，每一个环节都不能松懈，而不是某些环节受重视，其他环节则放松要求。

滴灌：节水率50%，生产率增幅高达200%

由于地处干旱半干旱地区，历史上灌溉问题始终是制约以色列农业发展的主要因素。以色列农业灌溉技术经历了大水漫灌、沟灌、喷灌和滴灌等几个阶段。20世纪50年代，喷灌技术代替了长期使用的漫灌方式。

到了20世纪60年代，以色列水利工程师西姆查·布拉斯父子首次提出了滴水灌溉的设想，并研制出了实用的滴灌装置。从此，以色列农业灌溉发生了根本性的革命，滴水灌溉技术不断更新和推广，现在，以色列超过80%的灌溉土地使用滴灌方法，使单位面积耕地的耗水量大幅下降，水的利用效率大大提高。

滴灌技术推广30多年来，在保持农业用水总量（约13亿立方米）基本稳定的条件下，以色列全国灌溉面积和耕地面积不断增加，农业产出翻了几番，同时，农业人口在总人口中的比重不断降低，已从原来的60%下降到目前的3%。

滴灌是压力灌溉技术中的一种，非常适用于精细种植，它拥有其他灌溉方式无法比拟的优点：

1. 节水显著，水通过压力管直接输送到农作物根部；

2. 适用性强，由于侧管上每个滴头的滴水量均匀一致，即使在梯田、陡坡地势及较远距离也能使用，且不会加剧水土流失；

3. 肥水结合，把肥料加到水中，经过滴头直达植物根系，肥料利用率大幅提高，节肥效果同样显著；

4. 可利用沙漠含盐的地下咸水或处理后的回用污水进行滴灌，解决了水中所含盐分在作物根围附近停留积聚等问题，使得微咸水灌溉成为可能。

目前，以色列每年都在推出新的滴灌技术与设备，并从滴灌技术中派生出埋藏式灌溉、喷洒式灌溉、散布式灌溉等，这些技术有的已经进入了包括中国在内的国际市场。例如，以色列著名的耐特菲姆滴灌技术设备公司，产品和服务遍及70多个国家和地区，年产滴头300多亿只，年销售额超过2亿美元，占全球灌溉设备市场总销量的 70%。

全球 70% 的供水流向农业，优化农业水供应的解决方案对解决全球面临的水资源挑战至关重要。一个国家能不能生产足够国民生存的食物至关重要，对于以色列这样一个自然资源缺乏的国家，如何在沙漠中开花结果？滴灌是以色列的不二选择。

作为一家以色列本土公司，耐特菲姆自 1965 年成立以来一直致力于滴灌技术的研发推广。耐特菲姆首席可持续发展官 Naty Barak 估算，如果农业用水可以节省 15%，生活用水则可以增至两倍。

世界范围的农业灌溉方式中，78% 是漫灌，只有 5% 是滴灌。相比之下以色列灌溉方式 75% 是滴灌，25% 是喷灌，而漫灌则不被采用。

通过回用净化后的污水和滴灌方式，可以种植的农作物种类大大提高，从土豆、胡萝卜到杏仁、甜橙和石榴。使用滴灌，可以用更少的水源和肥料实现更高的产量。

相比于漫灌，滴灌能节约大约 50% 的水资源，施肥的效率也会提高 30% 左右。两者结合起来，生产率最高能提高 200%。"我们通过电脑和智能手机来控制水量。在水量不够的时候自动开启，而且位置精准，不会在其他不需要水分的地方产生浪费。"Naty 说。

考虑到大规模应用的性价比，Naty 坦言也需要根据各地的实际情况来考虑实施的程度。据他介绍，根据种植物的种类不同，1 公顷农田改装成滴灌的各类花费在 1500~3500 美元。

除了滴灌技术以外，以色列公司还占据着水设备发展的前沿，包括：过滤器、自动阀门、特殊空气阀门和水表，还有一些是遥控管理装置，都是世界上最先进的水处理设备。以色列公司在水工程、水管理和水咨询方面的经验也非常丰富，许多工程师活跃在世界各地，帮助许多国家和政府解决水工程管理的难题。

近年来，中国许多公司组织高管和工程师对以色列的节水灌溉措施进行考察，考察的项目有：

1. 先进的水解决方案；

2. 先进的滴灌系统；

3. 水和废水项目；

4. 水与污染检测和分析；

5. 脱盐技术；

6. 节水设备；

7. 水质和水处理；

8. 废水处理，净化与回收；

9. 水管理与流量控制；

10. 空气污染检测控制和预防；

11. 有害物质处理与管理；

12. 生态农业等技术。

许多中国企业家在考察完以色列以后，感慨万千、大受启发，纷纷讨论以色列如何成为创新的国度。下面是大家的共识：

以色列：把敢于冒险的人聚在一起

以色列人口 800 多万，居然拥有 3.8 万名科学家。高科技部门贡献了总就业的 10%，经济总量的 15%，以及出口的 50%。至于研发经费高占 GDP 的 4.2%，更是雄居世界第一。

你无论到访哪家科技机构，人家都可以拿出一张单子自豪地告诉你，自己发明了多少"改变世界"的关键技术，而且是来自以色列研发中心和以色列初创企业。

究竟什么是创新？创新是少数人的活动。创新从一个个新想法开始，但新想法总难以在多数人那里获得响应。多数人的日常生活，一般总是依托传统、远离创新，甚至对立于创新的。在什么条件下，"创新"才变得强有力？从经验看，可能是把支撑创新的力量凑到一起，把有想法、愿冒险的人凑到一起，达到一个起码的浓度，恐怕是所有条件中最重要的。

以色列教育：人们都不同意的事情，做起来反而容易

以色列教育，跟其他所有国家教育，尤其是中国教育，完全不同。当谈到"犹太教育是怎么塑造了以色列的历史"这个问题时，IDC 商学院的一位拉比说："所有犹太人从小开始就要接受两本书的教育，一本是《希伯来圣经》，还有一本叫《塔木德》。"《塔木德》是犹太人的"思维圣经"和犹太智慧的基因库。

犹太人从小就要读这两本书，而且要反复读。所有犹太孩子的妈妈，第一责任就是教育孩子，奶奶也要教育孙子，教育是犹太妇女最重要的天职。

犹太拉比很讲究学习仪式：第一天上学一定要穿新衣服，让孩子知道学习是件神圣而开心的事。对新来的同学，大家要热烈鼓掌欢迎。第一堂课教孩子认识些字母，是用蜂蜜写在干净的石板上，孩子念完就可以把那个"字"舔掉，或者给小孩发一块糖，每人吃一颗开始学习——使孩子觉得，学习是件很甜蜜的事情。

拉比接着说，以后犹太人怎么来来回回读这两本书呢？两个人看一本书：你说这是什么意思，他说这是什么意思，互相讨论式学习法。它有点怀疑论哲学，包括对上帝和《圣经》，也鼓励学生怀疑它。犹太人提倡批评质疑式教育，从小就这样。犹太人的教育，不是说拉比讲的就是真理，学生记住会背就行了，而是鼓励孩子学会挑战权威和大胆提问。为什么犹太人聪明？就是从小受这套思维方法的训练。

在中国企业家访问期间，诺贝尔科学类奖获得者阿龙·切哈诺沃教授演讲中说，他的妈妈从小就这样教他："走进一条河，你可以顺水走，也可以逆水走。但是，你要永远逆水走。"这奠定了他一辈子的人生态度。一脉相承，《塔木德》

里也有一句话，大意是"人们都不同意的事情，做起来反而容易"。

每天放学回来，犹太妈妈不会问孩子学校教了什么和学了什么，更不问考试成绩怎么样。她只问："孩子，今天你问问题了吗？你问了什么有意思的问题？"犹太教育从小开发孩子的智力，把提出问题看得比答案还重要。

犹太人永远相信：土地会被夺走，财富会被拿走，但知识和智慧谁也夺不走。所以，以色列人最相信 human capital。这是人力资本理论，终于在以色列找到了一个最彻底的应验场所。

为什么是你领导我，而非我领导你？

以色列周边强敌环伺，保家卫国应该是第一要务，而军队靠纪律与服从命令为主导，应该不容易形成激励创新的文化吧？但事实恰恰相反：

第一，以色列全民皆兵，国家财力很大程度资助军队的研发系统，财力充分保障。因为以色列如果没有高科技，它是没法在残酷的环境里生存的。

第二，军队研发系统全是最好的教授领导。在以色列顶尖的四所大学和研究所里，都是由一流的教授主持军事科研的。

第三，所有以色列高中生必须当兵，其中最优秀的人才会被选入军队研发系统。青年学生们感觉最光荣的，不是进入美国哈佛、耶鲁等名校，而是被选拔进以色列情报部门 8200 或军队科研局。

第四，以色列是靠民兵打出来的天下，所以正规军队的等级制不强。穿着军装的研发人员一般"没大没小"的，第一线的人有很大的发言权，包括立题等。到底干什么谁说了算，不完全是自上而下，也鼓励自下而上和自上而下相结合。

第五，当兵三年退役后，以色列还有预备役制——每年要有一个·月重回部队去，这就把等级制更加打乱了：在公司你是个老总，在政府你是个局长，但回到预备役部队，遇到的领导可能就是你原来的下属。这也有利于他们之间互相激发创新思维，没有被等级约束的桎梏。创新，就要创造这样的环境。

据说，硅谷的美国科技巨头们，对下属的以色列研发中心的犹太同事，是又爱又恨。这帮家伙出活，但可不容易领导，常常爱问他们的上司：为什么是你领导我，而非我领导你？

他们的头头不反感吗？答案是：出活啊。最后会出创新成果，你认不认？其实，这也是创新的必备条件之一。所以，我们别以为仅仅是犹太人的聪明才智起作用。更重要的是，有没有鼓励人们发挥聪明才智的氛围和环境？如果没有这个环境，聪明才智有可能向别的方向发展，创新就不会成功。

中国学者王育琨2012年去以色列考察，有幸与2005年诺贝尔经济学奖获得者罗伯特·奥曼教授两次晤面。

奥曼教授这样问王育琨："为什么金融危机和欧债危机会爆发？是不是当今的激励方式导致了三大失衡：人类发展与地球生态失衡，企业财富积累与企业良知失衡，个人成功与个人心性失衡。激励什么？谁来激励？这是今天人类社会所没有解决好的一个问题，也是企业界没有解决好的一个问题。"

而王育琨的问题是："犹太人的创新为什么这么厉害？"

奥曼的回答非常简单："多问为什么！凡事多问为什么就是犹太人创新的扳机。"

从历史前进到未来，以空杯心态不断问为什么，就会跳出惯性思维，用直觉抓住针尖刺破天的机会窗，而犹太人最擅长扣动创新的扳机。

奥曼教授用两个圆的交汇来说明犹太人创新的奥秘：每一个当下的人生，都是两个圆的交汇，一个是过去的圆，一个是未来的圆。对大多数人来说，因为过去的圆成就了你，里面有太多的经验、习惯、知识、技术、矛盾、纠结、理论、理念、教条、利益、身份、名望等等——它会形成强大的习性，一直拽着你沿着旧有的轨道下坠。而每个以色列人心目中，同时还有一个未来的圆，那是他们最初关于未来的梦想，是未来的一幅大画面。如果时时处处想着这个未来的大画面，分分钟钟就能与未来建立联系，从未来思考当下的做法，那就注定会有创新的想法冒出来。

奥曼教授认为："如果你已经满足现状了，满足于你已经取得的成就，满足于你的做法，你自以为是了，那么你就会进入一种稳定的惯性，就不可避免地会顺着过去的圆下滑。而假如你在那个点上，依然能够保持着饥饿的状态，保持着与生俱来的好奇心，与未来的一幅画面有连接，你就会从未来前进到当下，思考当下面临的问题与纠结，就不会被框住，就不会迷失在黑暗中，就会分分钟钟产生跃迁的驱动力。"

现在全世界都出问题了，美国有金融危机，欧洲深陷欧债危机，中国频频出现食品安全问题，人们一再为了手段而忘记了目标，正在踏上一条毁灭自然、毁灭自己的道路。带着这样的关切和忧虑，王育琨向奥曼教授请教："您的博弈理论，说是一种共生的决策，您从哪里出发来观察人的博弈？在那个致命的拐点上，如何能够让人类保持上行？"

奥曼教授认为，由于人类的各种活动，每年导致超过 3000 个物种灭绝。这是非常不幸的事情，他认为这件事非常重要，比世界上其他任何问题都值得我们去关注。他说人们做每件事都有自己的动机，大多是根据自己的意愿去行事，大多时候出于非常自私的意愿，是在满足自我需求。既然人们做事情是出于某种动机，那么我们关注的焦点就应该是如何激励人们去做值得做的事，而不是去让人们破坏地球。所有经典的经济学理论都是基于激励机制的，奥曼教授也认为激励机制非常强大，认为正是它导致了金融危机。

比如，在金融危机初期，各国就开始通过救助银行来救市，而这加剧了金融危机，是非常错误的决策。在救市政策的引导下，人们会去冒风险，他们认为一旦冒险成功了，将赚到钱；即便失败了，政府也会采取救市措施救他们。所以，所有形式救市政策的效果都是短期的，因为政府救市，人们也许暂时保住了工作；但从远期来看，这是一种不健康的机制，它所引发的种种问题不但没有终止金融危机，反而导致并加剧了危机。

一切的悲剧都从激励机制开始。上市公司的激励是错误的，经理人不对长期发展负责，只对近期收入和利润负责，这就激励了那些没有良知的经理人，只去拓展市场收入，而不问这种收入是不是给客户、给社会带来长久的利益。这种只着眼于眼前利益的激励，是体制设计上的大问题。公司如此，国家也如此，世界也如此。所以，无论是一个公司的架构师还是一个国家的架构师，关注点都应该是激励结构的指向和设计。

奥曼教授的博弈理论突出了合理性（rationality），合理性对于一个亲历纳粹迫害的犹太人来说，是一件很恐怖的事。他却看到了其中的合理性，从而能跳过所有的灾难，看到事物背后的合理性。不从善恶角度出发来判断事物，这是一种极大的勇敢与无畏精神。

奥曼教授还指出，激励对于把握那个创新的扳机很重要。激励最重要的是两个问题：谁来激励？激励什么？

领导者在设计激励结构和激励机制时，必须反复问："为什么要采用这样的激励方式？为什么这样的激励方式能够激励人？"这两个"为什么"，会把激励方式的核心凸显出来，那是团队成员的心之所向。一个好的激励机制，无非是抓住了民心的走向，而民心所向是激励的本源。

王育琨继续追问奥曼教授："您给出了激励问题的本质，很说明问题。但是怎么才能把本质落到实处呢？怎么可以保证本末一体呢？……到底是什么让犹太人在混沌的世界保持向上的求索冲动？到底是什么把犹太人的好奇心给彻底激发了出来？"

奥曼回答说："就是一直追问'为什么'。比如，给下属布置任务时，通常的做法是跟他说'你把这事去给做了'。而犹太人则不会，犹太人认为每个人都是具足的，每个人都有自己的完整性，你只要帮他打开天窗，问他'为什么'——为什么这事要给你做？为什么是你不是别人？你会怎么去做？连着问几个'为什么'，接收方就会拿出与众不同的解决方案。如果他养成了这个习惯，那么他就会一刻接一刻地让你惊喜。你不在他关注的那个焦点中，你不像他那样心无旁骛地去关注要运作的事，他肯定比你有更多的发现。你相信这一点，创新就会自然呈现。"

犹太人坚信上帝造的人都是一样的，每个人都是禀赋独具的个体。只有释放每个人身上的创造力，才会有一个强大的以色列。创新的源头是打开每一个人内心的闸门和灵感的源泉，去到那个可以跟任何远近场域的智慧相连接的自由境界，创新必至。而所有这些玄而又玄的东西，用犹太人的话说，就是时时处处追问"为什么"。

这就是犹太人创新的真正奥秘。

5.4 无所不能的医疗科技

以色列是世界第二大医疗器械供应国，以其强大的科技创新能力而著称，拥有国际领先的医疗器械及医药疗法技术。2015年以色列有生命科学产业公司1380家，其中约60%从事医疗器械研发和生产，产品以出口为主，主要市场为北美（68%）、欧洲（25%）、亚洲（5%）。世界主要医疗器械生产商，如GE、飞利浦、西门子、强生等均在以色列设立了产品研发中心。

以色列的医疗产业有四大特点：

1. 是一个快速成长的新兴产业

2015年以色列共有医疗器械企业725家，大部分是近10年成立的，将近一半是近5年内成立的。1997—2001年是以色列医疗器械产业的高速增长期，年均增速达19%，近年来则处于平稳增长期。约34%的医疗器械企业处于盈利状态，其中55.3%成立于1997年以前，而且是很成熟的企业，约9%的盈利企业成立于近5年之中。约35%的企业仍处于种子阶段，10%处于临床前阶段，17%处于临床阶段。

2. 关注重大疑难杂症

以色列医疗器械产业关注的重点为严重威胁人类健康，但目前缺乏有效治疗手段的重大疾病。因此，多数以色列医疗器械公司集中于治疗心血管及周边血管疾病、肿瘤、神经退化性疾病及其他与年龄有关的疾病领域（如眼科、骨科和脑科等）。其中从事心血管疾病治疗器械研制的公司最多，有78家，占以色列医疗器械公司总数的18%；其次是内科及一般健康疾病领域，约占7%；从事骨科医疗器械研发生产的有24家，占6%；少数公司侧重于内分泌、伤口处理和呼吸系统等疾病治疗。

3. 疾病治疗器械占比重最大

以色列医疗器械产业中最主要的产品是治疗器械，生产这类产品的公司占医疗器械公司总数的41%，其次是诊断、成像和监测设备部门，分别占14%、9%和6%。

4. 创新能力强，专利数量多

以色列人均医疗器械专利数量居全球第一，绝对数量占世界第七位。近年来，以色列医疗设备专利数年增长率超过15%，位列全球第三。这一较高的增长速度，表明了以色列医疗器械领域强大的创新研发能力。

那么，以色列医疗产业发达的主要因素是什么？

1. 成熟的科研成果商业化转化机制

以色列在早期技术研发及实用技术向市场产品转化方面机制成熟，功能齐全。每所以色列大学都有自己的科技转化公司，负责对本校科学家发明成果进行分析、专利注册和知识产权保护，与企业界进行谈判，吸引企业对相关研发进行资助和将科研成果进行商业化转化。

2. 强有力的风险投资支持

1992 年以色列风险投资产业刚起步时，全国只有一只由政府发起的风险基金，规模只有 1 亿美元。到 2006 年，全国已有 100 多只私人风险基金，规模达 120 亿美元；2007 年有 462 家以色列高科技公司融资 17.6 亿美元，较 2006 年和 2005 年分别增长 8.5% 和 31.5%，其中 20% 的资金约 3.51 亿美元投向了生命科学领域。

3. 高素质的人力资源

以色列 34% 的人受过大学教育，12% 的人拥有硕士以上学历，工业从业人员中，约 40% 从事研发工作。每 1000 人中有医师 3.6 人，每 10000 人中有工程师 160 人，居世界第一，紧随其后的为美国 70 人、日本 65 人、荷兰 53 人。

4. 发达的学术机构

以色列大学的学术力量位于世界前列，七所主要大学和研究机构（希伯来大学、以色列理工学院、特拉维夫大学、海法大学、巴伊兰大学、本·古里安大学和魏茨曼研究院）承担了 65% 的生命科学研究。

5. 政府及相关机构的大力支持

以色列政府对科技研发产业的支持，为以色列成为世界科技研发中心发挥了不可替代的作用。以色列民用研发投入占 GDP 的 4.8%，居世界第一。实用工业技术研发受到以色列首席科学家办公室的资助，受资助项目必须具有创新性、出口导向性且具有适当的管理、生产和市场销售能力。首席科学家办公室以多种方式对工业科技研发项目进行资助，包括对市场驱动的竞争研发项目给予最多 50% 的研发费用，对新兴公司给予 66% 的资助，对先进通用技术研发给予最多 66% 的资助和对科技孵化器给予最多 85% 的资助。首席科学家办公室 2006 年给予生命科学产业的资金支持为 7800 万美元，其中 20% 投放在医疗器械领域。

6. 广泛的国际合作

以色列与全球 40 多个国家签有科技合作协议，西方国家是其传统的科技合作伙伴。近 10 年来，中国、俄罗斯、印度、韩国及其他一些亚洲国家也相继与以色列签署了科技合作协议。以色列科学家频繁参与国际科技合作，政府和相关部门给予他们充足的参与国际活动的经费。多数以色列科学家都有在国外世界一流科研中心做过 1~2 年博士后的经历。以色列是世界唯一一个完全参与欧洲研发框架项目（EU's Framework Program for R&D）的非欧洲国家。以色列还是多个国际科学组织的成员等。

通过实施上述一系列的激励政策和措施，近年来以色列的医疗产业和生命科学产业不断发展创新，正处于一个快速增长时期，在全球医疗保健市场发挥着日益重要的作用。那么，究竟是一个什么状况呢？

1. 以色列生命科学产业概况

根据以色列高科技产业组织在 2015 年 IATI 生物医药年会上发布的数据，以色列目前有 1380 家生命科学公司，其中医疗器械类公司有 725 家，约占 53%；生物科技和制药类公司有 317 家，约占 23%；数字或移动医疗保健类公司有 285 家，约占 20%。根据以色列出口和国际合作协会的统计数据，2014 年以色列生命科学产业共出口产品 85 亿美元，同比增长 4%，占以色列全部对外出口（不含钻石）的 17.5%，约有 80% 的生物医药产品出口欧美。

2. 全球跨国生命科学研发中心情况

以色列共有 280 个全球跨国生命科学研发中心，吸纳了全国 45% 的高技术劳动力就业，在以色列高科技生态系统中发挥着重要作用。大部分研发中心是外资企业在收购本地公司后成立，例如强生、飞利浦、通用电气、默克雪兰诺、雅培、复星医药、柯惠医疗等。

以色列这个初创国度正吸引着越来越多的外国投资集团：世界三大药企之一的诺华集团借助以色列 BioLineRx 公司寻找投资对象；在制药和诊断领域处于世界领先水平的霍夫曼·罗氏公司投资了处于种子阶段的 Pontifax 公司；全球医药化工集团默克公司旗下创新的处方药业务子公司——默克雪兰诺投资 1000 万欧元设立了独立的孵化器，而三星已经在以色列建立了一个专注于搜寻当地数字医疗创新的中心。

这些中心的运营一方面反映出外国公司对以色列创新的重视，另一方面反映出以色列仿制药业巨头 Teva 公司减少了其在初创企业投资的战略决策。Teva 公司曾经一度购买任何有价值的以色列初创企业，但此后以色列制药巨头 Teva 的退出为其主要竞争对手留出了参与初创企业投资的空间。

3. 生命科学产业融资情况

以色列生命科学产业的融资渠道主要为：以色列首席科学家办公室的专项资金、美以两国政府合作资助的基金、天使投资人、风险投资基金、微基金、企业投资人以及公开资本市场（如特拉维夫证交所和纳斯达克）。根据以色列高科技产业研究中心 IVC 的数据，2014 年以色列生命科学产业的 167 家公司共募集资金 8.01 亿美元，占全部高科技行业募集资金总额的 24%。比 2013 年增长 55%，比 2012 年增长 64%，2005—2011 年生命科学产业年均募集资金为 3.71 亿美元。

以色列生命科学产业的风险投资主要来源为外国投资者，当地风险投资公司 2014 年的投资仅为 13%，比 2013 年下降 20%，比 2012 年下降 24%。近 5 年间，以色列生命科学产业最活跃的投资者为 Pontifax 和奥博医疗资本 (OrbiMed)，其次是新成立的全球最大股权众筹平台之一的 OurCrowd 公司。2014 年另一个比较活跃的投资者是萨维特资本（Shavit Capital），主要在公司 IPO 前期投入大量资本。

2013—2014 年，以色列生命科学产业在纳斯达克融资 14 亿美元。根据以色列高科技产业研究中心 IVC 的数据，该年度 11 家生命科学企业在纳斯达克上市，平均募集资金 4965 万美元。特拉维夫证交所上市的 51 家生命科学企业中有 12 家也在海外上市。特拉维夫证交所生物医药收益率指数（目前包含 22 家市值最高的生命科学公司）近几年来起伏波动，目前该指数处于一个相对低点。2014 年间，该指数下跌了 37%。自该指数 2010 年推出以来总计上涨 34%。

除融资外，还有很多企业收购。2013—2014 年间，以色列公司被收购总值 29 亿美元。大部分企业被收购时，已处于产品销售阶段，一半已经市场化，另有 1/3 在研发阶段被收购。被收购企业 70% 为医疗设备公司。

4. 产学研及技术转化情况

以色列的生物医学产业的成功得益于学术研究领域所取得的成功。以色列 7 所大学、10 所研究机构和 5 家医学院 50% 的研究与生命科学有关。每三位以色列科学家中有一位从事生命科学研究。以色列国家政策研究机构——塞缪尔·尼曼研究院和科技部 2013 年联合发布的报告指出，由以色列研究人员在 2007—2011 年间发表的 58210 篇学术论文中有 45% 是来自生命科学领域。

根据以色列中央统计局 2014 年 8 月公布的一项调查，以色列商业化技术理论企业在 2013 年提起 451 项原创专利申请，其中 53% 为生命科学类。2008—2013 年间，原创专利数量增加了 24%，其中制药类占 24%、生物科技类占 17%、医疗器械类占 13%。2012—2013 年间，以色列的商业化企业共握有 1966 项有效的商业化合同，其中 71% 是与以色列公司签订的，另有 17% 是美国公司。2012 年，以色列商业化企业知识产权出售和专利使用费总收入约 4.9 亿美元，同比增长 11.9%，94% 的收入来自制药行业。

以色列十大互联网医疗企业

1.Treato —— 医疗领域的 Google

如何在网络的大量资讯中发现趋势、找到关键？医疗大数据企业 Treato 自动地收集、索引和分析各大网站由患者和医生发布的讯息，从中提取关键讯息，分析来龙去脉，并经数据挖掘呈现出宏观图景：他们对于病情、治疗究竟说了什么？他们的治疗体验和情况是什么？目前 Treato 是世界上最大的此类数据库，除患者之外，全球排名前 50 位的制药企业中有 9 家也在使用 Treato 的系统。

2.MobileOCT —— 用手机检测癌症

用手机检测癌症听起来是否像天方夜谭？以色列企业 MobileOCT 却做到了。MobileOCT 的首款产品通过将手机、镜头和算法结合起来，只需在手机上加装内视镜就可以有效帮助检测早期子宫癌，目前已在肯尼亚、海地、墨西哥及美国等地使用。MobileOCT 目前和多家全球领先的健康医疗机构展开了合作。

3.Tyto Care —— **随时随地都能体检**

想在家里就轻轻松松地体检？以色列创业公司 Tyto Care 可以做到。利用该公司的手持设备，普通用户在任何时间和地点可实现准确的体检（当然 Tyto Care 也支持医师的远程体检）。Tyto Care 目前可以检测的器官和部位包括嘴部、喉咙、眼睛、心脏、肺部和皮肤等。

4.Talkitt —— **让患者重新表达自我**

每年，由患病而导致的语言障碍影响了数以百万计的人表达自我。这家创业企业 Talkitt，通过将难以识别的发音转变为可以识别的语言，帮助他们重新表达自我。Talkitt 的 App 可以识别使用者的发音模式，并以此为基础将含糊不清的发音转化为清晰的语言，在因中风、脑损伤、自闭症、帕金森病等导致语言障碍的人群中有广泛的运用。Talkitt 支持任意语言，并曾获多种创新奖项。

5.ORLocate —— **领先的手术工具追踪管理系统**

如何提高手术安全性，避免医疗事故发生？Haldor 公司通过 ORLocate 手术工具追踪管理系统，帮助实现医疗系统的成本控制和精益管理。ORLocate 是全球首款运用 RFID 技术，贯穿术前、术中、术后的手术工具追踪管理系统，还可以按照医疗机构的需求定制，在降低成本、提升病人安全和精益管理方面拥有广泛用途。

6.Medivizor —— **为用户提供个人化医疗资讯和服务**

面对网络上浩如大海的医疗资讯，患者常常感到无所适从、真伪难辨。Medivizor 是首家为慢性病及严重疾病患者提供真正个人化资讯和服务的网站，在以色列知名风投 OurCrowd 主办的网络医疗创业大赛中荣获第一名。通过独特的算法，Medivizor 帮助每位患者获取准确、及时、可靠、最相关的医疗与疾病资讯。

7.MediSafe —— **提醒病人按时服药**

研究发现，只有一半的病人会按照医嘱服用药物，而按照处方服药对于病人的康复至关重要。有没有一种有效的方法能让患者按时服药？ MediSafe 通过首创的移动医药管理软件，让亲友和医护人员等一起帮助病人变得更健康。MediSafe 通过对病人行为的观察，了解病人按时按量服药的障碍，并为病人量身定制服药方案。更难得的是，MediSafe 的解决方案也适用于非智能手机。

8.Heramed —— 创新的孕期监测平台

针对孕期的网络医疗产品层出不穷，而 Heramed 正是以色列此类初创企业的杰出代表。Heramed 让孕期监测变得无比简单，其产品 Compass 是首款医疗级的家用胎儿健康监测产品，让准妈妈通过智能手机就可以安全、准确地监测胎儿的健康情况。Compass 整合了多种感应器，可实时监测胎心率，并可和电子病历相结合，实现整合的网络医疗管理。

9.uMoove —— 镜头"看穿"你的大脑

每天盯着手机看的你有没有想过，你的手机同时也在看着你？眼睛是心灵的窗户。uMoove 所开发的眼球和面部追踪技术将允许移动设备记录你的眼球运动轨迹，可帮助捕捉中风、自闭症、多动症、帕金森综合征、青光眼等疾病的早期征兆。uMoove 的演算法依赖镜头，但对镜头精度的要求非常低，这为它的广泛应用倒是打开了广阔的天地。

10.HelpAround —— 糖尿病患的互助社交平台

糖尿病是一种需要时刻关注的疾病，HelpAround 希望能让尽可能多的人参与到糖尿病治疗过程，它允许糖尿病患者相互分享，在其附近找到所需要的血糖仪或是胰岛素。在糖尿病人突然进入糖尿病昏迷等紧急情况时，只需按下紧急求助按钮就可以通知附近的护士或是对糖尿病有所了解的普通人。最近，HelpAround 也开始为食物过敏人群提供服务。

以色列在美国开发数字医疗公司加速器

克利夫兰医院是美国领先的医院之一，于 2015 年宣布与马卡比保健服务（以色列国家疾病基金会）签署协议，建立以色列数字医疗公司加速器，该企业将称为 ehealth 企业。

公司将通过这两个实体的专家和业务伙伴获得指导和咨询，并从加速器得到初始融资。投资预算并未公布，但这两个实体联合其他投资者，计划为项目分配上千万美元的初始投资和后续投资。克利夫兰医院说加速器是为希望在下一阶段转移部分业务到美国的公司设计的。

马卡比最近通过其商业公司与像肠球内侧研究的初创公司以及糖尿病领域的 LabStyle Innovations 公司（Dario 智能手机血糖检测仪）合作进行运营。

克利夫兰医院创新部门 (CCI) 的首席创新官托马斯·格雷厄姆说："扩展 CCI 的活动到以色列，将会增加两国之间创意的交流，加快创新的步伐，同时也为我们知识产权的国际商业化和俄亥俄州东北部的巨大益处提供机会。"

管理加速器的史蒂夫·夏皮罗说，CCI 作为全球领先的医疗保健公司已经建立了其信誉品牌，集团在商业设备、治疗、诊断，尤其是医疗信息技术将受到以色列公司的广泛欢迎。

以色列发明快递机器人或取代亚马逊无人机

网购今天已经成为多数人的一种生活方式，但我们舒舒服服坐等货物的时候，却少不了快递员和货卡的忙碌。亚马逊推出无人机送货一度令人欢欣鼓舞，现在一个以色列学生又构想了一款快递机器人，这很有可能让快递员车队退出舞台，还能免了错过货单的烦恼。

据英国《每日邮报》报道，以色列申卡尔工程设计学院工程设计系的学生科比·西卡构思出一款新型的 Transwheel 机器人，它能快速方便将包裹送到我们的门口，而且不论物件大小。

这款机器人能用机器手臂搬运货物，靠单排轮电动平衡车行驶。该车使用了与赛格威（电动平衡车）类似的平衡系统，能在运货的时候保持直立行走。

Transwheel 快递机器车有自动平衡系统，机器搬运手持货时能保持直立行驶，单个机器人可运小包裹，而若干机器人组合就能够运送大包裹了。Transwheel 的机器手臂可以装卸包裹。在构想设计中，它还拥有面部识别功能，在交货时确认收货者的身份。

设计人西卡说，这种快递机器人甚至可以替代集装箱卡车，缓解交通拥堵。另外，机器人会在业主时间方便的时候及时出现在家门口，免去了接不到单的烦恼。

"Transwheel 重新构想了包裹分配，由机器人们全天候自主完成服务，共同确保及时有效的交货。每辆车都带有自动平衡系统，电子钟以及 GPS 通信能力。单个包裹可由单个快递机器人完成，对于大型包裹，机器人可组合起来适应其尺寸。"西卡说。

Transwheel 是西卡的毕业设计项目，他表示这些机器人可以和亚马逊的快递无人机协同工作。目前 Transwheel 还处在概念设计阶段，西卡希望能找到工业合伙人，研发出工作原型机。

据西卡介绍，这种车可以夜间行驶，还可以开上路肩，这样就不会挡其他车辆的道。机器人有 LED 信号灯，夜间能为其他车辆所见，在电池电量低的时候，机器人还知道如何返回安全地点。

机器人 ReWalk 让瘫痪病人重新站立行走

ReWalk 是一个由以色列制造商 ReWalk 机械公司设计制造的外骨骼系统，

主要用途是协助下肢瘫痪的病人能够重新站立行走。

ReWalk 创始人阿米特·高弗尔早年意外瘫痪,从出生时一直到 2006 年首款 ReWalk 设备诞生,他一直在轮椅上度过,因此他深知长期困在一张轮椅上是多么痛苦。正如史蒂夫·乔布斯所说,一切伟大的产品都源于内心的渴望。在 1998 年瘫痪后,他一直梦想着能够有一天像普通人一样行走,不仅仅是自己,而是所有四肢瘫痪的人。于是,高弗尔的朋友和同事组成了一个小团队,埋头打造首款 ReWalk 的"丑陋原型",并于 2006 年将设备推向了临床试验。

和许多外骨骼和假肢不同,经过磨合训练后,ReWalk 就能以使用者习惯的步伐节奏行走,这让使用者感觉自己像在使用正常的肢体一样。这项技术要归功于 ReWalk 强大的中央处理系统和高精度传感器,系统能够通过检测重心位置的细微变化控制运动,模仿使用者习惯的自然步伐,并为用户提供适合的行走速度,即便是四肢瘫痪者也能够借助系统独立行走。

Rewalk 整个研发团队有多位瘫痪人士,他们对于瘫患者的实际需求和用户体验有着非常深刻的感知。

ReWalk Robotics 的前身是 Argo Medical Technologies 医疗科技公司,该公司致力于制造可穿戴外骨骼动力设备,帮助腰部以下瘫痪者重获行动能力。它的旗下共有两款产品,分别是 ReWalk Personal 和 ReWalk Rehabilitation,前者主要适合在家庭、工作或社交环境中使用,通过传感器和监控器,使患者站立、行走和爬楼。后者则是用于临床修复,为瘫痪患者提供物理治疗方式,包括减缓瘫痪导致的肢体疼痛、肌肉痉挛,帮助肠道消化系统、加速新陈代谢等。

而早在 2012 年的时候,ReWalk Robotics 公司的外骨骼产品就通过了欧盟的审批。ReWalk Robotics 公司的其他的已销售产品正在获得市场认可:截至 2016 年 8 月 1 日,该公司共售出 62 台 Rewalk Rehabilitation 和 19 台 Rewalk personal,其中 88% 的订购来自客户,12% 来自机构和测试机构。

现阶段公司正在研制新产品 ReWalk-Q,相较于前几代产品,ReWalk-Q 的各方面性能将会有极大的提升，会具有更有效的行走模式，更修长的外形和更轻的重量。最重要的是，Rewalk-Q 可以让四肢瘫患者以外的人群使用，包括瘫痪人士在内的更多人群，比如多发性硬化、中风患者等。

初创企业独家巨献：智能手机验光师

2015 年，第 5 届以色列年度移动健康大会在特拉维夫举办，以色列最具创意的 7 家移动健康初创企业入围该大会举办的初创企业大赛。数百名企业家、企业代表、医生和医疗行业高管汇聚一堂，听取了以色列在移动和数字健康领域的发展近况。其中很多业内专家尤其关注被他们称为"正在助力以色列成为全球移动健康科技中心"的初创公司。

以色列移动健康大会与会代表约 1400 人。该大会创办人之一兼主要组织者利维·夏皮罗表示，由于独特的创业文化和医疗保健系统，以色列是移动医疗技术发展的理想之地。此外，夏皮罗还是 Veritas 创投机构的普通合伙人。

该公司已研发出可让所有用户知道自己是否需要佩戴眼镜的技术，使他们能够通过智能手机应用为自己"配"一副眼镜。6over6 首席执行官奥弗·利蒙表示，结合数学、物理、视觉技术和高级算法："我们可为消费者提供全方位服务，质量与眼镜店或验光师相比有增无减。"

6over6 的应用 GlassesOn 面向的正是在线购买眼镜的这些消费者。通过该应用，用户无须验光师即可新建或复制现有验光单。

它利用光学技术测量视力而不是坐在验光仪前面，由验光师把眼镜放在眼睛前面，问你镜片 A 还是镜片 B 合适。通过这项技术，用户可以把他们的手机放在自己眼前几分钟，随后即可测得至少和验光仪一样准确的视力度数，它的测量中没有主观感情或环境因素的介入。美国大部分州的法律法规都认可此类验光。

通过 GlassesOn 的 Copyglass 功能，用户能够很快测得他们最近的视力度数。该应用可为用户提供完全准确的度数，远近视眼误差范围仅为 ±0.25D。而 iPrescribe 功能"就像是用户的验光师。通过变化光和图像，iPrescribe 可为用户测出十分精准的近视度数，包括散光"。

虽然 GlassesOn 利用摄像头从用户的眼镜读取数据或测量他们的视力，但其视力测量不受相机质量的影响。他们一直把三星 Galaxy S3 用作基础设备，而不是最新技术。一些成本非常低的手机镜头也能正常运作。决定该应用能否成功运行的是其算法而不是相机。

通过该应用，帮助发展中国家民众获得眼镜的组织如 Light House 只需一部智能手机，就能随时随地为人们测量视力，而不是购买昂贵的设备，运送到偏远地区。6over6 已在两轮融资中筹得数百万美元。

特拉维夫大学成功研发仿生智能心脏补丁

据 Israel Hayom 消息，特拉维夫大学的研究人员表示，他们已成功研发出可远程遥控的仿生心脏补丁，并取得重大突破。

这种心脏补丁由植入病患体内的智能组织构成，能够自我调节，并且在心脏无法正常运作时实施干预，促其重新跳动，同时向病患本人和心脏病科医师提供精准的定期报告。此外，交织进入仿生心脏补丁中的电子颗粒，也能同时知晓何时和如何释放抗炎药物，实时进行药物治疗。

名为 cyborg 的这块补丁，由心脏肌肉细胞、生物材料和纳米聚合物建构的纤维材料共同组成，可让研究团队在线监控已制成智能组织的各项功能。这种智能组织还囊括心脏无法跳动时帮助重启的各种算法。

目前，心脏类疾病已是西方社会致死的主要病因之一，心脏病突发更是极为普遍。德维尔博士说道："我们正在努力发明可以替代内部器官的智能组织，尤其是那些直接针对心脏病的组织。"德维尔博士和他手下的博士研究生罗恩·菲娜当前最具雄心的科研计划是，将电子元器件融合到工程类智能组织之中。

"目前的想法是，借力纳米电子材料，在线监控心脏活动，需要时完成自我调节，甚至在特种聚合物材料开发完成的情况下，一键触发释放消炎药物。例如，如果智能补丁察觉到心脏发炎的信号，就会自动释放抗炎药物。如果补丁报告心脏缺乏氧气，就会自动释放吸引干细胞的生物因子，实时协助打通更多血管。想象一下，病患坐在家中，只要感受不适，医生则会收到哔哔叫声的简讯。此时，医生迅速登入网络，即可查看病患心脏的现况，远程决断下一步动作。"德维尔博士进一步解释。

来自特拉维夫大学生物技术系、材料科学工程系、纳米科学和纳米技术中心的德维尔博士和手下的研究生菲娜，于 2016 年 3 月 14 日在《自然材料（Nature Materials）》杂志上发表了他们研究团队的此项科研发现。目前，德维尔博士还在反复检测如何将自己的研发理念运用到脑部和脊髓领域的神经治疗上。

纳米技术助盲人重见光明

以色列科学家和英国研究人员正在合作完善一项技术，将来有望借助这项技术制作出仿生视网膜，帮助视力损坏或退化的人群。

利用纳米技术和神经细胞组成的感光薄膜，可以把图像转换为电脉冲信号，并将电脉冲信号传输至大脑，这些电信号在大脑皮层经过多级加工处理，判断出物体的形状、颜色等概念，最终传输到视神经，产生视觉知觉，我们就能"看到"眼睛正在看着的东西。

希伯来大学的研究生尼尔·威斯科夫和研究主管乌力·巴宁教授共同负责这个项目。这项研究发表在行业刊物《纳米快报》上。

这项技术由希伯来大学、特拉维夫大学和英国纽卡斯尔大学的科学家共同研发，其特别之处在于能让盲人重见光明的装置能够植入眼球本身。

目前最先进的人工视觉系统是阿格斯二号视网膜仿生系统，已经得到美国食品和药品监督管理局的批准。其制造商第二视力系统公司表示，这个系统能恢复失明人群部分视力功能。尽管阿格斯的工作原理和希伯来大学正在开发的技术工作原理相似，但图像传输至大脑和视神经的过程是不同的。

希伯来大学研发的系统结合半导体纳米棒和碳纳米管，创建了无线、光敏、灵活的可植入薄膜。该薄膜能将视觉信号转换为电信号，类似于视网膜感光细胞的功能。从本质上说，这个薄膜就是一个仿生视网膜，有真正视网膜的功能，工作方式也与其相同，但图像处理流程是通过纳米技术完成的。

"我们面前还有很多障碍，第一个就是人体实验。而且，要得到美国食品及药品监督管理局批准可能要很长一段时间，或许五年，或许更长。但是我有信心我们能够缩短时间。"

到目前为止，实验都集中在研究如何提供能够识别形状和大小、明亮和黑暗的图像信息。和阿格斯系统相似，希伯来大学研发的系统也无法人工恢复视力，至少目前还没有。

"因为我们的实验对象是动物，它们无法告诉我们它们所看到的东西，所以我们不能十分确定这个系统的有效程度如何。"威斯科夫说。

所以只能靠动物的反应推断出系统是否有效。给动物植入仿生视网膜后，它们能够感知光线而此前它们没办法做到。"但是只有通过人体试验我们才能对成像清晰度和可见距离有所了解。"他说。

威斯科夫对系统的发展前景持乐观态度："因为我们采用了纳米技术，我们在仿生视网膜上运用了不同的纳米粒子以刺激不同的反应。例如，使用对颜色敏感的纳米粒子，把颜色混合，用户就可以识别颜色。"

据研究人员介绍，新装置比以往的更加坚固，有更高的成像清晰度，也更有效地刺激神经元。他们希望，未来他们研发的碳纳米管和半导体纳米棒组合的仿生视网膜能代替人类受损的视网膜发挥作用。

5.5 中国兴起"以色列热"

回眸秦始皇以来2200多年的中国历史，皇权专制和游民文化成为了主旋律。中国文化几乎是权力的附庸，中国文人成为调味品。20世纪的中国，经历了一系列的血雨腥风，先是辛亥革命、"五四运动"和北伐战争，然后是救亡压倒启蒙，一直到解放战争、土地改革、"三反"、"五反"、反"右倾"、"四清"和"文化大革命"。改革开放30多年主要是发展经济，最大的成就是解决了基本生活保障、交通和住房问题，但中国的医疗和教育仍然具有很大发展空间。因此，只有发展高科技和教育才能真正改写中国历史。权和钱的历史已经过去了，高科技不仅影响着人们的生活，也引导着未来的发展方向。而主宰高科技的核心元素还是高素质的人才，而培养高素质人才的关键就是成功的教育。无论是国家还是地区，谁占据了这两个桥头堡，谁就能引领人类的发展方向。美国和以色列的成功，已经为我们做出了榜样，我们的使命就是跟随和超越。

以色列的成功同先进的教育有关

众所周知，以色列人很擅长创业与创新，把隐而未现的潜在缺陷变成优势。犹太人经历了2000多年的亡国苦难，被驱散到世界各地，遭受过令人难以置信的迫害与大屠杀。然而，这个神奇的民族在战火中重生，于1948年5月14日顽强复国，从而使世界各地的犹太人回归那片贫瘠的土地。他们靠着上帝的救赎与犹太智慧，使这个地中海东岸的小国如今变得美丽富饶而且强大。以色列堪称世界创新经济奇迹的"最小的超级大国"，拥有"上帝眼中的瞳仁"这个特殊称号，被誉为"创业的国度"，成为全球投资商和科技大亨争相关注与青睐的"中东硅谷"。

从无到有，从贫乏到卓越，以色列仅用了20年的时间。这个创业创新的国度，突破了自然资源匮乏的局限，依靠独树一帜的人力资源培养和与众不同的制度，从步履维艰到成为世界科技超级强国。这种速度与成就让全世界无比惊叹。他们的崛起靠的究竟是什么？犹太文化的精髓是什么？犹太商业智慧的核心是什么？以色列圣地奇迹的奥秘到底如何？这些问题对中国企业家和创业投资家来说，究竟有什么借鉴与参考价值？我相信，通过对以色列历史现状和犹太文化的系统分析与描述，一定能破解以色列崛起的奥秘。

很显然，以色列的成功同他们先进的教育有直接关系。

曾经有人说，这个世界上最成功的教育在美国，因为美国有哈佛、耶鲁、普林斯顿和众多的诺贝尔奖获得者；也有人说，这个世界上最成功的教育在英国，因为英国有剑桥、牛津和莎士比亚。然而现在，却有为数不少的人认为，世界上最成功的教育在以色列。因为犹太人只占世界人口的千分之二，却取得了22.35%的诺贝尔奖。以色列的科研经费和工程师比例世界领先，人均吸引风险投资世界第一，有近4000家高科技公司在纳斯达克上市，名列世界第二。

以色列的教育拥有非常悠久的历史，所有人都尽最大努力，希望能够达到教育的最高峰。以色列有一句名言："生存要从娃娃抓起。"强烈的危机意识贯穿整个社会，即便是教授，也同样具有强烈的危机感，这让以色列的学术水平始终保持在世界前列。在以色列，永远没有休息的一天，因为你处在永不停止的竞争过程中，而且不仅仅是跟自己的同事竞争，还要跟世界上最出色的研究人员竞争，跟来自美国的研究人员竞争，要在全世界范围内竞争。因为不竞争，就意味着死亡。

以色列的历届政府都非常重视教育。被誉为"以色列国父"的第一任总理本·古里安认为，"没有教育，就没有未来"；第四任总理梅厄夫人指出，"对教育的投资是有远见的投资"；第三任总统扎勒曼·夏扎尔则强调"教育是创造以色列新民族的希望所在"；第五任总统伊扎克·纳冯更是在总统任期届满后，又"屈尊"担任了政府的教育部长。

以色列的学校没有坏老师，只有关心爱护学生的老师。这些老师不只是学校内部的，还包括各种高层人士，比如以色列总理本雅明·内塔尼亚胡也会利用视察的时间给孩子们上一课。

一个国家和政府对教育事业的重视莫过于它对教育经费的态度。20 世纪 70 年代中期以来，以色列教育经费投入一直仅次于军事经费，占 GDP 的 8% 以上，超过了美国等发达国家。正是因为对教育的重视和巨大投入，以色列这个"在夹缝中求生存"的国家不仅没有灭亡，反而创造了惊人的奇迹。

创新驱动发展，中以合作热情高涨

以色列以"科技强国"和"创业的国度"闻名全球。高科技发达，技术研发支出占 GDP 比例高达 4.5%，12 位以色列公民获得诺贝尔奖，基本实现了经济转型、科技创新的国家梦。中国正处于实现伟大"中国梦"的进程中，确定了创新驱动发展这一立足全局、面向未来的重大战略，逐步实现从资源驱动向创新驱动的转型。

1993 年 2 月，中以两国签署了《中华人民共和国政府和以色列国政府科技合作协定》，正式拉开了中以科技合作的序幕。2010 年 5 月，为促进两国以企业为主体的创新合作，两国又签署了《中华人民共和国政府和以色列国政府关于促进产业研发的技术创新合作协定》，开始了在产业技术与创新方面的合作。中国是农业大国，以色列是农业科技强国，特别是在滴灌、奶业、新品种培育等领域拥有雄厚的研发实力，农业科技合作一直是双方合作的重点。为促进两国农业科技领域的合作，2013 年 5 月，两国签订了《中华人民共和国科学技术部和以色列国农业与农村发展部关于农业研究发展创新合作的协议》，重点支持中以农业科技合作。上述三个协定和协议成为中以科技创新合作的基础框架。

第一，在科学研究方面，建立了中以科技合作联委会和中以基金。为实施两国科技合作协定，中国科学技术部和以色列科技与空间部建立了科技合作联委会机制，并于 1995 年设立"中以科学与战略研究开发基金"，资助双方研究机构的联合研究。截至 2014 年 5 月，共支持了五批 29 个联合研究项目。联合研究的领域涉及新材料、农业生物技术、生物医药工程、水处理、纳米材料等。

第二，在产业技术合作方面，双方企业积极寻求技术对接。2010 年 5 月，中国科学技术部部长万钢代表中国政府与以色列签署的《中华人民共和国政府和以色列国政府关于促进产业研发的技术创新合作协定》，成为中以产业创新合作的里程碑。在该协定框架下，中国科技部与以色列经济部于 2012 年启动了联合资助产业技术研发项目；积极推动共建中以产业创新园，通过共建创新园区集中技术转移、科技孵化器、金融服务等机构，对接中以优势资源。目前科技部已认定广东东莞水处理技术国际创新园和江苏常州医疗器械创新园两家重点开展对以色列科技合作的园区。

在技术创新合作协定框架下，中国科技部和以色列经济部积极推动两国企业的对接与合作。2013 年，有 600 多名中国企业家和科学家参加了在以色列举办的生物医药展和国际水技术与环保展，与以色列企业进行了近 200 场的一对一洽谈。在南京、济南、天津、北京、广州五地举办的"以色列信息通信技术中国巡洽展"上，20 余家以色列企业与百余家中国企业进行了对接洽谈，取得了非常好的实效。

第三，中以农业科技联合研究成为双方合作的重点。2013 年 5 月，在内塔尼亚胡总理访华期间，中国科技部和以色列国农业与农村发展部签订了《中华人民共和国科学技术部和以色列国农业与农村发展部关于农业研究发展创新合作的协议》。将可持续农业发展和自然资源管理，通过传统及生物技术方法开发抗逆耐旱的小麦及其他农作物新品种、农作物适应气候变化的生理研究，及奶牛养殖与奶品技术等领域作为两国农业科技研究合作的重点。

第四，地方与以色列合作热情高涨。除中央政府与以色列的各类合作机制外，江苏、上海、广东、浙江、山东和深圳等地与以色列经济部签署了产业研发技术创新协议，设立了技术创新专项资金。江苏省与以色列经济部从 2008 年开始联合设立了专项资金，已共同资助近 40 个项目。江苏、北京、黑龙江、福建等地都在积极与以方探讨共建中以创新园。天津、四川等地设立了中以合作孵化器和风险基金。

2014 年以来，以色列高科技企业不断访问中国，寻求各领域合作伙伴。无论是随前总统佩雷斯访华，还是参加重庆高新技术交易会，抑或是与温州商人会谈，以方企业的目标只有一个，寻找他们的"中国合伙人"。

2014 年 2 月 24 日至 3 月 12 日，黑龙江省飞鹤乳业集团派出新一批受训人员前往以色列参与中以合作示范牧场项目，接受专业和系统的规模化健康养殖培训。飞鹤中以合作示范牧场建设项目于 2013 年 9 月由黑龙江省科学技术协会、黑龙江省科技厅等政府部门推动，是黑龙江省政府和以色列合作项目框架下的一项重要合作。

2014 年 3 月 4 日，由来自中国、美国和以色列的投资者合作建立的 WBP 风险投资公司拟将 5000 万美元用于投资想要在中国开展业务的以色列高科技公司，平均每个企业投资额达 200 万美元，生命科学、医疗设备、清洁科技、电信、移动、网络媒体等将是投资的主要领域。WBP 风险投资基金专注于为寻求进入中国市场的以色列及其他国家企业提供创新的投融资解决方案。

2014 年 3 月 7—9 日，以色列草莓专家伊特扎克·拉松到安徽省阜阳市闻集镇指导草莓生产，并进行生产技术培训。拉松先生在以色列拥有拉松种苗有限公司和拉松国际商贸公司，主要从事农产品种植、种苗培育和新品种开发等方面的工作，已致力于草莓品种的研发与推广多年。

2014 年 3 月 11 日，浙江省湖州市召开的番茄优质高产栽培技术研讨会议邀请以色列 Soli 公司首席农艺师 Meir Shany 先生做专题报告。他详细讲解了以色列番茄品种的土壤耕作与处理、设施要求、种植密度、施肥技术、田间管理技术和产量水平等，其中以色列在无土栽培的施肥技术上达到了精量化水平。研讨会组织机构之一的湖州吴兴金农生态农业发展有限公司与 Soli 公司已合作建成番茄育苗生产现场和无土栽培生产现场。

2014 年 3 月 11 日，以色列阿米亚德过滤系统公司副总裁爱莫斯·丹顿一行到山东省莱芜市考察节水灌溉企业发展情况。其间，爱莫斯·丹顿一行与莱芜金雨达塑胶有限公司举行科技合作洽谈会，就技术合作、设备引进等事宜进行了深入探讨。阿米亚德公司是全球性的专业生产自清过滤器和提供过滤解决方案的上市公司，拥有全球领先的专业技术。

2014 年 3 月 24 日，以色列国会高科技委员会主席罗伯特·伊拉特夫与以色列风险投资之父、YOZMA 集团创始人伊格尔·艾立赫一同出现在温州华商会会馆，与温州市数十位企业家进行现场交流，并邀请温商参加在 5 月举行的以色列—中国企业家论坛。

2014 年 3 月 24 日，广州金鹏集团有限公司闪电收购以色列最大养老服务公司 Natali（娜塔丽），收购金额近 1 亿美元。Natali 本身是一头优质的"现金牛"，植入广州金鹏及其母公司三胞集团体系后，意在开辟中国乃至东南亚广阔的养老产业蓝海，同时实现广州金鹏逐步打造一条健康养老产业链的目标。

2014 年 3 月 30—31 日，在南宁贸促会及天津贸促会的牵线搭桥下，以色列籍经济学家和项目专家阿格·施瓦兹到南宁市宾阳县考察当地农业并探求合作空间。其间，施瓦兹先后到黎塘镇"荷香人间"现代农业基地、广西农垦国营东湖农场现代农业示范园、黎塘镇三禾农民专业合作社，以及邹圩镇百香果基地等地进行实地考察，并与宾阳县相关人士就项目合作事宜进一步座谈。

2014 年 4 月初，浪潮集团与以色列协科公司在济南签署科技合作协议，确定共同研发基于云计算的自助式智能医疗体检系统。该项目的成功签约是落实山东省与以色列政府产业研发合作协议，举办专题技术对接洽谈活动的成果。项目的实施，可以提高医疗机构体检和医疗诊断的效率和精准度，满足大批量人群全面快速体检、寻诊和就医的需要，缓解我国目前医疗资源分配不足的问题。

2014 年 4 月 8—10 日，以色列总统西蒙·佩雷斯访华，力推中以高科技合作。习近平主席与佩雷斯总统会谈时表示，中方愿同以方继续保持高层交往，早日建立中以政府间经济技术合作机制，加强农业、能源、环保、教育、医疗、科技创新等领域交流合作。与佩雷斯一同访华的还有来华寻求合作伙伴的康帕思投资集团董事长及七八家以色列企业的代表。

2014 年 4 月 10 日，科技部副部长张来武会见以色列耐特菲姆（NETAFIM）公司亚太区总裁斯蒂芬一行，就农业科技相关领域合作与其交换意见。张来武指出，中国当前正处在经济社会发展的转型期，城镇化和农业现代化都对现代农业技术提出了新的需求。斯蒂芬则介绍了耐特菲姆公司拥有的滴灌技术、在华发展情况和下一步合作构想，表示愿积极与中国同行在滴灌技术领域保持和深化合作，实现共同发展。

2014 年 4 月 12 日，以色列旅游局高级顾问、特拉维夫市创新产业中国特使付太阳（Itay Friedjung）现身第 11 届重庆高交会暨第七届国际军博会现场，希望借助高交会的平台，促进两市在科技与创新发展上的交流和合作。他表示，以色列的创新不仅仅停留在研发层面，而且更加擅长将成果进行转化和应用，让科技来改变人们的生活。付太阳同时还表示以色列将在成都设立总领事馆，让它的服务辐射整个西南地区。

2014 年 4 月 15 日，中盛光电 (ET Solar) 旗下德国设计、采购和施工 (EPC) 子公司 ET Solutions 在以色列 Mishmar Hanegev 建设的 7.8MWp 太阳能发电站竣工并投产。这一太阳能发电站是为法国可再生能源企业 EDF Energies Nouvelles 建设的。中盛光电的作用包括电气设计和电站布局、质量控制、建设监管和投产服务。以色列合作伙伴包括 G-Systems 和 Elmor。

2014 年 4 月 21 日，以色列马克西姆阿甘工业公司种业及生物技术分部总监乔纳森·汉内、资深副总裁助理夏晓红女士到山东省金乡县考察大蒜育种的基本情况，先后参观了宏大食品、东宝食品、宏泰食品等食品园区内部分重点企业以及济宁食品工业开发区的大蒜试验基地。

2014 年 4 月 30 日，以色列 Trendlines Group 为中国农业技术企业开设孵化器。

Trendlines Group 目前已为以色列农业技术和清洁技术开设两家孵化器。

中以科技创新合作有着高度的互补性。以色列在现代农业、清洁能源、生物技术、医疗器械、信息通信、水资源高效利用等领域创新能力突出。中国则拥有广阔的市场、丰富的科技资源、强大的制造能力和科技成果产业化能力。双方在科技创新上各有所长，合作空间广阔，潜能巨大。

2014 年 5 月 18—26 日，国务院副总理刘延东访问以色列，与以方签订关于两国政府成立"中以创新合作联合委员会"的合作备忘录。"中以创新合作联合委员会"将从顶层协调和引导两国部门和地方政府间的研发与创新、教育、卫生和文化合作，研究提出两国合作的重大方向和行动计划，探索新的合作模式，研究解决创新合作中出现的重大问题。现阶段，推动中以创新合作的重点包括：

第一，以创新园区作为中以创新合作的重要载体。促进中以双方优势产业集群对接，进一步打造常州中以医疗器械国际创新园、东莞中以水处理国际创新园等标杆园区；鼓励以色列孵化器在中以合作园区建立加速器；鼓励以色列风险投资机构在中以合作园区设立联合基金等。

第二，支持国内企业和机构在以设立研发中心，共建孵化器，共设风险基金。以色列已成为研发投资首选之地。已经有超过 240 家跨国公司在以色列设立分公司或研发中心。以色列不仅仅是英特尔、谷歌等美欧科技巨头的创新心脏，也成为三星等亚洲大财团的追捧之地。科技部将积极鼓励国内企业到以色列设立研发中心，鼓励有实力的机构参与以色列当地天使投资或风险投资，在以共建孵化器。

第三，结网互动，共筑中以创新合作平台。建立"中以创新协作网络"，搭建两国企业机构沟通了解、洽谈合作的平台。通过创新协作网络突破两国地理空间限制，探索优化中以创新合作的产业组织方式，灵活应用众筹等融资模式、众包等研发模式、新媒体等营销模式等。积极鼓励两国企业、高等院校和研究机构组建国际创新联盟。

第四，增进两国前沿基础研究合作。支持企业、高校院所与以色列学科内领先院所合作共同成立联合创新中心或联合实验室，开展前沿基础研究。鼓励新兴产业概念验证实验室对接以色列大学和科研机构的技术转移企业，开展联合研发合作。

2014 年 5 月 19 日，清华大学校长陈吉宁一行抵达以色列，开始了对特拉维夫大学和希伯来大学的访问。19 日上午，陈吉宁访问了特拉维夫大学，就两校正式启动交叉创新中心的合作与特拉维夫大学校长克拉夫特进行了会谈，并出席交叉创新中心科技委员会会议，与中心科技委员会成员就交叉创新中心的战略规划及如何开展未来的工作进行了探讨。随后，陈吉宁，克拉夫特，清华大学交叉创新中心筹备组负责人、微纳米中心主任郑泉水，特拉维夫大学交叉创新中心筹备组负责人、纳米科学技术中心主任雅艾尔·哈内恩共同出席了交叉创新中心第一次新闻发布会。在发布会上，陈吉宁介绍了清华大学在创新性科学研究和人才培养等方面所取得的成绩，并详细阐述了清华大学对交叉创新中心的定位和发展战略愿景。19 日下午，在特拉维夫大学举办的交叉创新中心研讨会如期举行，来自中以两国及欧美地区国家的 50 多名学者、投资者和创新研究与实践专家出席了研讨会。清华大学电子系、医学院、航天航空学院、机械系等多个院系的 10 余名教师参加了研讨会。

5 月 19 日下午，陈吉宁前往耶路撒冷希伯来大学出席中国国务院副总理刘延东与以色列大学校长关于"科技创新与人才培养"的主题座谈会。座谈会上，特拉维夫大学、希伯来大学、以色列理工学院、本·古里安大学、巴·伊兰大学、海法大学等高校的多位校长介绍了本校在科技创新与人才培养方面的情况以及与中国教育界的合作情况。刘延东在座谈会上表示，中国政府高度重视教育与文化的发展，加快加大对于教育与文化事业的经费投入，其中就包括支持清华大学等中国高校与以色列大学的创新性科技与教育合作。中国政府将大力支持中以两国间高等教育、科研合作与人员交流，计划在未来的 5 年内选派 500 人到以色列留学。

5 月 19 日晚，陈吉宁作为特别嘉宾受邀参加了以色列总理创新奖颁奖仪式。

以色列总理内塔尼亚胡出席仪式，并在仪式后与陈吉宁、克拉夫特进行了会谈。陈吉宁介绍了清华大学与特拉维夫大学合作创建面向未来的全球交叉创新中心的情况。内塔尼亚胡表示，以色列政府和他本人将积极支持特拉维夫大学与清华大学合作共建交叉创新中心，希望这一中心能够成为世界性的引领创新发展的重要平台，积极促进以中两国科技创新，并在世界范围的科技发展中发挥积极作用。伦敦纳米技术中心主任 Gabriel Aeppli，美国伊利诺伊大学教授 K. Jimmy Hsia，北极光风险投资公司创始人、董事总经理邓锋作为交叉创新中心的科技委员会委员应学校邀请也出席了相关活动。金灿股权投资基金管理公司董事长杨宏儒，北京清华工业开发研究院投资总监吴勇也应邀一同访问特拉维夫大学。

2014 年 5 月 20 日，在特拉维夫开幕的以色列创新大会上，中国代表团和以色列方面签署了三项经济合作协议。第一项协议是由中国科技部、以色列经济部和中国江苏省签署的三方协议，旨在促进以色列企业在中国的创新科技园区设立研发中心。作为这一协议的先行协议，中以双方签署了有关以色列企业参加江苏省常州创新科技园的补充协议，以色列企业将在以色列经济部下属的首席科学家办公室指导下，在常州创新科技园设立研发中心。此外，以色列经济部与中国浙江省政府签署了工业研究和发展合作协议。以色列经济部首席科学家阿维·哈森说，这些协议的签署将帮助以色列企业扩大中国市场，标志着以中经济和技术合作进入一个新阶段。

2014 年 5 月 21 日，以色列负责以中经济合作的部长级委员会宣布通过了一项旨在推进和扩大中以双边贸易的全面行动计划。根据这项计划，以色列将在 5 年内把对中国的年出口额翻一番，达到 50 亿美元。为此，以色列政府将每年拨款 1400 万美元用于促进以中贸易。以色列还将扩大在中国的技术密集型工业、农业、环境保护、能源、水技术和健康等领域的合作，并在每个合作领域与中方联合成立工作组，以提高以色列企业在中国的运营能力，增加以中相互投资。此外，以色列还将在中国设立"指定行动中心"，以色列经济部也将在中国开设新的负责经济事务的办公室。另外，以色列还考虑对中国商务人士、游客及学者实行新的签证优惠政策。

负责以中经济合作的部长级委员会是在以色列总理内塔尼亚胡 2013 年访华后成立的，内塔尼亚胡担任委员会主席。根据以总理办公室提供的数据，以色列对华年出口额近年来大幅增长，从 2009 年的 8.87 亿美元增加到 2013 年的 24.7 亿美元。

"中国投资人"在以色列

中华民族和犹太民族于唐朝就已经由丝绸之路开始双边交往，最早可追溯到公元 8 世纪。同样是历史悠久的古老民族，同样在历史上饱经沧桑。就像《圣经》中所记载的那样，犹太人是上帝的选民，以色列是一块"流着奶和蜜的应许之地"，因而使犹太人遭受多方觊觎，惨遭杀戮，四处流亡，最终走向世界。就仿佛上帝冥冥之中的指引，中国与以色列总是剥离不开，合作密切。中国拥有无限的机遇与待开发市场，以色列有创新的高科技，令许多"中国投资人"前赴后继，前往以色列创业投资……

阿里巴巴集团成为 JVP 的战略投资人。

阿里巴巴投资以色列二维码技术初创公司 Visualead。

百度、奇虎 360 等互联网公司共同投资以色列风投公司 Carmel Ventures。

联想集团以 1000 万美元投资了以色列基金 Canaan Partners Israel。

平安集团发起了一只一亿美元的基金，专门投资以色列和美国的创新企业。

盛景集团成立母基金专门投资以色列和硅谷公司。

中国股权投资管理及金融服务公司涌金集团投资以色列风投基金公司 Pitango Venture Capital。

中国风投基金赛富投资基金 (SAIF Partners) 参与应用货币化公司 SupersonicAds Ltd 融资。

平安和中国风险投资公司宽带资本参与了广告软件公司 IronSource Ltd 在首次公开募股（IPO）前的 8500 万美元融资。

小米战略参投以色列手势识别技术公司 Pebbles Interfaces B 轮融资。

百度向视频捕捉技术公司 Pixellot 投资 300 万美元。

奇虎 360 投资以色列风投基金 Carmel Ventures 和 Jerusalem Venture Partners 牵头一轮对以色列图像识别技术公司 Cortica 的投资；还投资手势控制技术公司 Extreme Reality 和即时通信应用商 Glide Talk Ltd。

光明集团以 20 亿美元完成对以色列最大的乳制品公司 Tnuva 的收购，是中国目前在以色列最大的一笔投资。

非常值得一提的是，亚洲首富李嘉诚在以色列的维港投资基金获得了巨大成功，令许多犹太人刮目相看。2011 年，维港领投了 Waze 公司 3000 万美元的首轮融资，在以色列首次亮相。两年后，谷歌便以 11 亿美元的高价将这一测绘和导航初创企业收入囊中。到目前为止，维港投资已经对将近 60 个以色列初创企业广泛撒网，并获得了巨大的回报。据说，最终维港投资的创办人周凯旋说服了李嘉诚捐资 1.3 亿美元投资广东以色列理工学院。

另一件大事是，2015 年 3 月 27 日上港集团成功中标以色列海法新港 25 年的码头经营权。该项目不仅是上港集团国际化战略的又一实质性动作，也是上港集团响应国家"一带一路"整体战略的又一重大举措。海法新港计划于 2021 年投入运营，全部建成后，码头岸线总长度将达到 1500 米，年吞吐量 186 万标准箱。该项目一二期总投资规模预计超过 6 亿美元，项目将采用滚动开放模式，上港集团首期总投资 4.7 亿美元，并希望寻找境内外各种融资方式。为了保障海法新港的成功经营，以色列政府目前计划建设一条连接红海和地中海的高铁。届时，以色列将成为中国出口欧洲市场的贸易通道，不仅减少了对苏伊士运河的依赖，而且大大缩短了运输时间。

"中国投资人"在以色列，面对的不仅是极具潜力的市场与机遇，同样有风险与挑战，只有真正了解以色列的市场需求，适应以色列的企业与文化，才能真正踏入以色列，融入市场，获取巨大的成功。

显而易见，经过多年的交往，中以创新领域的合作已进入突飞猛进的"加速期"，并且由民间交往上升到国家领域顶层设计层面，合作前景非常广阔，将引领人类未来的发展方向。

✡ ——————— **第六章** ｜ 无中生有：沙漠中创造的农业奇迹 ｜

创新不是那么简单的灵光一闪。创新是在实践中不断认知
需求的过程，是倾听自然的声音，不断实践，不停地与各
类人交流，不断选择新方向的过程。只是站立不动，创新
则永远不会开始。

我们是个小国家。

——以色列人的口头语

只要给我们一碗水和一颗种子，这个民族就能生存！

——以色列开国总统魏茨曼

在所有景色凄凉的地方，这里无疑堪称首屈一指。山上寸草不生，色彩单调，地形不美。一切看起来都很扎眼，无遮无拦，没有远近的感觉——在这里，距离不产生魅力。这是一块令人窒息、毫无希望的沉闷土地。

——著名作家马克·吐温

6.1 沙漠中"流着奶与蜜之地"

以色列是个小国家，小到国土面积只有 2.3 万平方公里，人口只有 800 多万，相当于中国的一个地级市而已。更加不幸的是，这个在《圣经》中被称为"上帝的应许之地"和"流着奶与蜜之地"，却是一片贫瘠——全国三分之二的土地是荒漠，一年中有 7 个月以上滴雨不下，全年降雨量不到 200 毫米，南部内盖夫地区全年降雨量不到 30 毫米，全国年均水资源只有世界平均水平的 2%。

然而，以色列却是世界上农业最发达的国家之一，其在中东沙漠上创造的农业奇迹已经成了世界上资源节约型农业的典范。有这样一组数字足以反映以色列农业的效率：西红柿每公顷最高年产量 500 吨，沙漠地区的柑橘每公顷最高年产量 80 吨，每只鸡年下蛋 280 个，奶牛年均产奶量 1 万公斤，温室大棚每公顷每季度生产 300 万支玫瑰……先进的理念、管理和技术，使这个国家利用将近 3% 的农业人口养活 800 多万国民的同时，还成了欧洲主要的冬季蔬菜进口基地。

以色列农业主要有如下四大特点：

1. 滴灌技术世界领先

从 20 世纪 60 年代开始，以色列政府就把研究节水灌溉技术作为国家科研的重点攻关项目之一，把沙漠农业作为发展方向。70 年代以后发明了喷灌技术，80 年代以后又推广了更先进的滴灌技术，截至 1987 年，以色列的滴灌总面积达到了可浇灌面积的 85%，从而创造了灌溉农业的一大奇迹，滴灌设备也因性能优良、技术过硬而出口全世界五六十个国家。

由于以色列全国处于干旱与半干旱地区，每年的 4 月—11 月几乎没有任何降水，全国境内无一条大小河流，淡水资源极为匮乏，是真正的水贵如油的国家。因此，以色列人把水称之为"蓝色的金子"。因此，全国的生产和生活用水全靠四通八达的地下输水管道供给。农作物、果园、蔬菜的灌水，由最为节水的滴灌来解决，即利用一系列口径不同的塑料管道，将水和溶于水中的肥料通过压力管道直接输送到作物根部，水和肥均按需由电脑控制定时、定量供给。滴灌有许多优点：装有滴头的管线出水量均匀一致，灌溉不受坡度、距离的影响；可以把肥料混入水中，水和肥料可直接到达根系，大大节约了水肥；可抑制杂草生长；可以利用低质量的水（微咸水或净化污水）；根据不同作物，滴头可以按要求组装，以调整合适的滴水速度；使用寿命长，可以达到 15—20 年；近年来，以色列又从滴灌技术中派生出一个新的灌溉方法，即把管线埋藏在地下 50 厘米深处。这种埋藏式灌溉可保持地表干燥，还不影响田间作业。

目前，以色列 90％以上的农田和 100％的果园、绿化区及蔬菜种植均采用滴灌技术进行灌溉。滴灌技术的普遍应用，使以色列的水资源利用率达到了 95％以上。滴灌技术不但节水，而且为发展高效农业发挥了极为重要的作用。用滴灌方法生产的西红柿每 1 hm² 年产量达 110 吨，辣椒、葡萄各 40 吨，茄子 70 吨。现在，世界各地都在推广应用以色列的滴灌节水灌溉技术。

2. 先进的农业生物技术引导未来发展方向

近 10 年来，以色列农业科研部门从植物生物技术、环境生物技术、情绪生物技术、细胞组织工程及其基因单元等角度，开发了高科技农业，使农业生物技术引导农业未来发展方向。以色列科学家共研制出 2200 多种医用和农用药品，其高效化肥、低速农药及无毒剂被全世界广泛推广。以科学家们还发明了一种人造土壤，当加热到摄氏 1000 度时，会产生一种命名为"蛭石"的物质，从而使产量提高 30% 以上。此外，在无土栽培技术方面也取得了很大的成就。

以色列曾是世界上生产普通农用化学药品最多的国家。为保护环境，他们开始大力研发生物杀虫技术，培育出既能消灭某种害虫而又不会对作物本身造成损害的生物天敌。有农场培育出了一种专吃毁坏草莓上的小虫子的蜘蛛，这种蜘蛛现在已出口到加利福尼亚州。一家生物技术公司培养出了能对付粉状霉菌和能消灭蛾子的细菌。另一家公司甚至研制出了一种可以产生紫外线阻止昆虫的聚乙烯薄膜。他们还运用细孔尼龙网覆盖温室的方法，来有效防止害虫飞入。现在，以色列 85% 的柑橘种植园已经实行了害虫综合管理，利用黄蜂或其他昆虫等自然生物来对付害虫，尽量减少化学药品使用。

死海周边和以色列南部大部分地区的土壤中富含钾、磷和镁——对农业生产很重要的矿物质。这些资源有些以原料的形式直接出口，其他的在本地进行深加工，提高它们的利用能力和利用效率，保证这些产品的安全性能满足国际市场的标准。值得一提的是，以色列可以通过地下埋藏的滴灌系统进行施肥。这套系统可以保证量比较固定的成分比如磷，可以直接到达植物根部。以色列另一项革新技术是缓释施肥技术。这些化肥被一种聚合物包被起来，保证化肥可以缓慢释放、并延长释放的时间。缓慢释放施肥系统可以使化肥得到更好地利用并降低对于地下水的污染。

以色列公司制造生产并出口杀虫剂和除草剂。随着全世界范围内环保意识的觉醒，对人和动植物没有致病作用的生物材料被研发，用于治疗植物的疾病。这些生物材料在治疗因为害虫、真菌和病毒引起的植物疾病方面是很有效的。另外，以色列农业科学家还研发了一种针对棉花植物的落叶剂和用于早期特别处理杂草的除草剂。出于环保的考虑，科学家们还研发出了用福尔马林代替溴化甲烷对土壤进行消毒。

3. 通过培育良种技术和建设温室大棚提高产量

早在 1956 年，以色列政府就颁布了《种子法》，明确规定种子必须每年检验一次，否则不得使用。此后，以色列科学家运用生物工程及遗传工程开发，共研究出 8 万多种不同遗传型杂交、天然及野生谷物种子。这些品种免疫力强、产量高、质量好、储存期长，以色列的种子和幼苗在国际市场上非常畅销。以色列政府每年可以靠种子出口获得 3000 万美元以上的外汇，欧洲有 40% 的温室西红柿采用的是以色列提供的品种，有的国家这一比重甚至高达 98%。其他的科研成果还有很多，例如无籽西瓜、抗病南瓜、高产黄瓜、碟形的黄色西葫芦，多种有着更长更结实纤维的杂种棉花，自然染色的棉花，高产的玉米（这种玉米需要更少的水，甚至在咸水中都能茁壮成长）。

以色列十分注重开发研制农作物新品种，他们利用生物遗传基因和其他手段，不但培育出品质优良，抗病抗虫，适宜当地自然条件的种子和种苗，还以先进的栽培技术指导农民种植。以色列的大田作物几乎都是优质高产。如棉花，每 0.067 hm^2 可年产优质皮棉 0.37 吨，可制成 0.12 吨纤维，每个劳动力每年生产价值 10 万美元的棉花。再如柑橘，30 年中，换种达 80% 以上，近 5 年内果园年产量从 1.3 吨 /0.067 hm^2 增长到 3.3 吨 /0.067 hm^2，最高产量达 4 ~ 5.3 吨 /0.067 hm^2。由于以色列高度重视超常品种的研究，从而构成了从品种到商品的现代化生产过程。

水果生产在以色列农业生产中占有重要地位，以色列每年大约出口 5.5 万吨水果。多种多样的气候条件，使以色列的水果不分旺季淡季，都可以采摘到。这些优质水果品种的种植，得力于温室技术。以色列的温室农业从 20 世纪 80 年代的 900 hm^2 发展到现在的 3 000 多 hm^2，更新了三代。以色列温室结构非常坚固，能够抵御强风的袭击，利用电脑自动控制水、肥和气候，自动调温、调湿、调气、调光，包括窗帘和天窗，以及对阳光的自动反射系统。如柑橘，通过水分、肥药和光照的调节，结果期长达 8 个月，可分多批采摘，还不影响下一年度的柑橘挂果，无大小年之分。以色列农民在 0.067 hm^2 温室中，一季可收获 20 万支玫瑰花、

20 吨番茄，而大田番茄的产量只有它的 1/4。塑料薄膜是温室的主要覆盖物，以色列十分重视薄膜的开发利用，现代塑料薄膜更加经久耐用，而且可以抗除虫剂中硫化物的腐蚀，还能挡住阳光中对植物有害的部分光谱，像过滤器一样，让需要的紫外线进来，将最有效的光线，最大限度地分配给植物。

最近，一种新的薄膜引起人们的极大兴趣，害虫一触就会死亡。以色列的最新技术使温室更趋先进，温室可白天降温，晚上自动升温，能量消耗非常少。计算机软件制造商与农民保持紧密的联系，并为农民提供最先进最有效的解决方法。

4. 运用计算机技术，实现农牧业科学化管理

随着高科技的发展，以色列农业在各个环节都运用计算机技术，实现科学管理，达到了精密、可靠和节省人力的全自动化管理。无论是种植、施肥、病虫害防治、灌溉、温室供水、气候及作物生长状况，都进行自动化控制，其管理水平已享誉世界。在以色列的家禽、水产和奶牛养殖业发展过程中，科技起着举足轻重的作用。

以色列的研发创新帮助家禽业有了更高的产量，也帮助农场主有了更高的生产效率。在以色列培育的品种具有很强的抗病能力和抵御极端气候条件的能力，还具有增长速度快，产蛋率高和低脂肪的特点。家禽饲养的设备也非常先进，比如自动收蛋器，饮水系统和耐用的饲养平板等。家禽业发达的控制系统可以在各种气候条件下保证舍内适宜的生长环境。这些系统一天 24 小时控制着湿度、温度、光线、饲料、通风和散热水平。

以色列的半干旱气候鼓励密集型的水产业。鱼类的养殖一般在开阔海域的浮箱中，有的也在人造的蓄水池中，还有的在池塘中。养鱼者使用封闭的水系统来进行密集生产。有些情况下蓄水池的水还用来进行灌溉。以色列的水产业还培育了多种多样的观赏鱼品种和海中的植物品种，包括冷水鱼，热带鱼和水百合，这些品种大部分出口到欧洲。

以色列还有一个全国奶牛计算机管理系统，所有奶牛场都实行计算机联网，每头奶牛从出生后的第一次免疫接种之日起，就获得了一个在全国唯一的注册登

记号码，其注册信息也会及时输入到奶牛管理系统内，每头牛每班次的个体产量以及生产性能的表现，都通过计算机自动进行记录、汇总、统计和分析；而且每头牛都配有计步器，通过记录牛的运动情况来了解牛的发情及健康状况，通过入计算机进行系统分析，所有这些信息资源都可以通过网络系统实现共享，这对奶业生产的监督、指导、评价、提高起到了不可估量的作用。以色列奶牛场的生产设施比较完善，既有高度自动化的挤奶设备、饲喂设施、清粪设施等，也有经济合理的牛房。如以色列全部采用饲喂搅拌车喂牛，该车装有自动取草料装置，牛可以按设定的比例定量索取，然后直接送到饲喂棚。很多养牛场都安装了电脑控制的自动化粪便处理系统，可以把掺杂着牛粪便废物中的水分离出来，再将这些粪便废弃物烘干，作为肥料出售；而分离出来的水将得到净化，供牛场循环使用。以色列的奶牛舍为钢架开放式牛棚，高大宽敞，不设脊瓦，棚顶用石棉瓦或复合铁皮瓦，采用交错搭放方式，有利于夏季热气的散发；奶牛舍和休息区全部配有喷水降温设施，水雾喷头由计算机自动控制，与电扇吹风交替使用，为奶牛创造了一个舒适的生活小环境。科学的饲养和管理保障了奶牛应有生产性能的发挥。

以色列奶牛高产的奥秘

1. 智能化监测每一滴奶

阿菲金公司是以色列最大的牧场管理系统供应商，在以色列的市场占有率达75%。其奶牛场，每一头牛背上都写有数字编号，与数字对应的是计算机中的牛的信息。每头牛的右前蹄上装有一个"感应器"，它每天行走多少步和坐卧多长时间都会贮存起来，作为日常健康指标的依据。

此外，还精准掌握每滴奶。在奶牛场每个挤奶位下方，有个被称为"魔盒"的牛奶分析仪，在挤奶的同时，它能在线检测原料奶的各种成分，包含乳脂、乳蛋白质乳糖、细菌含量等多个指标。换句话说，牛奶通过魔盒的瞬间，各项指标均被测出，并自动显示保存在电脑中，可以随时随地查阅。当牛来到挤奶机前接受挤奶时，电脑不仅记录该牛的挤奶时间、次数和产奶量。如果发现牛正在生病，那么从它身上挤出的奶，将立即被机器倒掉，这头牛也将被安排接受治疗。智能化管理监测系统使得奶牛养殖更有效率。

2. 以色列的奶牛优生优育

牛种的好坏对提高奶牛单产的贡献是非常大的。当地奶牛育种的方法是建立核心牛群，采用人工授精的技术培育后备公牛。在以色列，奶牛的繁育是由奶牛协会负责组织，当地每年会从300头核心母牛生产出的150头犊牛中选择50头后备青年公牛开展后裔测定，每头青年公牛测定它的100头子母牛前三个泌乳期的生产性能；同时结合公牛体形、健康、繁殖率、持续力等性状，经过多次淘汰最终选出前20名优秀公牛，再根据子母牛的表现从中选择最优秀的5头公牛留种，其他全部屠宰。真是彻底的优生优育。

根据奶农的需求，育种中心会派出携带冷冻精液的授精员前往奶牛场进行配种，并将配种母牛的编号和生产冷冻精液种公牛的编号以及相关信息录入电脑，并输入联网数据库。在配种之前，输精员还会对母牛和与之配种公牛的血统进行检查，确认不是近亲才可以配种，同时将配种信息通过终端设备传输给数据库，进行选种、选配。这样的公牛选种、培育流程是保证当地奶牛种源质量的基石。

3. 奶牛舒服才多产奶

奶牛没有被绳子拴着，一排排地站在那儿，看起来很惬意的样子。在阿菲金奶牛场，钢架开放式牛棚高大、宽敞，有利于夏季热气的散发，也让奶牛有足够的活动空间。牛棚顶部可以活动，人为控制采光；牛棚夹杠的上方有计算机自动控制的水雾喷头，水雾喷头与风扇交替使用。所有这些设计是为了让奶牛"住"得更舒服。

以色列养牛场设计贯穿始终的理念是提高奶牛居住的舒适度，根据奶牛的生理需要进行设计，大型牛场主要分为四大区，即母牛分娩区、小牛饲养和成长区、奶牛生活和产奶区以及牛奶处理车间。

为充分保证牛的正常休息以及运动场环境的干燥、舒适，运动场每天至少保证一次旋耕，保证运动场地松软舒适。在挤奶厅牛站位不合理时，挤奶员用手轻拍一下牛错误站立的位置，牛就会领会，牛见到人从不躲避，把人当成他们的朋友。

以色列奶牛多产奶的诀窍是什么？奶牛场工作人员说："我们所做的，就是让奶牛感到舒服。"

以色列阿菲金公司的牧场管理系统已在中国多个养殖场应用。北京三元的中以示范牧场采用全套以色列管理模式以后，2010 年成年母牛每头年单产达到了11658 公斤，创造了中国奶牛史上的纪录。

6.2 沙漠农业现代化的奥秘

以色列农业科技产业的特点是研发密集型创新体系，这种创新的动力源于本国水资源和耕地资源的匮乏。这个产业的发展要归功于生产者与研发者之间的密切合作、代理的拓展、农场主和农业相关产品，以及取得的突破性成果的共享。在这些因素的共同作用下，以色列培育出了具有前瞻性市场的农业商机，并向世界出口其农业科技解决方案。就这样，在一个超过半数土地都是荒漠的国家诞生出了现代化农业生产销售体系和产品。

科技"灌溉"成就以色列沙漠农业

在干旱炎热的荒漠中用地下苦咸水种植蔬菜、鲜花和水果，每年出口欧洲等地赚取巨额外汇。这听起来似乎有点不可思议，却真实地发生在以色列。以色列阿拉法谷地农业基地紧挨约旦边境，北起死海，南到红海，年降水量只有 20—50

毫米，是内盖夫沙漠的一片盐碱地。经过 30 多年的开发，这片不毛之地已成为以色列重要的农业出口基地，蔬菜远销欧洲等地，为以色列赢得了"欧洲的冬季厨房"之美誉。

"当初人们都觉得我们是疯子，因为阿拉法谷地环境恶劣，人都难以在此生活，更别提种菜了。但事实证明这是可能的，其中一个重要原因就是以色列在 20 世纪 60 年代发明的滴灌技术。"在一处葡萄大棚内，当地农业研发中心的首席土壤和水研究员特里普勒博士指着葡萄架下的塑料管笑着说道。

据特里普勒介绍，阿拉法谷地降水极为稀少，又远离以色列农业供水管网，农业用水只能依靠从地下抽取的苦咸水。"用咸水浇地，为何地表不见白色的盐渍，葡萄也没有被烧伤的迹象？"面对记者的疑惑，特里普勒解释说，这正是滴灌的奥秘所在。如使用漫灌和喷灌，地表肯定会出现盐渍，久而久之，作物根部容易被烧伤。

滴灌通常在作物根部下方的土壤中形成一个洋葱形状的含水层，作物根系仅在这个洋葱形的含水层内发育，由于阿拉法谷地土壤是极为疏松的沙土，在供水量超过作物需要的水量时，多余的水会把盐分冲刷至含水层的周边。定期超量供水，可将盐分冲刷至土壤深处，不会形成积累，从而使作物根系生长区内的盐分含量保持在最低水平。一般情况下，为防止盐分沉积，供水量须超过作物实际需求的 75%。

几名工人正在采摘葡萄。特里普勒说，在阿拉法谷地垦荒，主要是看中这里冬季温和的气候，这里冬季日照充足，适宜种植反季水果和蔬菜。这里的早熟葡萄可提前 4 个月供应市场，身价不菲。除水果外，这里还种植彩椒、西红柿等蔬菜，每年出口的新鲜蔬菜占以色列新鲜蔬菜总出口量的 60%。

在沙漠里种菜，虫害是一大问题，但阿拉法谷地的种植户却很少使用农药。在一片彩椒园里，特里普勒介绍说，为达到欧洲市场对农药残留的严格标准，阿拉法谷地主要采取三种办法防范虫害，以最大限度降低农药的使用。一是给菜园和果园搭"蚊帐"，建塑料大棚或纱帐，既可在昼夜温差较大的冬季起到温室作用，还能把菜园、果园和外界实行物理隔离；二是利用生物防治技术"以虫治虫"，如跳小蜂主要用于对付危害柑橘和葡萄的介壳虫。通过使用生物防治法，除一些蔬菜外，大部分农作物无需使用农药；三是高温杀虫法，在每年气温最高的 7 月和 8 月，在全垦区范围内停止农耕活动，所有农田覆盖塑料膜，利用日照高温杀灭地里的害虫。"使用农药不仅会杀死害虫的天敌，还会殃及人工放养在大棚内给作物授粉的熊蜂，所以我们的原则是尽量避免使用农药。"

为了竞争欧洲市场，阿拉法谷地的农业专家正在研究不用化学品长时间保鲜蔬菜的办法。特里普勒说，以色列远离欧洲，要和西班牙、摩洛哥等国的农产品竞争，必须要有长时间保鲜的技术，其中一个选项是利用氮气保鲜。预计每年都会推出新的农产品保鲜方法，届时出口国外的以色列彩椒的保鲜期可望从目前的10 天延长至 30 天。

以色列高效农业的启示

1.坚持科技是第一生产力，走可持续发展之路。世界各国在近半个世纪，特别是近 20 年来，越来越重视开发农业资源高效利用和农业可持续发展的农业装备。如以色列的高效、低量、低毒农药和防扩散污染技术和施药机械，化肥深施技术和机械，免耕作业机械及成套设备等，就足以说明了这一切。21 世纪世界农业机械化的发展进程，实际上是农业机械等装备技术融合现代液压技术、仪器与控制技术、现代微电子技术和信息技术并向智能化、机电一体化方向快速发展的过程，我国正在进行农业机械化实践，应加大对农业机械购置补贴的资金力度和补贴机具的种类范围，设立农业机械化新技术培训、新机具推广专项资金。

2.重视专业技能和职业培训。以色列利用 50 年时间，在恶劣的环境中发展出了世界一流的现代化农业，他们所依靠的除了科学而先进的理念外，主要是充分发挥了科技是第一生产力的作用。以色列在农业发展中十分注重人才的培养和劳动者素质的提高。把教育投资作为最根本的经济投资，从 20 世纪 70 年代开始，以色列教育经费始终高于全国国民生产总值的 8%。社会各方面都十分重视职业培训工作，除了政府外，雇主组织以及各种大小企业都建有自己的职业培训中心，基本形成了一个不同层次、不同门类、专业和技能较为齐全的职业培训网络。农民中大学以上文化程度的占 47%，其他至少是高中文化程度，能较快掌握农业新技术，每个农业科研人员都是某一方面的专家。中国要发展现代化农业，就必须重视科技的力量，注重培养现代化的农业科研人才，让科技切实服务生产。

3. **强化政府投入，鼓励研究开发**。重视研究与开发，科研与生产实际密切结合，政策措施与市场机制并举，这是以色列农业的发展机制。目前我国应强化政府投入，不断改善旱区环境，降低开发风险，通过项目倾斜和改善生活、研究、待遇条件，鼓励科技人员投身于旱区资源与环境研究和开发事业，解决农业生产中的基础问题和技术瓶颈，继承和改造传统农业，发展知识密集型的现代农业。

4. **制定积极的节水政策**。以色列的土地一半以上属于半沙漠地区，因此土地贫瘠和缺水成为以色列农业发展的两大难题。政府针对这两大难题制定了在保护环境的同时，提高水的利用率、提高农业生产率和开发盐水与再生水灌溉管理体系两大总体发展目标的积极政策，建立全国输水工程，大力发展微灌技术，改造受损土壤，为集约耕种提供了稳定可靠的资源。我国属于水资源相对短缺且分布不均，农业产业相对落后的国家，大力发展节水农业是必然趋势，应一切从实际出发，尽快制定鼓励各地结合本地区实际发展节水农业的相关扶持政策，走多元化发展之路。

6.3 真正的"社会主义新农村"

以色列的现代化农业生产组织形式可比喻为"三驾马车"齐头并进：第一驾马车是"基布兹"，是一种类似于中国曾出现的"人民公社"式的集体共产主义经济组织；第二驾马车"莫沙夫"是一种合作经济，即农业合作社；第三驾马车"莫沙瓦"是一种家庭私人农场，又称"个体农场"。

基布兹在生产和消费方面都以集体方式进行，通过全体成员民主选举基布兹领导，基布兹核心领导成员负责整个基布兹的生产和生活安排与管理，按每个基布兹成员的工作能力大小安排工作，并按每个人的需求进行消费安排。每个成员从吃饭、居住、洗衣、休息、外出旅游到农业生产，都由基布兹集体提供。早期的基布兹就是一种乌托邦式的共产主义组织；莫沙夫是一种农业合作社或家庭农场合作组织，通常由 80 个到 100 个家庭农场组成，每个农场都是独立的经济和社会单位，自己耕作，自己收获，但农业所需的生产资料由合作社统一购买，并按信贷形式统一分配给各个合作社成员。合作社成员收获后，统一将产品交给合作社销售，获得的利润扣除生产资料成本后，统一分配给各个成员进行生产或生活消费；莫沙瓦是私有家庭农场，又称个体农场，每个莫沙瓦独立组织其生产、销售和消费，不受其他人影响，一切计划和消费都是私人性的，是西方国家普遍存在的一种农场组织形式。

在以色列的历史上，基布兹和莫沙夫的出现和发展，为犹太民族在夹缝中生存做出了巨大贡献。因为在那种特殊的战争年代，只有依靠集体的智慧和力量，才能经受恶劣环境的考验。目前在以色列全国各地，从北部的戈兰高地到南部的红海，大约有 120 多万人生活在基布兹中，各基布兹的人数从 100 人到 2000 人不等。是否进入基布兹是每个以色列人的自由选择，到 2015 年，基布兹已经有 105 年的历史。

基布兹不仅为以色列人提供了大量的农产品，还为社会培养了大批精英。自

1948年复国至今的八位总理中，有四位来自基布兹。他们是本·古里安、摩西·夏里特、艾希科尔和梅厄夫人。基布兹建造了各种必要的生活设施，尽量满足每个成员的需求。公共食堂是基布兹的中心，每个基布兹成员都在自助餐形式的公共食堂就餐。有些基布兹成员的住宅为花园式的二层别墅，未婚者也有单间居住。基布兹里有游泳池、公园、运动场、幼儿园、学校、儿童之家和老年之家等，基布兹成员的所有生产、生活资料都由集体统一安排，每个人按需分配，权利平等，各尽所能。如今的基布兹都有自己的工厂，生产各种产品，用于自给自足和出口创汇，它在以色列的地位不可忽视，为这片贫瘠的土地创造了真正的"奇迹"。

2013年，以色列共有274个基布兹，工业产值约120亿美元，占全国GDP的9%，农业产值75亿美元，占全国GDP的40%。可以说，没有基布兹，就没有以色列。

基布兹是希伯来语"聚集"和团体的意思，被称为以色列的基石，现在又被称为"真正的社会主义新农村"。所谓"社会主义新农村"，其实乃是一百多年前来自德国的犹太移民自发组成的一种生产生活组织机构。当时以色列还没有复国，所在的地区还是"日不落帝国"英国的殖民地，由众多家庭和个人组成，大家认为一切都是公有，人们自觉自愿地平均分配劳动所得。

孩子们统一居住在村里的"儿童之家"，由专人负责照看并带领孩子们学习文化课，到了晚饭的时间，孩子们才回到家里和父母吃晚饭，然后还要回到"儿童之家"睡觉。

大人们根据单身还是已婚以及进入组织的先后顺序由集体负责安排或者建造住宅，最初的住宅非常简单，只有最基本的生活起居功能。

当时的人们如果在外面打工挣了钱之后也需要回来上缴组织，然后再平均分配给每个成员。

如今的许多基布兹已经摒弃了绝对的平均主义，人们的居住环境、家居摆设，乃至于所开的私家车都已经有了不小的分别，不过总体来看并没有产生过大的贫富差距。

孩子们早已经不需要居住在"儿童之家"了，不过白天还是需要进入日托班由专人照看，而今天的基布兹多了一种新的养老机制——生活不能自理的有专人照看，能进行简单劳作的老年人进行一些轻体力的劳动，如制作工艺品等等。

基布兹虽然位于城市的边缘，有些甚至在偏僻的农村，但居住环境却非常优越。

在许多基布兹，游泳池、健身房、洗衣房、俱乐部、百货商店、诊所等几乎应有尽有。有趣的是，在村里的消费场所消费不需要现金结账，只要报一下自己的号码即可。

以色列全境的基布兹都有自己的专长。许多基布兹的专长是生产牛奶，现代化奶牛场里的几百头奶牛不停地为这里的人们创造着财富，此外还有工艺品厂、造纸厂等生产单位。

在基布兹，几乎每个人都互相认识，这一点和大城市住在对门却形同陌路的情形大相径庭。

如果是在基布兹内部的工作收入是不需要向国家缴税的，不过如果在外面的收入则需要向国家缴税。

在以色列的退休年龄是 67 岁，退休之后每个人每月有 1000 美元多一点儿的退休金，而这样的收入在基布兹里生活没有丝毫的问题。一般基布兹成员每人每月的支出不到 1000 美元。

当"资本主义社会"被定性为以色列国家基本性质的时候，基布兹这种社会主义模式也受到了巨大的冲击，但几十年来僵而不死，仍然得到了蓬勃的发展。当越来越多出生在基布兹的年轻人讨厌这里单调、枯燥和缺乏个性的生活方式，并试图离开基布兹去寻求一种更加丰富多彩生活的时候，基布兹却吸引了全世界的目光，让全世界的观光者纷至沓来。基布兹为世界的社会主义国家建立了典范，成为"社会主义新农村"的代名词。

6.4 奇迹是如何发生的

以色列是一个神奇的国度，犹太人在历经 2500 年后重新复国。以色列面积仅和北京市的差不多大，830 多万的人口不到北京市的三分之一。竟然在纳斯达克上市公司的数量仅次于美国和中国（2008 年前一直领先中国），人均创业企业、人均风险投资、人均专利数都是全球第一。

近年来引人注目的以色列创业公司有：导航应用公司 Waze，以 11 亿美元的价格出售给了谷歌；网络安全技术公司 Trusteer，以 6.5 亿美元价格出售给了 IBM；视频广告平台 AdapTV，以 4.05 亿美元价格出售给了美国在线；3D 传感器公司 PrimeSense，以 3.5 亿美元价格出售给了苹果。

2014 年，共有 688 家创业公司获得本土以及全球范围的融资，总额达到了 34 亿美元。与全球创业最活跃的美国对比：美国 2014 年高科技创业公司投资额达到 470 亿美元，但是以色列国土面积仅为美国的 0.5%，人口为美国的 2.7%，以色列高科技创业公司吸引到的风险资金超过了美国的 7%。

以色列复国之时，领土缺乏天然资源，水源尤其不足，一半地域是沙漠。为创造生存条件，极力发展高科技，凭着智慧的头脑和不懈的努力，以色列的科技发展在世界上举足轻重，论人均专利项目数量，全球排第三位。

爱因斯坦曾经说过："以色列必须发展科技知识，才能生存下去。"在 20 世纪 20 年代，他来到以色列种下一株棕榈树埋下心愿，其后担任以色列科技学会第一任会长。1924 年，以色列理工学院（Technion）在海法创校，当年只有 17 位学生。近百年以来，该校栽培了 90000 名学生，收生不分宗教和种族，历年毕业生有犹太人、基督徒和穆斯林，70% 的以色列高科技行政人员都是来自这所大学的。迄今为止，以色列理工学院有 3 位教授问鼎诺贝尔奖。

2015 年 12 月 3 日，正在以色列进行考察的中国绿公司联盟代表团会见了 Water-Gen 主席兼首席执行官阿里·柯哈维先生。他跟团员们分享了自己是如何找到"从空气中生产水"这个创意的，以及如何将这个创意逐步推向市场。

他认为创业创新并不是一站式的，而是一个持续的过程，会有高有低，坏的有可能变好，好的有可能会变坏，创新是一种生活方式。

创新不是那么简单的灵光一闪。创新是在实践中不断认知需求的过程，是倾听自然的声音，不断实践，不停地与各类人交流，不断选择新方向的过程。只是站立不动，创新则永远不会开始，你需要选择一个基本的方向，要获得这个"大道"，要选择跟哪些人奔跑，你每一分钟都要面临选择，每天不断地判断今天如何成功。

阿里·柯哈维所创办的企业 Water –Gen，在 2014 年被《快公司》杂志评为"全球前 50 家最具创新力的公司"，在这个榜单中还有人们耳熟能详的公司，例如谷歌、苹果、小米等。

那么，Water-Gen 这家创新公司到底是如何起家的？他所生产的产品对这个世界究竟有何影响？柯哈维如是说：

在以色列，男生都要服兵役三年，退役以后每年都要有一个月的预备役期，直到 40 岁。过去，我每个月必须回军队里面去完成任务，以色列没有那么多的人，也没有钱去养一个军队，我们每个人都得上战场。

Water-Gen 的创业点子是怎么来的呢？我在服兵役的过程中发现，前线士兵的供水保证是个大问题。因为我自己了解到，水占的空间很大，运输又麻烦，如果带食品给军队的话相对容易打包，但水需要的容器很大，如果在危险地区，还要有专车护送，那么可能造成意外的危险。

现在，Water-Gen 开发出三种产品。第一种产品是在周围的空气中提取水；第二种，利用空调制冷产生出来的水制水，一般的大型军备用车底下都会流出很多水；第三种，电池驱动的移动净水装置，我们是用电池来支持它的运作。这三种产品，Water-Gen 是第一个创造者。目前公司产品已经提供给美国、法国、英国的陆军和以色列国防军。

从空气中产生水有几个好处。

首先是没有管线和水源的需要，只需要电力。饮用水从空气中产生，大部分时间，空气是潮湿的、有水分的，当然在湿热环境下水分是最高的，在干燥的地方潮湿度会小一些，不管在哪里，空气中总是有湿度的，当空气的温度达到12摄氏度以上，潮湿度超过30%的时候，我们就开启环境采水系统，世界上80%的地方都能够达到这个要求。如果你在家里没有饮用水的话，你可以从空气中取得，空气中找到的水是完全的纯净水。

其次，这个技术的价格是非常便宜的，电量加上所有的易耗品，每一升只需要0.172元人民币就可以了。全程保持无菌消毒，出水可冷可热。在25℃、55%湿度的条件下，Water-Gen的产品每天可以从空气中生产450升纯净水。

我们接下来再谈一谈缺水地区的用水问题。全球有三分之二的人口在缺水环境下生存，他们没有饮用水，或者水质特别差，很多城市也是这样的，没法直接从水管中喝水，在很多地方，供水的设备非常差劲，很多废水和中水融入到饮用水里面循环使用。

在西方国家，饮用水的管网和废水的管网是分开的，污水是无法影响饮用水的。而印度的饮用水管网和废水管网是平行放置的，自来水总会被污染，人民群众无法喝到纯净水。这个问题并不是一个水处理厂就能解决的问题，你必须要有很好的管网建设，像印度、非洲这样的国家和地区，没有人去建设这些基础设施，改造工程一做就是几年，那里的条件就越来越差。

我们想绕过所有这些问题，直接从空气中取水。每个家庭每天要用300~500升的水，但喝的水和做饭用水只需要10~20升。孟买和墨西哥城的人口众多，要给他们每个家庭提供10~20升高质量的水就足够了。

今天我们提供的设备，可以让每个家庭自给自足的取水，全球有将近28亿人口生活在湿热地区，20个人口最多的国家中有9个在湿热地带，这里包括印度、印度尼西亚、巴西、墨西哥、尼日利亚等等。Water-Gen的家用空气取水设备的目标市场就是这些国家。

Water-Gen 出产了一款叫珍妮（GENNY）的设备，可以在 26.7℃、60% 湿度的环境下，每天生产 22 升的纯净水，而且全天保持连续清洁和消毒，这减少了细菌、藻类和病毒的生长发育。另外，每升水的成本只有 1.8 印度卢比（人民币 0.172 元），每台设备的价格是 600 美元，能够获得冷热水的设备价格是 750 美元。

对于创新来说，一开始就要明确需要解决的问题是什么，可能是技术方面的问题，也可能是能源方面的问题，还可能是效率和时间的问题。但是，你自己必须第一个要知道，什么是最需要解决的问题，专注地把所有资源都投入到解决这个问题中去。能源的效率是 Water-Gen 最开始面临的挑战，在军队，能源是非常珍贵的，你的能效就决定了产品能卖多少钱。

目前，市场中从空气中取水的设备，要 1500 瓦时才能创造一升水，他们是用空调的原理来取水的。Water-Gen 第一代产品用 800~900 瓦时就能产生一升水，最新一代产品用 310 瓦时就能生产一升水，Water-Gen 成功节能近 80%。这主要是因为 Water-Gen 的专利 GENiusTM 热交换技术，Water-Gen 的产品可以根据天气条件的变化，优化系统算法，调整系统运作模式，从而节省电力提高产水量。

另外一个关于创新的点子是，不要执迷不悟。你在做创新的过程中，有什么好的点子就一定要做出来。三年前，我们的技术只专注于军用设备，现在 Water—Gen 的产品可以应用到民用领域，包括家用的饮水器、电池驱动的移动净水装置、衣物烘干机、空气除湿设备等等。我认为，作为一个创新发明家来讲，产品应用的场景不应该受到局限。

世界上从未有一个国家像以色列这样被赋予如此多的标签：创业的国度、创新之都、智慧的国度、悠久的历史文化、三大宗教圣地、巴以冲突……然而这样一个狭长的弹丸之地，却闪耀着璀璨的科技之光。

在短短的 30 多年中，以色列成为世界高科技领域的孵化器、加速器和风险投资最发达的国家之一，"防火墙"、网络即时通信工具 ICQ、USB 技术、胶囊内窥镜、滴灌技术、圣女果等改变人类生活的发明创造均源自于以色列。苹果、谷歌、Facebook、Intel、Cisco、微软等全球科技巨头均在以色列设立了研发中心，同时通过大量的兼并收购，使众多的以色列创新公司成为这些科技巨头的技术进步引擎。

那么，奇迹究竟是如何发生的呢？

1. 打开你的视野

犹太人具有非常开放的思维。

将一件精美的物品放到一位中国人与犹太人面前，犹太人想到的是如何通过科技创新和工艺改造设计出更加精美的物品，获得更高的价值；而中国人则希望以更低的成本生产出类似的物品从而迅速占领市场。犹太民族以模仿别人为耻辱，因而在创造性方面更胜一筹。

这种民族的特性来源于以色列恶劣的生存环境和自然资源的匮乏，以及强敌环伺，被迫发挥智力因素和创造力设计和生产出高附加值的产品。再加之年轻人经过严酷的军旅生涯的塑造，在两到三年的兵役生涯结束后，大学生活开始之前，多数以色列的年轻人会选择通过周游世界的方式开拓个人的视野，从而激发他们的创造力，拓展他们的国际化视野。

2. 成熟的孵化器、加速器和风险投资体系

以色列 Hadasit Bio-Holdings 加速器公司依托于以色列最顶尖的 Hadassah University 医疗中心。

以色列科技创新的成功离不开类似于 Hadasit 加速器等机构的支持，以色列政府鼓励科技创新和科技成果转化的有效政策在推动科技发展中发挥着十分重要的作用，政府在经营孵化器的过程中扮演的是一个"只输不赢"的角色。但它得到的却是一大批高科技企业的兴起和整个社会的繁荣。

以色列是全球风险投资最为活跃的地区之一，在 2013 上半年，312 家以色列

高科技公司共吸引到 9.67 亿美元的投资，略高于 2012 年上半年 270 家企业吸引到的 9.62 亿美元。其中，184 家涉及风投的企业吸引到的投资总额为 7.63 亿美元。

3.活着就是要改变世界

以色列有一家专注于高空火灾救援以及恶劣环境下进行急救的公司 Olive System，该公司创造性地发明了一种可以载人和运送水的装置，但此类方案存在难以攻克的世界级难题，即装置在随着绳索摇摆的时候，如何稳定和控制装置的方向，是救火与救人的前提。

公司创始人在向 Elbit System 公司融资时被该公司无情地拒绝，但创始团队锲而不舍，虽然遇到了资金困难，但仍然坚持要解决这个问题，目前两个方向的指标初步实现。

显而易见，以色列的创业者愿意承担风险，去改变现状并创造独一无二的发明。因为他们认为，活着就是要改变世界。

4. 8200：创业家的摇篮

由于以色列实行强制兵役制度，所以以色列创业公司的管理团队均具备以色列国防军背景。

在以色列，每个年轻人在 18 岁以后都要强制服兵役二到三年，以色列的军队系统设置了非常少的高级军官，尽量向下授权，让士兵在前线有随机应变决策的权力。强制兵役为以色列的创业文化打下了基础。每个年轻人退伍之后都会有一批战友，这样的友谊非常容易成为创业伙伴之间的纽带。而对于那些部队中优秀的年轻人，在服役时就被选进特殊的高科技情报部门 8200，8200 的训练和培养为日后进入科技界的创业打下了坚实的基础，许多人都成为成功的创业家。

在以色列，从某种程度上说，一个人在学术上的经历比不上其在 8200 服役的经历更加重要。在求职的时候，每次面试必问的一个问题就是：你在 8200 服过役吗？

5.快速退出策略

快速退出策略是以色列科技创业公司最为人熟知的风格。一旦出现理想的收购交易就变现离场。Airbase 公司成立于 2011 年，创业时只有两名员工，该公司提供环境中空气污染物、食品、水环境的各类指标的检测，公司通过集成各类传感器，结合最具竞争力的算法以及数据深度分析，设计成一个标准模块，该模块可以自动监测空气中各类污染物（PM 2.5, NOC, NO2，VOC, etc.）的含量，该公司目前已经在波士顿、布鲁塞尔、伦敦等地进行试点。

两位创始人之前都在以色列顶尖的军工企业和军队负责和雷达相关的业务，创业时开始寻找传感器技术在民用行业的应用，Airbase 公司于 2014 年 6 月被 Perkin Elmer 以现金支付的方式收购，Perkin Elmer 销售收入超过 20 亿美元，在中国拥有 2000 名员工。

当一个跨国公司收购一家以色列创业公司之后，创业公司的创始人和员工往往会用出售公司得来的资本开始新的创业，一方面是创业文化使然，另一方面，这些资金的"滚雪球"效应得到显著体现。没过几年，一个新的创业公司又开始了，又能够以 10 倍或者百倍的溢价出售。

快速退出的策略取决于国际巨头对以色列企业的巨资并购不断，以色列企业成为众多企业巨头的技术发动机。

6. 乐观、自信与直率的犹太人

以色列人有一个特点，他们会随时打断别人，随时会问你很尖锐的问题。只有这样不停地直接追问下去，事物的本质才能出现，才能找到问题的答案。以色列的军队是世界上少有的没有等级观念的军队，低级军官可以随意挑战高级军官。权威不是用来被保护的，而是要随时被挑战的。以色列人直率的文化，使他们不是很容易适应大公司的等级森严的工作方式。

近几年，中国兴起"以色列热"，几乎所有著名的企业家都访问过以色列。每次以色列之行，中国企业家都有所寻求：一是寻找现有公司的技术突破；二是看以色列项目是否可以直接转化到国内；三是投资考察发掘以色列潜力。他们认为，以色列最强的有如下几大领域：

第一，以色列的国防技术非常发达，并且政府支持军用技术民用化，所以有最强的传感技术、硬件和软件结合的技术和软件的算法技术。具体可以应用在无人机、物联网和 AR 等领域。

第二，因为沙漠国家的资源匮乏，以色列在高科技农业技术方面非常发达，包括滴灌种植技术、有机种植技术和生物养殖技术。

第三，以色列在医疗器械上和机器人的应用方面也在世界上首屈一指。

以色列的多位总统都是科学家出身，这也许是这个国家追求真理和坚持客观理性的基础。

中国一家企业对无人机市场有很大的合作需求，所以他们拜访了一家以色列无人机航拍并做深度应用技术分析的公司。该公司的 CEO 很详细地向中国客人介绍了公司概况以及公司硬件和软件如何结合使用的情况，包括图像的采集和分析等方法。以色列公司的技术已经非常成熟，和欧美国家已经批量合作很多年了。他很直接地向中国企业家问了许多细节问题：

◎ 你们在中国是做什么类型的产品？细节到产品的规格和动力类型。

◎ 你们的主力产品是什么，上市多久了？现在有多少无人机在实际使用中？

◎ 你们的主力客户是谁？他们现有和未来的规模有多大？

◎ 你们的产品涉及国防和军队的使用吗？

◎ 你们是以什么样的方式向你们用户收费的？

◎ 我们使用的租赁收费模式，鉴于在中国是一次性销售给客户收费的模式，你觉得应该怎么切入实质性合作方案比较好呢？

初次见面，竟然在短短 1 个半小时内全部提出所有的问题，并很认真地倾听和做相关笔记。让人感觉到以色列企业家对具体技术问题的严谨和对自己要合作对象的深度了解的渴望。这种精神背后就是纯粹追求客观和科学意识形态的一种表现，和中国企业家在商业谈判相比，更加直接面对事物本质，效率更高。

以色列是一个创业的国度，所有的以色列公司都有一个非常显著的特征，就是他们基本上用一个具体的技术去解决一个问题或者几个问题。

这位中国企业家回忆道：犹太人很严谨。

他感叹于犹太人的严谨：比如当中国拜访者问其拜访的农业分析公司，是否可以做无人机的航拍技术分析的时候，他说不可以，他们只做土壤的分析，并且把精准度提高。以色列公司更追求技术本身和技术带来的价值，以价值为中心去进行市场化运作。

6.5 中以农业合作前景广阔

笔者先后六次访问过以色列。每次去的感受与收获都不同。笔者后半生只做两件事：一是写书讲课传播以色列创新智慧和犹太教育的精髓；二是让犹太智慧和以色列创新教育项目落地中国。具体的项目有五个，即将落地到内蒙古呼和浩特托克托县，拉开了中以合作的新序幕：

1. 创办"中以创新创业大厦"，展览展示中以400项最新科技发明成果，推动中国的"双创事业"；

2. 引进以色列魏茨曼科学院"克洛尔科技园"落地中国，成为中国未来诺贝尔奖得主的摇篮；

3. 创办中国第一家从幼儿园到大学的中以智慧结合的塔木德（犹太智慧）国学教育创新体系示范学校——WUTA国际创新智慧学校和"以色列创新智慧学院"，为中国培养未来真正需要的人才；

4. 创办中以智慧植物园，把《圣经》和《道德经》的精髓以文化主题公园的形式巧妙地结合起来；

5. 在托克托县创办以色列高效农业示范园，为中国沙漠农业的发展探索一条

可持续发展的创新之路。

让孩子和老师更加聪明和有智慧，让家庭更加幸福，让企业和政府更有创造力。这是中国未来应追求的方向。

笔者心目中的以色列不仅是个"创业的国度"，更是一个"智慧的国度"。

以色列人崇尚创新与创业，用自己的艰苦劳动创造了沙漠中的奇迹。仅用了20多年的时间，就做到了从无到有、从贫乏到富有的经济转型，从而突破自然资源匮乏的局限，创造了世界科技超级强国的"神话"，令全世界为之惊叹。

目前，中以关系已经进入了一个前所未有的黄金时代，经过了20多年的理论思考和实践探索，笔者提出关于发展中以关系的三点建议：

1. 政治外交方面，奉行中立友好政策，与以色列和阿拉伯世界都要成为朋友。

为了实现伟大的"中国梦"和"一带一路"战略，中国既需要以色列的支持，更需要阿拉伯世界的支持。因此，中国应该学会平衡处理各方利益，在一些核心矛盾冲突点上不宜立场过于鲜明，否则容易伤害各方感情。应该让各方都感觉到中国奉行中立友好的态度。

当然，中国正在崛起，应更多地承担责任，自觉地维护人类的公平与正义，永远站在正义的一边，尽自己最大的力量打击恐怖主义，体现自己道德的力量。

2. 在经济、文化、科技、教育方面，加大加快同以色列合作的力度和速度。

在2015年的中国"两会"上，李克强总理提出了"大众创业，万众创新"的基本国策；十八届五中全会上又提出了四大创新的口号：理论创新、制度创新、文化创新、科技创新。而在这点上，以色列被称为"创业的国度""创新的国度"和"智慧的国度"，与中国的农业、文化、科技、教育，包括军事技术方面都有较大的互补性，并为中国的可持续发展作出了榜样。应该加大和加快双方合作的力度与速度。

3. 通过公共外交和民间外交的手段来加深两国人民的友谊。

在中国的历史上从未出现反犹主义，再加上宋朝开封犹太人，19世纪哈尔滨犹太人，"二战"上海犹太人的友好历史，奠定了两个民族和两个国家世代友好合作的历史基础，应通过公共外交手段加大宣传力度和友好交往，推动两国友好合作。

实现"中国梦"和伟大的民族复兴与可持续发展，中国离不开以色列的支持。智慧、幸福、创新是人类永恒的价值观。

深圳华为公司的总裁孙亚芳不仅访问了以色列，而且还专门写了一篇文章号召中国企业家向以色列学习。

那么，华为应该向以色列学习什么呢？孙亚芳认为，以色列虽然资源贫瘠却十分富有，过去与未来、东方与西方、战争与和平、宗教信仰与现代进步、神秘主义与专家治国论，它们相互矛盾地交织在一起，以色列培育矛盾的人，在矛盾的冲突和平衡中成长起来。她试图从这些充满矛盾的特色中去解开以色列崛起之谜。她透过以色列人饱经沧桑的历史，认为犹太人重要的财富就是自强不息的奋斗精神，这种精神能量的积累和爆发是推动以色列经济迅速崛起的原动力。

孙亚芳写道："以色列的历史是一部充满冲突、战争、欺凌的苦难历史。5000年前她曾是文明之光升起的地方，开创了文明而短暂的帝国。是她的特殊战略位置使她饱经沧桑，为历代国外异族所垂涎。"埃及人、亚述人、巴比伦人、波斯人、希腊人和罗马人……乃至英国人都曾把征服以色列作为巩固帝国统治不可缺少的条件。在这种冲突与争夺中，以色列的历史曾一度被中断了20个世纪并被世人遗忘。

整整2000年，犹太人离散在全世界的70多个国家，过着流浪的生活。从1933年到1945年，先后有近600万犹太人被德国纳粹分子屠杀。

在流浪的20个世纪中，重返以色列，建立自己的家园已成为犹太人首要的精神支柱。全世界的犹太人总是面向东方以无数次的呼唤聊慰思乡的忧伤。"明天一定要回耶路撒冷"这种执着的信念在他们的心底呼唤，一代人又一代人地呼唤……在战争、流浪、屠杀中顽强生存下来的犹太人对独立、自由的追求，对重返家园的渴望长达 2000 年。当 1948 年以色列人凭借历史的权利及联合国的决议宣告独立时，犹太人重返家园的梦想成真。

一个国家、一个民族，甚至一个破碎的国家、离散的民族，唯有精神的力量和文化的力量是生生不息的。当我们了解到这个国家的苦难历史后，才充分理解以色列人能在这么短的时间内、这么差的条件下高速发展，创造世界奇迹。其精神力量源源不断的释放是她迅速崛起的根本所在。

显而易见，以色列几乎没有天然的自然资源，他们取之不竭的资源就是智慧——来源于犹太人聪明的大脑，这种智力资源的应用，使以色列人创造了征服自然和改造自然的奇迹。

孙亚芳再一次感叹："我们在访问俄罗斯、美国、西欧时，曾万分感慨上帝对他们的恩赐，从飞机上往下看，一望无际的森林，星罗棋布的湖泊，令人赞叹不已。再往中国飞呢，尤其是飞过光秃秃的大西北上空，我似乎找到了贫困的理由——上帝不公平，我们的资源太贫乏。访问以色列之后，我为这个理由而惭愧。以色列是一个自然资源极其贫乏的国家，尤其是人类赖以生存的水资源的缺乏。以色列的边界冲突许多是为水而战。但当你踏上这块国土时，你很难相信她是在沙漠和戈壁上建立起来的国家，一片充满生机的绿洲。这些绿色植物和庄稼能在严重缺水的沙漠和戈壁滩上生长，完全得益于以色列闻名于世界的滴灌技术和喷灌技术。"

孙亚芳透过以色列的崛起之谜自然而然地发出了疑问："中国的自然资源条件比以色列要强得多，为什么中国人全民族缺乏改造自然和创造财富的奋斗精神呢？为什么我们的环境污染越来越严重？"

孙亚芳认为，以色列人善于开放自我，努力在世界范围内拓展生存空间，并吸纳不同文化的营养和全人类的知识与经验，这是她迅速缩短与世界发达国家的差距，实现经济快速增长的重要因素之一。

他们虽然在宗教信仰和生活习惯上严格保留了各自的特色，但是却能广泛吸纳各民族、各国人的经验与智慧。以色列民族这种充分开放的特点顺应了当今信息时代的潮流，使这个国家在较短的发展时间内实现了国际接轨并拥有空前的社会经验和全人类的智力成果。

以色列由于国土很小，生存发展空间有限，迫使他们的眼睛盯着国际市场，努力在世界范围内去拓展空间并有效地利用组织来实现这种拓展。犹太人的后裔分布在世界各国，由于这个民族十分团结，善于集体协作，他们通过各种民间机构广泛收集、了解世界各国的发展动态。小小的一个国家，几乎拥有一个遍布世界的商业情报网。每一个以色列的商人都会利用这个资源，并获得求助，再加上他们穷追不舍的精神，只要是他们看准的项目，成功率都很高。

相比之下，中国虽是大国，每一个企业都在悲怆地孤军奋战。相互之间谈不上合作，却经常相互拆台。可以说是"内战内行，外战外行"，严重影响了中国企业在海外的整体形象……孙亚芳进一步提问道："我们是否应该借鉴一下韩国、中国台湾、印度、新加坡、以色列等国家和地区的经验，他们是如何利用工商联合会的形式来组织企业，形成整体最佳优势，去开拓海外市场的呢？"

在以色列期间，华为代表团还访问了艾森贝格集团。艾森贝格是以色列商界的风云人物之一。据介绍，几乎以色列所有公司的产品，当初都是在他的支持策划下进入中国市场的。艾森贝格集团向客人介绍他们如何拓展中国市场的成果及计划，他们与中国合作的项目涉及了电子、化工、农业等项目，在每个领域他们对中国市场的了解和精心策划令来访者大开眼界，其中无不浸透了犹太人的智慧和胆识。

以色列人特别善于在每一个关键点上动脑筋。例如：以色列的滴灌技术，中国就这个项目派出去学习的代表团不下100个，但最终结论都是成本太高，不能普及而告终。他们就专门给中国设计了一套低成本、容易向农民普及的滴灌技术。随华为代表团出访的农业专家也不得不佩服他们的这套方案。艾森贝格集团的项目已经拓展到了中国许多省。他们在多个领域都具有领先世界的高科技成果，并成功地进入了美国、欧洲、中国等大市场。以色列有许多这样的工商企业集团，在世界范围内有计划、有组织地拓展生存空间，支撑着以色列经济的高速发展。

以色列是一个内部和外部都充满矛盾的国家。她有上百个民族，其居民来自70多个国家。以色列的犹太人不再仅仅是犹太人，而是不同种类的犹太人，有阿拉伯人、欧洲籍人、库尔德人和伊拉克人、美国人、俄罗斯人等，他们都顽强地保护着各自的文化传统遗产。其复杂的内部和外部关系的结果是和平共处。尽管差异很多，但都努力设想一个共同的未来，创造一种新的生活，这种共创美好未来的目标导向使之成为一个矛盾而又和谐的社会成功的典范。也正是这些社会经历，使这么一个小国的政治家、外交家、企业家都不愧为世界级的人才。

以色列存在的理由是成立一个民族多元化社会，她不会因为文化根基、宗教信徒的不同或不理解而岌岌可危，无论在世界舞台还是国内社会，她都是一个坚强的国家。一个充满冲突和矛盾的国家能这样团结齐心，这要归功于以色列民族较高的整体素质和解决矛盾的才能。在这里，"求同"与"存异"都十分重要，"求同"可以通过目标导向、精神和文化的统一来解决，而"存异"则需要处理矛盾的人所拥有的"胸怀"和"智慧"，在不违背原则的情况下，要容忍差异存在；同时，要智慧地引导，避免差异的激化，并创造条件使她服从大目标的导向。

孙亚芳在这篇访问以色列长文的结尾深情地写道：

这是一个热情、开放、充满活力、自强不息的民族，她聪明而不懒惰，执着而不保守，富有而十分勤俭，充满个性而又高度团结。从这个民族优秀的品质和可贵的精神中，引发出许多思考。

我们在学习美国人的技术、日本人的管理和德国人的认真的同时，还应学习以色列民族自强不息、执着追求的精神。

我们应该拥有像以色列民族一样博大的胸怀和高深的境界，团结起来，共筑华为人的精神家园。

我们应该像以色列民族一样，善于吸取世界各民族的优点，博采众长，为我所用，真正在华为建立成一个开放的学习型组织。

我们应学习以色列人面对矛盾的胸襟和处理矛盾的技巧，敢于面对矛盾，善于化解矛盾，在矛盾中锻炼自己。

我们应学习以色列人的修养，提高个人素质和文明程度，从点滴小事做起，从自身做起，以实际行动来提升华为公司的企业形象。

我们应学习以色列民族勤俭节约的主人翁精神，为公司节省人力、物力、财力资源，从点点滴滴做起。

我们应学习以色列民族的创新精神，敢于走别人没有走过的路，敢于向自己挑战，向未来挑战……

以色列民族有许多我们值得学习的东西，以色列的成功之谜有待于我们继续探索。

孙亚芳对以色列的浓厚兴趣和深刻思考，代表了中国企业家对以色列整个文化和高科技教育体系的认可。从 2016 年开始，中国掀起了一股企业家访问和参观以色列的热潮，也掀起了一股中以企业家合作的热潮，而且中以合作前景广阔。

哈雷尔·洛克曾于 2011—2015 年间担任以色列总理办公厅主任和总理内坦尼亚胡经济指挥部主管，被认为是对内坦尼亚胡经济政策最有影响力的人物。洛克积极活跃在中以农业科技合作领域。在他看来，恶劣的自然环境和强敌环伺的安全环境，以及强大的科研创新能力，催生了以色列的现代农业科技，使以色列在海水淡化、畜牧养殖、育种和水果、蔬菜种植方面在世界领先。他认为："农业合作已经成为中以合作的新亮点。"

2011 年，中国化工斥资 14 亿美元，收购了以色列马克西姆阿甘公司 60% 的控股权；2014 年，中国光明集团收购了以色列食品企业特努瓦的股权，对应的市场价值达 25 亿美元，是以色列食品行业历史上最大的一宗收购案。所以，洛克在接受中国《科技日报》的记者采访时说："中国的'十三五'规划特别强调了农业的重要性，中以农业科技合作的春天已经来临。"在洛克看来，中以政府为促进双方合作发展，做出了很多卓有成效的工作，建立了良好的合作机制。因此，洛克在 2016 年发起成立了"中国以色列农业科技基金"，希望通过他在政府的影响力和政策背景，以及他在以色列政府主管经济工作的经验，架起一座中以农业科技合作的桥梁。在洛克看来，中国有巨大的市场和资源、开展大规模生产的能力、做大做强企业的经验；而以色列有无穷的创新动能、良好的创新生态环境和层出不穷的初创企业；以色列农业、食品、水及环境市场有核心竞争力，而中国对上述科技成果有刚性需求。正如他所说："我要做以色列农业企业的带路人，去帮助他们开拓中国市场，促进中以农业合作。"

✡ ——————— **第七章** │ 军工立国：军事、安保和反恐 │

以色列军队的年轻人敢于冒险，又不怕失败，还具有团
队精神，所以在退役后创业时容易成功。这是值得中国
创业者学习和思考的。

中东地区是世界的关键。

——拿破仑

只是发扬不怕牺牲的精神，是不可能取得战争的胜利的。可以毫不夸张地说，胜利的秘诀的三分之二在于战场以外的活动中。

——本·古里安

以色列，一个从《圣经》中走出的信仰和救赎之地，一个延续古老智慧和精神信仰的国家。5000 年的古城尽情享受岁月流逝却又历久弥新；低回婉转的诵读，流亡之苦的哭诉、缅怀、痛苦、赞美、祈祷和朝圣，犹太民族凭借智慧和信仰的力量从历史的苦难中奋发图强，回归精神世界的宁静，追求创新的力量，成为中东经济发展最快的国家和亚洲平均人口受教育程度最高的国家，以及世界上"最小的超级大国"和"创业的国度"。作为世界上唯一以犹太人为主体民族的国家，为何能在重重包围下实现经济的飞跃和繁荣？

从《圣经》的角度来说，以色列人是"上帝的选民"，是亚伯拉罕的后裔，上帝借着"多国之父"亚伯拉罕来祝福全人类，上帝对亚伯拉罕说："万国都必因你的后裔而蒙福。"

7.1 以色列的复国奇迹

按人类学家的统计，无论是什么民族，一旦亡国超过 500 年，必定会被其他民族所同化。欧洲人移居美国后，第二代便美国化了；中国人移居美国，到第三代也很难从他们身上闻到中国文化的味道。

但唯独以色列人亡国将近 2000 年，分散世界各地而未被同化。不仅如此，以色列人被驱赶到世界各国 2000 多年后仍然重新复兴回归，再次立国，这堪称人类历史上的一大"奇迹"。正如《圣经》上所言："我要将以色列人从他们所到的各国收取，又从四周聚集他们，引导他们归回本地。我要使他们在那地，在以色列山上成为一国，有一王做他们众民的王。他们不再为二国，决不再分为二国。"

1897 年，全世界第一届犹太复国主义大会在瑞士的巴塞尔召开，"犹太复国主义运动"顺利启动。与此同时，反对以色列复国的势力也在行动。土耳其就派出了一名秘密间谍打入犹太复国组织内部，并获得了主要领袖的信任，成为重要人物。这名间谍全盘掌握了以色列复国计划，但正当他准备把情报邮递出去时，却突然死于非命。

第一次世界大战时，英国、法国军队利用犹太人化学教授魏茨曼研制的无烟炸药，制造了新型火炮，一举击溃德国。在许多犹太领袖的大力游说下，当时的"世界一流强国"英国政府同意为犹太人建立自己的"民族家园"尽力铺路，发表了著名的《贝尔福宣言》，支持犹太人在巴勒斯坦复国。至此，"犹太复国运动"宣告开始。虽然犹太复国运动蓬勃发展，但许多犹太人不愿离开欧洲的安乐窝，回到巴勒斯坦。据统计，从 1920 年至 1929 年，犹太人在巴勒斯坦总共才增加了 6 万人，只占巴勒斯坦总人口（75.2 万）的 8% 左右，如此少的人数，怎能成为一个国家？

历史再次发生巨变，刀剑又降临到犹太人身上，反犹主义运动遍布全欧洲。希特勒上台后，反犹法令变本加厉，一夜之间，犹太人精心经营的事业，积藏的金银财宝，银行的巨额资金，舒适的住所，尽都归于乌有。一夜之间，许多犹太银行家被执行枪决，陈尸荒野。犹太人被囚集中营，乃至被杀害。犹太人错过了大规模回归故土的大好时机，以致损失了生命和财富。只有一小部分愿意回归祖居的犹太人，幸免了这场大劫难。

希特勒终于在 1945 年 5 月 8 日宣告失败。这一天，全世界的犹太人深深地感觉到没有国家、没有政府、没有军队的痛苦。1946 年，从纳粹集中营幸存下来的犹太人，争先恐后像潮水般返回巴勒斯坦。《圣经》中的预言得到应验。

1948 年 5 月 14 日下午 4 点，以色列第一任总理本·古里安宣布以色列复国，这不仅成为震惊世界的创举，也是整个 20 世纪最大的奇迹。复国之日，犹太人在巴勒斯坦只有 65 万人，阿拉伯人却有 120 万，近邻的阿拉伯国家有 3000 万人。在以色列复国后 6 小时，65 万阿拉伯联军开始从四面八方进攻这个新生小国。以色列军队不但人数少，而且还大多是民兵，双方军队数量极为悬殊。眼看着以色列就要被吞灭，以色列总理本·古里安敦促联合国安理会通过了停战协议，阿以双方同意停火 4 周。停火给了以色列生死攸关的喘息之机，以色列全国上下紧急动员，全民皆兵，组织移民移居以色列，同时从美国和英国采购轰炸机，从法国和捷克运来了坦克和各种火炮及小型舰艇。梅厄夫人紧急飞往美国，向美国犹太人募捐。她呼吁道："国家正在流血，以色列国需要钱来救命！"许多犹太人是美国著名的银行家和企业家，2 小时募捐了 5000 万美金。于是，以色列政府在美国买下了"二战"时使用过的飞机、坦克等武器，然后拆开用商船运回以色列。在很短的时间内，以色列创建了自己的空军和海军。停战协议刚结束，以色列飞机就轰炸了阿拉伯联军的进攻部队。以色列占领了巴勒斯坦 80% 的土地，领土扩大到 2.085 万平方公里，比联合国分治决议给以色列规定的土地面积多出 6700 平方公里。战前以军只有轻武器装备的 3 万民兵，战后扩展为有机械化装备和空军的 10 万军队。此战阿方死亡 1.5 万人，以方死亡 6 千人，阿拉伯国家第一次在世人面前承受了失败的羞辱。

第二次中东战争又名苏伊士运河战争，爆发于 1956 年 10 月 29 日，以军联合了英、法联军向埃及发动进攻，战争共进行了 100 个小时就宣告结束。到 11 月 5 日以军全部占领西奈半岛，同时宣布接受联合国的停火协议。英法两国彻底失去了对中东地区的控制权。

第三次中东战争，即闻名的中东"六日战争"爆发于 1967 年 6 月 5 日，到 6 月 10 日结束。

以色列用空军先发制人，炸毁埃及、叙利亚、约旦三国的空军基地。奇妙的是，以军的飞机低空飞行，竟然躲过了约旦和埃及的雷达探测。当以军机群飞入轰炸目标上空时，恰逢埃及空军每天仅有的 15 分钟的"空闲"，而且正好雷达值班人员交接班，大多数军官正在上班途中。这是以色列情报机构精心选择的时间，埃及的机场毫无准备。在开战 3 小时内，埃及空军的 300 架飞机被炸毁在地面。开战 60 小时后，就击毁阿拉伯国家的飞机 451 架，三国的制空权一天之内化为乌有。4 天战争中，埃军死亡 1.15 万，被俘 5500 人，965 辆坦克和 444 架飞机被毁，1 万台车辆失去。而以军只有 983 人阵亡，4517 人负伤，394 辆坦克受损，40 架战机被毁。此次战后，巴勒斯坦全境全部落入以军手中。

1973 年 10 月 6 日下午，埃及先声夺人，叙军 700 辆坦克长驱直入，攻抵耶路撒冷东北的大桥外，以军在犹太教节期间敬拜上帝，猝不及防，耶路撒冷当即乱作一团。许多人认为，这次以色列人必亡无疑。然而，战争在千钧一发之际却发生了转机，正当叙军坦克群攻抵距大桥只有 8 公里时，突然走不动了，因为供油车追不上坦克，这时正值黄昏，以军战机利用最后几分钟的余晖，用胶质汽油弹，一会儿就把叙军坦克全部炸毁。第二天，正值太阳东升时，埃及坦克正面顶着强光而来，无法瞄准，而以色列坦克手正顺着阳光迎战，便将埃军坦克逐辆击毁。埃军强大的攻势，竟被这道格外强烈的太阳光挫败了。

20 世纪著名政治家、南非总理史马斯说："20 世纪中期最大的神迹，不是发明核能装置，而是以色列人重返故国，建立自己的家园。"

7.2 "巴以冲突"从何而来

在英国于 1917 年占领以色列这片古老的土地之前的 400 年，耶路撒冷乃至整个中东地区都在奥斯曼土耳其帝国的统治下。然而，大多数人不知道的是，在奥斯曼土耳其帝国统治时期，阿拉伯人根本没有固定的边境线和民族与国家的概念。

这纯粹是欧洲人的概念。对于阿拉伯人来说，最能体现"阿拉伯民族"身份的是宗教和语言——伊斯兰教和阿拉伯语。而这个"阿拉伯民族"实际上是由 22 个阿拉伯国家组成的。

那么，"巴勒斯坦"是如何而来呢？西方地图中的巴勒斯坦印在《圣经》上——很有可能从印刷机出现之后就开始了。这类 19 世纪绘制的地图在互联网上很容易找到，但是，这类地图体现的主要是古代以色列 12 支派所生活的地区，并未记录 19 世纪巴勒斯坦城乡分布的状况。

"巴勒斯坦"这个名字是罗马人在公元 135 年强加给耶路撒冷的。大约 2000 年前，罗马皇帝哈德良仇恨犹太人，下令以 600 年前就已经从世界历史舞台上消失的古代以色列的仇敌非利士人的名字来命名，将犹大地改名为"巴勒斯坦"。犹太人在经历了一系列的战争、屠杀和迫害流放之后，罗马皇帝哈德良的这最后一击，几乎把犹太人从犹大地铲除。

圣地耶路撒冷的居民很少，除了贝都因人根据季节的变化在这片土地上迁徙往来之外，就是一些零零散散的小村落。1876 年出版的一本巴勒斯坦旅游图册介绍，即便是在信奉伊斯兰教的奥斯曼帝国统治该地区的时期，耶路撒冷的穆斯林人口也很少。但无论是哪个年代，都有犹太人在耶路撒冷、希伯伦、萨法德和提底留四大圣城居住。这是一个非常重要的历史事实。估计当时住在耶路撒冷的总人口大约为 6 万人左右——7000 名穆斯林、13000 名基督徒和 4 万名犹太人。

《圣经·马太福音》记载了天使在梦中跟木匠约瑟说话，叫当时带着玛利亚和婴儿耶稣住在埃及的约瑟带着母子俩一起回归"以色列地"。在《圣经》中，耶稣和使徒都提到"圣地"就是犹大地、撒玛利亚和以色列，从来没有说过"巴勒斯坦"。

当英国人占领了奥斯曼土耳其帝国的时候，手里拿着将这片土地标注为"巴勒斯坦"的地图和文件而来。阿拉伯人勃然大怒，认为这个名字起源于基督徒的"十字军东征"时代，因此将它视为"锡安主义者"的胜利。1920 年，没有一个有名望的穆斯林人承认"巴勒斯坦"是该地区的新名字在接下来的数十年里，叙利亚人、阿拉伯人和穆斯林——都在不断地与"巴勒斯坦"这个标签抗衡。

英法两国的下一个动作，就是要将中东地区分割成不同的民族和国家。他们是出于欧洲自身的利益而这么做的，自然的分割本会与阿拉伯的各个宗派更为一致——例如什叶派、逊尼派、阿拉维派和德鲁兹派等。有的族群，比如库尔德人，对自己的宗教、语言和人种都有非常强烈的身份认同感，但是却没有给他们一个属于自己的国家。欧洲人划分中东国家的做法，是造成该地区不稳定的因素之一。

回到20世纪20年代，世界上根本不存在巴勒斯坦人。犹太移民在散居世界2000年之后，开始回归耶路撒冷并重建城市、振兴商业。与此同时，阿拉伯人也如潮水般涌入该地区寻找工作。该地区的经济一下子繁荣起来。正如以色列第四任总理梅厄夫人所言：

世界上根本不存在巴勒斯坦人一说。你什么时候听说过有一群独立的巴勒斯坦人建立的巴勒斯坦国？……好像这世界上真有那么一群视自己为生活在巴勒斯坦的巴勒斯坦人，然后我们来了就把他们赶了出去并占领了他们的国家一样。根本没有那么回事！他们根本不存在。

当英国人将"巴勒斯坦"这个名字强加在耶路撒冷身上时，抵达耶路撒冷的犹太人也开始自称为"巴勒斯坦人"了。事实上，在这片撰写《圣经》的土地上，许多犹太机构也被称为"巴勒斯坦机构"。而直到1950年，《耶路撒冷邮报》还被称为《巴勒斯坦邮报》。

与此同时，阿拉伯人仍然继续抵制"巴勒斯坦"这一称号。1937年的时候，巴勒斯坦的一位阿拉伯领袖说："根本就没有这样一个（巴勒斯坦）国！'巴勒斯坦'这个称号是锡安主义分子杜撰的，《圣经》里未提到'巴勒斯坦'。我们的国家几百年来都是叙利亚的一部分。"

这是一个不争的事实。1917 年《贝尔福宣言》出台时，只字未提"巴勒斯坦人"，因为根本不存在这样一个族群。《贝尔福宣言》提到要将"巴勒斯坦"分成两部分，犹太人和阿拉伯人各一半。1947 年，联合国也宣称要在犹太人和阿拉伯人之间分割"巴勒斯坦"。但是，并没有"巴勒斯坦人"这么一个族群。

1948 年 5 月 14 日，以色列国甫一诞生，中东的大多数阿拉伯国家，希望立即摧毁这个"不该成立的国家"。共发生了四次"中东战争"，也未将以色列灭国。

中东的阿拉伯国家终于意识到以色列是消灭不了的。1964 年，代表所有阿拉伯国家的阿拉伯国家联盟派代表成立了"巴勒斯坦解放组织"（简称"巴解组织"），并起草了一份《巴勒斯坦民族宪章》。这一宪章将整个以色列国家都认定为"巴勒斯坦"，称它是"阿拉伯人的故乡"。

叙利亚、约旦和埃及再次结集他们的军队，要"把以色列扔进大海"。然而，1967 年的"第三次中东战争"使这一"梦想"化为乌有，以色列军队不仅占领了约旦河西岸和耶路撒冷旧城（包括西墙和橄榄山地区），还将叙利亚赶出了戈兰高地，将埃及赶出了加沙地带和西奈半岛，占领了 6.5 万平方公里的土地，使 50 多万阿拉伯和巴勒斯坦人离开家园。

戈兰高地和加沙地带一直是巴以冲突的核心争端地区。戈兰高地的行政中心卡茨林是当地最大的以色列城镇，在 2004 年时有 6400 人，此外还有 19 个莫沙夫社区和 10 个基布兹社区。除此而外，还有 4 个德鲁兹派村庄。古塔木德时期的卡茨林村已经被完全发掘，游人可以一间间地参观遗址里的房间，这里还有许多犹太教的遗址。由于有丰富的历史遗存，所以这里成为与《塔木德》相关电影的最佳外景地。戈兰文物博物馆里面藏有许多在当地发现的文物，尤其值得注意的是迦姆拉古城、犹太教堂和拜占庭教堂遗址的发现。

戈兰高地自有人居住以来，就一直都是兵家必争之地。据考古资料记载，最早在当地居住的是亚摩利人，从公元前 3000 年到公元前 2000 年就一直居于该地。其后，阿兰人占领了该地，改名为巴珊地。巴珊地的南部曾是以色列王国的一部分。

公元前 8 世纪时，被阿兰王便哈达夺去。北国以色列的第四王朝君主亚哈后来打败了便哈达，并从阿兰人手上夺取了戈兰高地南部（《圣经·列王纪上 20 章》）。

公元前 7 世纪，戈兰高地落入亚述人手上，但很快又被巴比伦人及波斯人占领。公元前 5 世纪，被掳走的以色列人被释放后，有部分在这里定居。

到了公元前 4 世纪，亚历山大大帝东征，占领了戈兰高地。当地从此一直受到希腊文化熏陶，直到罗马帝国扩张占领为止。公元前 2 世纪中叶，当地受到塞琉西王朝袭击。这时的戈兰高地已不再属于犹太人，但当时的犹太祭司马加比仍然协助当地的犹太人去对抗塞琉西人。

戈兰这个名称从罗马帝国才开始使用，源自之前占领该地的希腊人。他们一直称呼该地为"高卢人的地方"。

19 世纪，一些早期犹太复国主义者在该地建立了一个犹太社区，并试图摆脱奥斯曼土耳其帝国，但不到一年就宣告失败。

第一次世界大战后，戈兰高地隶属于法国委任统治地叙利亚。1941 年独立后的叙利亚拥有戈兰高地的主权。1948 年 5 月 14 日以色列复国后，先后与埃及、约旦、黎巴嫩和叙利亚等阿拉伯国家发生战争，叙利亚开始在戈兰高地修筑军用工事。1967 年"六五战争"期间，以色列侵占了戈兰高地（在占领埃及的西奈半岛、约旦河西岸和耶路撒冷之后），叙利亚撤走了守军，大部分叙利亚居民也纷纷逃离戈兰高地。

1973 年 10 月 6 日，第四次中东战争爆发，叙利亚军队攻占谢赫山及以色列的一些阵地，进攻库奈特拉城并占领了周围的一些村庄。1974 年 5 月 31 日，双方达成协议，以色列军队撤离戈兰高地东部的一些狭长地带，让出库奈特拉城。设了 1.2~3.6 英里的缓冲地带，由联合国派部队进驻。其后，以色列在占领区内修建了数十个犹太人定居点。

1992 年 9 月，随着中东和谈的进展，俄罗斯提出一项以色列从戈兰高地部分撤军的方案。根据此项计划，戈兰高地将被划分为三个辖区，分别由叙利亚、以色列和联合国管辖。并规定三方在辖区内只能各自保留轻武器。依此计划，戈兰高地 60% 的土地将归还叙利亚，20% 的土地由以色列"租借"90 年，余部作为缓冲地带由多国维和部队控制。

1992 年 9 月 24 日，在第六轮阿以双边会谈结束后，叙利亚宣称拒绝讨论以色列从戈兰高地部分撤军或任何有关戈兰高地的临时性计划。声明"只要有一寸阿拉伯领土置于以色列的占领下，就不可能在阿以之间实现真正的和平"。

1995 年 5 月，以色列对戈兰高地的态度发生转变，以色列总理拉宾声明，以色列可能准备交出戈兰高地，从而换取中东和平。5 月 28 日，以色列外长佩雷斯向《新消息报》的记者说："戈兰高地是叙利亚的领土，我们是在叙利亚领土上定居的，我们不想继续保持对叙利亚领土的控制。"1999 年 1 月 26 日，以色列议会以 54 票赞成票对 30 票反对票通过了由以色列联合政府中的第三道路党议员提出的关于以色列从戈兰高地撤军的《戈兰高地议案》。后来由于拉宾遇刺，议案至今未能完全执行。

加沙地带是位于以色列与埃及之间，面向地中海的一个狭长地区，堪称交通要塞。面积 365 平方公里，2015 年约有 220 万人，是世界上人口密度最高的地区之一。加沙于公元前 15 世纪首见记载，《古埃及外交和行政记事》中也曾提及加沙地带。由于战略地位重要，曾被古犹太人、亚述人、埃及人及波斯人占领。亚历山大大帝曾在此遭到顽强抵抗，后将加沙居民卖作奴隶。市郊的奈阿波利斯港在希腊、罗马时代为繁荣的贸易中心，伊斯兰先知穆罕默德的曾祖埋葬于此，伊斯兰教沙斐派创始人沙斐在此出生。加沙于公元 635 年被阿拉伯人征服后，成为伊斯兰教重要中心。"十字军东征"时衰落，1187 年萨拉丁战胜十字军后，又恢复了伊斯兰教的统治。1917 年被英国占领，成为英国托管的巴勒斯坦的一部分。

1947 年联合国大会通过巴勒斯坦分治计划，加沙被划为阿拉伯国家。1948 年被埃及占领。1956 年 11 月西奈战争中，加沙及其附近地区被以色列占领（不久撤出）。1967 年 6 月再次被以色列占领，之后一直在以色列的军事管制下。以色列在加沙建有 16 个犹太人定居点。

加沙属干旱地区，三分之一的土地是沙丘，水源比较贫乏，农业靠井溉，主要种植柑橘。除农业外，在加沙地区还有一些陶器、食品和纺织工业。每天有上万巴勒斯坦人进入以色列境内上班。这些人主要从事建筑、搬运等重体力劳动。在加沙地带有各类学校 145 所，其中包括埃及伊斯兰著名学府艾资哈尔大学的一所分院和一所伊斯兰大学，在校生 18 万人。145 所学校中有 45 所由联合国有关机构出资兴办。此外，加沙目前有 7 家医院和 115 个医疗诊所。

根据巴以签署的相关协议，加沙地带 1994 年 5 月成为巴勒斯坦率先实行有限自治的地区之一，并一度成为巴勒斯坦的政治中心。2005 年 8 月 15 日，以强硬著称的以色列沙龙总理实施单边行动计划，开始从加沙地带撤离了 8000 名犹太人，当年 9 月 12 日，以色列军队完成了撤军，包括约旦河西岸的 4 个地方，结束了对加沙地带 38 年的占领，加沙才真正回到巴勒斯坦人的怀抱。长期以来，由于以色列的封锁政策，加沙地带民众处于极端贫困状态，60% 的人生活在贫困线以下。

卡塔尔官员 2012 年 3 月 21 日在巴勒斯坦加沙地带宣布，卡塔尔将斥资 2.54 亿美元重建加沙。卡塔尔重建加沙地带委员会主席穆罕默德·阿迈迪 21 日说，重建加沙的各项筹备工作已经就绪，将分为两个阶段，第一阶段将耗资 2.54 亿美元。第一阶段援助项目包括：重修加沙地带的三条主干道，发展农业项目，兴建一所医院和建立居民生活区等。第一阶段结束后将启动第二阶段，所需资金届时再评估确定。

卡塔尔埃米尔（国家元首）哈马德 2012 年 3 月 23 日抵达巴勒斯坦加沙地带，开始对该地区的正式访问。这是 2007 年巴勒斯坦伊斯兰抵抗运动（哈马斯）控制加沙以来首位到访的外国元首。哈马斯高级领导人哈尼亚及多名高官当天前往加沙地带与埃及交界的拉法口岸迎接。哈尼亚在讲话中称哈马德的访问"具有历史意义"，意味着"巴勒斯坦人民胜利打破加沙封锁"。哈马德计划在加沙地带逗留数小时，其间与哈尼亚举行会谈，并出席多个重建加沙的项目奠基仪式，从而开启卡塔尔援助加沙重建计划。

7.3 传奇情报机构摩萨德揭秘

摩萨德，全称"以色列情报和特殊使命局"，与美国中央情报局、英国军情六处和俄罗斯克格勃一起，并称为"世界四大情报组织"。翻开以色列的战争史，到处都有摩萨德的传奇故事和近代情报史上的经典杰作。摩萨德发动了许多震惊世界的特工行动，其胆量之大，行动之周密，常常令其对手瞠目结舌。

摩萨德由以色列军方于 1951 年正式成立，以大胆、激进和诡秘著称。在以色列独立以前，曾经出现过一个犹太复国主义的秘密军事组织"哈加纳"，该组织是专门为了向巴勒斯坦地区的犹太人秘密购买装备、偷用武器和组织非法移民而成立的。1948 年以色列成立后，"哈加纳"被以色列国防军所代替，其情报机构"沙亚"被"对外情报机构"所代替，这就是摩萨德的前身。

成立初期，摩萨德缺乏老牌情报机构所拥有的经验和传统，但他们敢于去创造未来和冒险。当每一个特工接受任何一项任务时，都会被他们的上司所告知："如果你被扔出了门，那就再从窗户钻进去。"正是凭借着这种坚韧不拔的意志和精神，摩萨德在 50 多年的历史中和五次中东战争中发挥了巨大的作用，使以色列国防军如虎添翼。

第三次中东战争前夕，法国总统戴高乐实施对以色列进行武器禁运的措施。这一政策对于高度依赖法国武器的以色列军队来说，是一个沉重的打击。于是，以色列决定自己制造战机，首先命令摩萨德率先行动，计划窃取法国战斗机的全部资料。结果是，一名"瑞士工程师"花费了整整一年的时间，把重达两吨半的全套图纸装满了一个火车皮偷运到以色列。全部行动仅有一人失手，两年半后，以色列研制出了第一架国产"幼狮"战机。与此同时，摩萨德还从戴高乐的眼皮底下偷走了 5 艘导弹快艇，并于 1969 年 1 月袭击了贝鲁特机场，轻易摧毁了阿拉伯国家航空公司的 13 架客机，作为对来自黎巴嫩的恐怖分子在雅典袭击以色列航空公司的报复。当摩萨德特别行动小组在风高浪急的波涛中，驾驶五艘快艇驶出法国港口的时候，犹太水兵们的女友还打着雨伞前来送行。

20 世纪 60 年代的时候，摩萨德跨国跟踪，把"二战"中屠杀犹太人的战犯艾希曼从阿根廷抓回以色列受审，并经过 8 个月的法院审理，判处艾希曼死刑，引起全世界关注；摩萨德还利用美国商人之手偷取了 177 公斤的浓缩铀，为以色列制造原子弹做好了铺垫。

1965 年，摩萨德还从伊拉克开回了一架完好无损的当时最先进的苏联米格 21 最新式战机，并通过模拟演习把米格战机的全部性能与缺陷完全搞了清楚，从而使以色列空军在整个第三次中东战争中仅用了六个小时就绝对掌握了制空权，主宰了整个战争的进程。

1972 年 9 月，在联邦德国举行的奥运会上，11 名以色列运动员惨遭恐怖组织"黑九月"杀害，震动了全世界。以色列政府委派摩萨德组成特别行动小组"死神突击队"，经过半年多的时间，把所有参与暗杀的恐怖分子一一干掉。

1976 年 7 月，一家法航班机被四名恐怖分子劫持到乌干达的恩德培机场，机上有 100 多名以色列人。恩德培机场距以色列 4000 多公里，乌干达总统阿明派重兵协助劫持者看守人质。摩萨德突击队制订出了一个近乎天方夜谭的"闪电行动"计划，驾驶五架"大力神"军用运输机、八架喷气式战斗机和两架波音 707 远程运输机，以超低空飞行方式纵贯吉布提领空，取道埃塞俄比亚和肯尼亚领空，躲过各国雷达，经过 7 个多小时的飞行，突袭乌干达机场，仅用 45 秒钟就成功击毙了所有恐怖分子，并且救回了几乎所有人质，创造了又一个神话。

在摩萨德的历史上，虽然也曾有过失手，但是它所有行动的成功率非常高，充分展示了犹太民族的智慧和精神，保卫了以色列的国家安全。

摩萨德招募特工的条件极为苛刻，他们不仅要接受数月的心理测试和社会背景调查，还要对他们进行特殊的忠诚度考试和专业培训，例如：在 15 分钟内能否获得一个陌生人的名字、家庭住址、银行卡号和父母姓名等信息。摩萨德招募和培训特工靠的不是重赏，而是信念和国家理想的感召，把一大批具有超凡经历和民族梦想的犹太精英召集到一起。他们来自 80 多个国家，使用 100 多种语言，拥有绝对的忠诚和对专业技巧的钻研，从而创造了无数个世界间谍史上的"奇迹"。

"恩德培行动"成了摩萨德和以色列国防军历史上最成功的军事行动之一。但是，摩萨德和以色列国防军也并非百战百胜。对于错误和失败，一位摩萨德的首脑人物曾经说过："不做事的人，永远不会犯错误；只要你做事，就一定会犯错误。问题是，怎样才能尽量少犯错误呢？"这也是每一个摩萨德间谍必须经常思考的大问题。

7.4 地缘政治、铁穹反导系统和反恐怖主义措施

2015 年 7 月 26 日至 8 月 1 日，中国盘古智库理事长易鹏一行在以色列进行了为期一周的调研活动，受到以色列前总统佩雷斯亲切接见，并与以色列政府机构、科技企业、孵化器和风险投资机构等进行了沟通。

易鹏认为，从地缘政治的方面来说，以色列四周被 22 个阿拉伯国家包围，周边大国林立。古时候有波斯帝国、奥斯曼帝国；现代有中东乱局，伊朗、叙利亚、黎巴嫩、巴勒斯坦等中东强国环伺，美国、俄罗斯、欧盟等多股力量在此角逐。戈兰高地的对面就是叙利亚政府军、反政府军、伊斯兰国等。叙利亚背后站着伊朗，以色列最担心的就是伊朗，伊朗有核武器很容易把以色列摧毁，还担心叙利亚和黎巴嫩真主党的势力。

从产业定位的方面来说，以色列最早是做手工艺，还有农业，当年丝绸之路上就有犹太人。开封很早就有犹太人居住，犹太人全世界行走，生存能力极强。

后来发现农业不能做，手工业不能做，怎么办？开始放高利贷，就是金融产业。所以有著名的"威尼斯商人"的说法。

从市场定位的方面来说，以色列每座城市规模都不大，最大城市耶路撒冷 80 多万人，以色列全国也只有 800 多万人。所以，以色列的市场不是很大，有好的技术培育不起来。以色列很清楚自己有什么没有什么。以色列周边敌人很多，如果他把总部放在以色列，再到敌对地区做生意不好做，所以，以色列以美国为跳板，在美国开公司，就可以全世界做生意。因此，以色列紧密跟随美国，与美国建立紧密的战略盟友关系。

以色列 1948 年复国以来，美国一直是他最大的盟友。美国犹太人总数已超过 600 万，在美国政界、商界分布很广，早已成为美国社会的一支中坚力量，拥有很强的话语权，对美国的中东等各项政策产生着深刻影响。以色列在明确自身的地缘战略位置前提下，非常明确地选择与美国"走在一起"。现在，中国日益强大和崛起，以色列和中国的战略合作关系日益紧密。

以色列在创新创业上有几个特点别人不具备。

第一，**不把企业做大**。以色列基本上是 VC 模式，企业做几亿美金或几千万美金就卖掉，不会做得很长，不考虑 PE 模式。即时通信 ICQ 是以色列四个年轻小伙子做的，以四亿美金卖掉。

第二，**以色列拥有快进快出的特点**。犹太人很精明，他知道什么回报率最高。就像现在风险投资一样，在 A 轮、B 轮套现也是一种方式，不要每次做到 IPO 后再套现，犹人人喜欢拿了钱再去做别的。

第三，**将很多军事技术转化成民间创新技术**。以色列最强的技术是军事技术转民用技术。现在很多视频技术，很多互联网技术都来自情报搜集系统。他们每个人都当兵，当兵后再创业可以很快地转化。以色列每个企业家都当过兵，这是他的基础。以色列生物医药技术、农业节水灌溉技术、信息技术、节能技术等都比较强。

以色列军方和中国的关系一向十分亲密。如果是在今天，美国干预取消以色列和中国的预警机项目是不可想象的。中国希望和包括伊朗在内的所有国家保持商贸往来，但为表明反对伊朗发展核武，中国已大幅减少从伊朗的能源进口，并向德黑兰发出明确信号。显然，伊朗拥有核武器和成为影响该地区稳定的力量不符合中国利益。至于叙利亚，以色列对是否推翻现政权的立场从未含糊过。以色列相信中国和伊朗、叙利亚交往的动机是经济利益。

以色列和中国拥有许多平行利益，包括希望中东稳定。中国对犹太人和以色列没有歧视和成见是另外一个不容忽视的因素。最重要的是两国都强调经济和社会发展，优先提高生活水平和实现国家成功，而非沉溺于领土扩张和为过去的屈辱复仇等目标。

2000年，中国引进了一定数量(估计约为200架)的"哈比"反辐射无人攻击机。另有消息称，中以还在为中国人民解放军联合研制以式"黛利拉"巡航导弹的反辐射型产品，代号STAR-1。中以在陆军武器装备研制领域的合作同样较为顺利，主要在对中国陆军较为重要的两大方向展开：一是以方对华转让次口径贫铀穿甲坦克弹生产技术。目前中方已为国产125毫米和105毫米口径的坦克炮生产了类似弹药；二是中方使用以方技术研制国产92B式"红箭-9"反坦克导弹。美国专家声称，中国"红箭-9"反坦克导弹系统的基础正是以色列TAAS单兵反坦克系统。

2003年，以色列还成为美国F-35第5代歼击机研制项目的特别伙伴。尽管美以是战略盟国，但是两国在内部和外部武器市场上也时常发生利益冲突，无论是在经济，还是政治层面。美对以武器出口实施严格的监督，禁止以方不经美方同意擅自向第三国出口关系到美国技术或美国国家安全利益的武器。正是在美方强大压力下，以方才被迫同意限制对中国、印度、俄罗斯和巴基斯坦四国的武器和军事装备出口。

除此之外，中国还从以色列获得了如下几大军事技术：

一是中国获得以色列战斗机技术。中以两国军事合作最初是以以色列提供先进的防务装备和技术为中心的，其中几笔商业交易与中国研发新战斗机有关，这项计划最终制造出据称于 2003 年 12 月投入使用的多用途战斗机歼 10，以色列的参与源于转让"幼狮"战斗机项目的技术。

二是中国获得以色列潜艇技术。特拉维夫后来还是为中国最初研发 039 型"宋"级潜艇提供技术支持的国外供应商之一，也曾帮助中国升级其 035 型"明"级潜艇。

三是中国获得以色列"费尔康"空中预警飞机技术。1997 年年中敲定的价值高达 10 亿美元的"费尔康"计划很有可能涉及 4 家主要供应商，将从土库曼斯坦购买 4 架伊尔 -76 飞机并在俄罗斯进行整修。以色列飞机工业有限公司 (IAI) 的子公司埃尔塔电子工业公司将成为系统设备 (以"费尔康"雷达为主) 的主要承包商。根据一项要求研发一架样机的合同，1999 年 11 月，首架飞机抵达以色列。2000 年 7 月，在时任总理巴拉克的任期内，迫于美国的巨大压力，该协议被中止，并于一年后取消，2002 年 2 月，特拉维夫同意补偿中国 3.5 亿美元。2002 年 6 月，在拆除以色列安装的设备后，这架伊尔 -76 被送回中国。

四是中国获得以色列无人驾驶攻击机技术。1994 年，以色列卖给中国一批数量不明的"哈比"无人机，帮助中国强化了攻击雷达系统的能力。这些无人机 2004 年被运回以色列，特拉维夫坚称这次转移的目的是例行维护，但华盛顿却怀疑这是一次讨厌的升级。美国希望扣押这些平台，但它们第二年就被退还给中国，没有做任何改进。以色列国防部办公厅主任 2005 年 8 月迫于美国的压力辞职，显然是由于华盛顿对这些事件和相关事件感到不悦。其继任者 2006 年 3 月宣布"以色列公司已恢复向中国出口防务产品"。

尽管美国施加压力，破坏了这种相互利益结合的"费尔康"空中预警和控制系统以及"哈比"无人驾驶攻击机两个项目，然而中国在与以色列的军事合作中，仍然获取了许多便利及信息，为中国后来自己研制空中预警机以及无人机创造了技术上的条件。

以色列是全世界最有危机感的国家之一。从复国当天起，周围接壤的全部阿拉伯国家就联合宣布要把它从地图上抹掉，把犹太人赶进地中海。以色列国土面积没有任何战略纵深，作为一个长条形的国家，开一辆汽车一天之内就可以从最北端到最南端走3次。战争一旦打响，整个国家全部都是战场。在世界上实行义务兵役制的国家里，以色列大概是唯一一个义务兵要真正上战场的国家。行走在特拉维夫和耶路撒冷的街头，不管是在餐厅吃饭还是在地铁坐车或是在零售店排队买水果，都能见到荷枪实弹的以色列士兵。他们的年龄大多在18岁左右，男孩要服役三年，女孩要服役两年。孩子们一般在退役之后才上大学，因此他们在上大学时显得非常成熟和专注，直接开始研究专业领域，从事技术创业时有巨大的优势。

在兵役结束以后，男性们还要加入预备役，每年都要做几周预备役的工作，一直要到40岁。例如，一位以色列年轻人在服兵役时担任空军飞行员，退役后去麦肯锡做咨询，但每个周五还得去开直升机巡逻，而这一天的薪水就由政府补贴给麦肯锡公司。这种方式保证了全员基本上都在战备状态。

凡是关注以色列的人，都经常担心以色列的安全问题。然而，一件以色列自主研发的"独门武器"却给每一个以色列人的心中装了一把"保险锁"，那就是全世界闻名的"铁穹"反火箭弹防卫系统。这套高科技的防卫系统曾经在无数次的"巴以冲突"中，拦截并摧毁了哈马斯射向以色列人口密集区的火箭弹，成功率高达90%以上，犹如一顶"金钟罩"撑起在城市上空。从2000年到2008年，哈马斯共向以色列发射了9000多枚火箭弹，曾引起以色列人的巨大恐惧感。

"铁穹"反导系统由以色列拉斐尔国防系统公司研发，主要用于拦截5公里至70公里以内的火箭弹，是一套全天候、机动性的防空系统。"铁穹"防御系统由发射、雷达、操控、监测等装置组成，可实现对火箭弹的自动监测和空中拦截。每套系统共有3辆发射车，每辆发射车装载20枚拦截导弹，并配备数十枚高机动性导弹，每枚弹头可以携带11公斤重的高爆炸药。"铁穹"系统的最大特点是，能够在不到1秒的时间内根据弹道、天气等综合条件测算出火箭弹的落点和轨迹，并进行精确拦截。"铁穹"系统于 2007 年开始研发，2011 年 3 月 27 日，以色列在南部城市贝尔谢巴部署第一套"铁穹"防御系统。

2011 年 5 月，美国政府为以色列装备"铁穹"系统提供 2.05 亿美元的援助，每套"铁穹"系统的造价 5000 万美元。根据以色列军方情报显示，哈马斯拥有先进的远程导弹，足以打到特拉维夫和耶路撒冷，货源来自于以色列的老冤家伊朗。正因如此，以色列人对"反恐怖主义"研究特别重视，形成了一整套独特的理论和经验。即使恐怖组织 ISIS 在欧洲和中东地区如此疯狂，也不敢向以色列叫板。

位于以色列赫兹利亚的跨学科研究中心 IDC 是以色列 66 所大学中学生满意度最高的大学，虽然成立于 1994 年，却在以色列和全世界赢得了非常高的声誉，吸引了 88 个国家的学生愿意到 IDC 上学。IDC 跨学科研究中心的反恐怖主义学会是世界上领先的反恐怖主义学术研究机构之一，他们不仅建立了自己独立的智囊团，还在国土安全、开放式情报分析、国家安全和国防政策，以及恐怖主义威胁、脆弱性和风险评估方面形成了独特的理论体系，为推动全球范围内的反恐怖主义斗争做出了有益的探索。

7.5 "8200 部队"和"军工立国"

像"铁穹"这样复杂的军事系统，自然树立了高深的技术壁垒，但是以色列对军队的技术 IP 的保护政策却是相当自由的。从军队退役的年轻士兵们可以自由地利用他们在军旅生涯掌握的技术去创业，而许多创业团队本身就是在军营中相识的，所以是真正字面意义上的"一起打过仗的团队"。因此，以色列创业团队在互联网安全、视觉识别、人工智能等高科技领域有着大然的优势，国防军的训练和 IP 功不可没。以色列军队中最有名的部门叫作"8200 部队"，专注于军队中的科技研发。这个部门产生的百万富翁创业者数量超过了世界上几乎所有商学院。而这个部门所诞生的创业者占整个部门的人口比例，石破天惊地超过了斯坦福大学。著名的例子比如 Dov Moran，他曾经是海军里微电脑部门的负责人，后来凭借在军队中掌握的技术创建了闪存解决方案公司 M-Systems，在 2006 年把公司卖了 16 亿美金。而最近这些年耀眼的以色列后起之秀们，例如 WhatsApp、Waze、Outbrain、Palo Alto Networks、Check Point 等公司也全部都是类似的背景。Percepto 的背景就是非常经典的军人创业：创始团队过去都是以色列空军飞行员并因此结识，所研发的硬件和软件配载在无人机上使得无人机有了自己的视觉识别和反应中枢，而核心技术就是来自于在空军无人机部队服役的经历。除去技术上的 IP 以外，战场服役的经历也使以色列的创业者们有着超人的领导力、执行效率和抗压能力，锤炼出几乎所有创业者必备的素质。

以色列政府部门也有着超前的意识扶助创业企业并吸引了大量外国的风投资源。除去美国"硅谷"以外，以色列是世界上初创企业最多最集中的地方，也是世界人均获得风险投资数量最高的地方，比美国还高出一倍多。美国所有的一线 VC，包括红杉、Accel、 Greylock、 Benchmark、、Bessemer、Battery、Lightspeed 等全部都在以色列有过投资，许多还有办公室和 GP 驻扎。全世界有 250 多家跨国科技公司把 R&D 中心放在以色列，让以色列也成了 R&D 占 GDP 比例全球最高的地方。

与前面所提到的军队影响呼应的是，以色列的第一家本土 VC 基金 Athena Venture Partners 事实上是在 1985 年曾任以色列空军总参谋长和上将的 Dan Tolkowsky 发起的。而 VC 们群雄逐鹿开始于 1993 年，那一年以色列政府启动了著名的 Yozma 计划，为跨国投资的 VC 提供了非常优惠的税务政策激励，而且政府在每一个项目上的出资数倍于境外 VC 对本国的投资。经此一役，进入以色列的 VC 基金总额在 10 年内翻了 60 倍，IT 领域的总利润翻了近 10 倍。自从 Yozma 计划，以色列的 VC 投资开始一路高歌猛进至今。

以色列的 R&D 投入占 GDP 的比例是全世界最高的，而 R&D 里很多事实上就来自于国外的 VC 投到以色列公司的 B 轮和 C 轮。时至今日，以色列本土已经有很多优秀的早期 VC 基金，比如行业里大家耳熟能详的 JVP、 Magma、Pitango、 Carmel、Aleph 等等，但这些基金往往只主投种子和 A 轮。从 B 轮以后的成长期投资基本上都是被之前提到的 Sequoia 和 Greylock 这样的国际一线品牌所垄断。与中国创业者不同的是，以色列地小人少，决定了创业者从创业一开始就注定了必须孤注一掷搏击国际主流市场。这样一来，在 B 轮、C 轮等成长期投资方的背景和投后增值能力就会非常重要，所以以色列即便出现了本土的成长期基金（例如 Qumra），在与国际资本竞争的时候也会缺乏竞争力。所以以色列的本土早期基金往往承担着 source 和孵化初期创业公司的角色，为 B 轮、C 轮的晚期国际 VC 培养出优秀的投资标的。

对以色列的创客来说，除了上述因素外，犹太社区还为他们塑造了亲密的社会人际网络。与此同时，以色列独特的兵役制度也发挥了更大的作用。由于以色列全国只有 800 多万人口，所以以色列军队的常备军人数非常少，预备役部队成为以色列国防军的支柱和最大特色。早在独立战争结束以后，以色列的领导人就决定建立一支单独编制的预备役部队，几乎每个以色列人都要服兵役（正统的犹太教徒除外）。直到今天，以色列仍然是全世界唯一一个拥有这种制度的国家，正如一位美国军事学家所言："用这种方法管理军队实际上是很可怕的，但以色列人做得很好，因为他们别无选择。"在其他国家，预备役部队一般是由常备军的军官来指挥的，而且在正式投入战争之前，至少会有几周或几个月的时间进行新兵训练，没有哪个国家的部队依靠的主力是一群刚刚招募来两三天的新兵。

这种预备役兵役制度不仅是这个国家军事创新的例证，同时也是这个国家创新文化的催化剂。当一个 23 岁的年轻人在指挥一个教授时，当一个出租车司机在训练百万富翁时，等级制度自然就消失了，他们体现的是一个人的能力和智慧。一个普通士兵可以在训练中告诉一名将军："你这么做是错误的，应该那么做。"这并不是说士兵可以不服从命令，因为以色列士兵的区别不在于军衔等级，而在于其所擅长的领域。"你和一大群以色列将军围坐在一起讨论问题，有人想来一杯咖啡，那么离咖啡壶最近的那个人就会为大家服务——对那些将军来说，为士兵准备咖啡是一件非常平常的事情。"在以色列的军队里，没有严格的等级制度，一切以表现为导向，而非地位。阿摩斯·戈伦是一名风险投资家，他曾全职服务于以色列突击队 5 年，其后的 25 年他一直在预备役部队。"在这 30 年的时间里，我从来没有向任何人行过致敬礼，我不是一名军官，我只是一名普通的士兵。"完全平民化的氛围渗透到以色列军队生活的方方面面，让每一名以色列士兵和军官亲密接触，建立非常平等友善的人际关系。正如一位以色列学者所言："发布命令和服从命令本身只是分工的不同，等级制度对大家的影响很小，许多士兵经常穿梭在年龄和社会地位上差别很悬殊的人之间。教授会尊重自己的学生，老板会服从自己下属的命令……每一个以色列人都有许多的'战友'，他们曾经一同睡在露天的帐篷中，一起吃无味的军队食品，常常几天不洗澡，一群来自社会各个阶层的人平等地在一起交往。"在军队形成的交际网络中，彼此非常熟悉。一切都是透明的，关系非常简单，或许我和你的一个兄弟在一个部队服过兵役，或许你的母亲是我们学校的老师，或许某个同学的叔叔正好是另一个同学的所在连队的指挥官……这种关系让人非常容易互相了解和信任，它带来的益处不止局限于以色列。

在以色列的国防军里，还有一种令人不可思议的习惯与制度，那就是下级常常可以向高级军官发出挑衅，一名士兵可以直接否决自己的军官，甚至可以用投票表决的方法让那些没有领导能力的军官离开，每个人的地位都取决于他在军队中的表现和能力。在第二次黎巴嫩战争期间，先后有 9 名士兵和军官牺牲了，还有很多人身受重伤。后来，活着的战士认为，正是因为本场战斗的营长指挥不力，才导致伤亡如此惨重，营长被迫下台。以色列军队的独一无二的战斗力取决于士兵对指挥官的信心，如果士兵对指挥官没有信心，或者指挥官在道德和专业方面赢得不了大家的信任，就没有人跟随他。士兵们一定是跟从有号召力的人。而这一特点正是后来以色列创业家的真实写照：自信与傲慢、挑剔、独立思考与不服从、雄心勃勃、远见卓识与莽撞自大的"厚脸皮"……

对年轻的以色列人来说，他们的人生座右铭就是周游世界，"走得远一点，停得久一点，想得深一点"。只要过了 20 岁，绝大部分孩子都尝试着到外面的世界去寻找机会，他们从不惧怕进入一个陌生的环境，也不担心和一种完全不同的文化打交道会惹出什么麻烦，大部分以色列人在 35 岁的时候就已经游历超过 12 个国家。对以色列人来说，顶级的以色列大学或许很难进，但是军队的经历比学术经历还要重要。一旦你通过层层选拔和苛刻的训练进入以色列国防军的"8200 部队"，你在大家的心目中的地位就可以和哈佛、普林斯顿、耶鲁的毕业生相提并论，许多以色列成功的创业家都是从"8200 部队"出来的。因为在培养人才方面，军队要比大学有效得多，它完全以你的表现为基础，不仅考验你的判断力和解决问题的能力，还教会你如何与人相处……而这一切正是生意场上最重要的综合素质。此外，什么是真正的生死攸关？什么是紧要的和次要的？如何激励士气？如何达成团队目标？这些是经历过战争严酷考验后一名士兵所必备的道德和伦理规范，也是一个企业家成功的关键因素。

对"四面环敌"的以色列来说，情报是关系到国家生死存亡的大事。以色列的情报基地是世界上最强的信号情报基地之一，以色列国防军 8200 部队是专门从事电子侦察活动的单位。该部队的情报中心位于以色列南部内盖夫沙漠西部，基地内天线以及接收卫星信号的"大锅"有 30 个，型号各异、大小不一，能够监听电话以及截获"政府、国际组织、外国公司甚至个人"的电子邮件。情报中心搜集的数据经过处理后，被传送给赫兹利亚附近的一个"8200 部队"基地，然后再传给摩萨德和以色列国防军。"8200 部队"有多个基地，其中一个就在摩萨德总部的附近。除了收集情报以外，该部队还专攻无线电密码破译。

据"8200 部队"一名退役女兵称，她的工作就是截获使用英语和法语的电话通话以及电子邮件。她说："这是非常有趣的工作，可以通过监听来锁定通话者的具体位置，并识别出情报'珍宝'。"该女子还透露，"8200部队"超强的计算机系统"可以自动识别出某些敏感字眼和数字"。"8200部队"最成功的情报业绩包括：在"六日战争"中成功截获埃及总统纳赛尔和约旦国王侯赛因的高保密专线电话，从而详尽地了解己方战果以及敌方下一步计划，以色列突然对埃及、约旦和叙利亚发起攻击，并大获胜利。

这支神秘部队在高科技领域也闻名于世，因为以色列安保行业推出的新技术和软件多出自他们之手。该部队导演了屡次网攻伊朗石油工业和核设施的行动。有资料显示，只要是从"8200部队"出来的人，轻而易举就能成为高科技界的百万富翁。

"8200部队"是从所有在以色列参军服役的人中，通过严格的智商测试与综合能力测试筛选出来的"精英中的精英"，每年筛选出同龄人中智力水平最高的50人至100人，通过严格考试，合格者进入"代表以色列最高水平的高科技情报部门"，在实战中学习与服役。这些人经过军营的锻造后，无论在个人正直品质，为国家利益牺牲，随时等待民族的召唤，低调行事和保密方面，都会成为国际舞台上的超一流高手。

在"8200部队"，没有严格的等级制度，很多年轻人被安排成为"团队领导"独当一面，充分发挥自己的创造力和想象力，应对各种复杂的问题，并提供非正常路径的解决方案。"8200部队"甚至还会让一名21岁的战士掌管数百万美元的经费，让其自由支配进行技术创新。服役完毕后，每个人可以自由选择加入高科技公司，也可以选择继续深造上大学。不过，在公开的简历中，不允许直接提及他们这段涉密性极强的军事生涯。

这部分特殊人群在服役期间是"世界级网络战高手"，在退役之后，创办高科技企业，在商战中继续拼搏和展现，要么成为公司的创始人，要么成为中高级主管。也有大量"8200部队"出来的人最终去了美国。以色列的3大高科技公司（Nice、Comverse和Check Point）的很多技术都来自"8200部队"，创业只有短短几年时间的科拉商情（Kela）公司的几乎所有高管团队都来自"8200 部队"，他们的商业信息及投资分析服务已经获得了许多世界顶级投资机构的青睐。

"8200 部队"专攻科技创新领域，被称为"Talpiot"（顶尖培训）。"Talpiot"源自《雅歌》中的一首诗，意指城堡的塔楼，象征着至高成就。成立"Talpiot"的想法是在 1973 年第四次中东战争之后，两位科学家提出的。当时人们还沉浸在缅怀死者的哀痛中，两位希伯来大学的教授就向以色列国防军总参谋长提出，要把一小部分以色列最具才华的年轻人聚在一起，由大学和军队为他们提供最顶尖的科技训练，从而让以色列军队占据科技上的绝对优势，弥补以色列人口稀少和国土面积狭小的劣势。这个项目到现在已经持续了 40 多年，每年都会有以色列顶尖中学中 2% 最优秀的学生（2000 名左右）去参加选拔，进行一系列的物理和数学测试，最后留下 200 名（1/10）的学生接受人格和能力的集中测试。一旦准许进入该项目，"Talpiot"的学员就会参加一系列严格的训练。"Talpiot"的终极目标就在于把学员培养成以任务为导向的领袖和能解决难题的人，他们要不断地接受新任务，包括组织会议，协调设备、运输及食品等事宜，有时有些任务还很复杂，比如将远程通信网络切入一个活跃的恐怖分子的手机里，或者要解决一个直升机飞行员耳鸣和背痛的问题等。一旦这些学员接受两年或三年的"Talpiot"培训，他们将获得巨大的威望和声誉，并要签署一份最低服役期为 9 年的协议，最终成为以色列社会中的"超级精英"。

在 40 多年的时间里，这个项目仅培养了 650 名毕业生，他们后来都成为以色列顶级的学术专家和最成功的企业家。在美国《福布斯》排行榜中 100 家公司里，有 85 家公司的电话监测系统都是由一家以色列公司提供的，这家公司的老板就参加过"Talpiot"的顶尖培训。许多在纳斯达克上市的以色列公司的创始人都是从"8200 部队"出来的。以色列的创新精神首先依赖于与众不同的想法，而想法常常来自经验和不害怕失败的精神，以及精通各种领域并具有创新和解决问题的能力。当一个孩子服过两三年兵役，并游历过许多国家之后再去上大学，显然就会比许多同龄人显得成熟。在军队里，你必须反应迅速，有时候还要做出生死抉择，还要懂得遵守纪律，学会自己解决困难……正是成熟和孩子气的冲动，为创业家们提供了创新的能量，让他们从一开始就显得与众不同。这就是以色列人创新和成功的奥秘。

在以色列，渴望进入"8200 部队"Talpiot 课程训练的年轻人越来越多，许多大学和企业家也乐意选拔退伍军人参加他们的创业团队。高决策风险下的案例研究，以任务为导向的实战操作，成为许多年轻人走向成功的良好开端。

以下介绍几位来自"8200 部队"的高科技创业者：

1. 列夫·卡迪谢维奇，Biocatch 公司研发部主管

该公司根据用户与应用程序的互动方式来确定用户的身份，利用人类对鼠标光标短暂消失等某些现象的反应进行有关的研究，已经获得了 1400 万美元的投资。

2. 吉奥拉·恩格尔，LightCyber 公司联合创始人

2011 年，恩格尔和他在"8200 部队"里的好友迈克尔·马姆库格鲁共同创建了 LightCyber 公司，利用一种可以标记异常流量的网络工具来发现黑客攻击行为。该公司已经从多家风投公司和 Check Point 软件公司联合创始人、亿万富豪马里乌斯·纳赫特手中筹集到了 1200 万美元。

3. 里奥尔·迪维，CybeReason 公司 CEO

该公司的软件能够推断出系统是否正在遭受攻击，并用易于理解的图表界面来说明情况。

4. 埃兰·巴拉克，Hexadite 公司联合创始人兼 CEO

巴拉克是在"8200 部队"服役过 5 年之久的老兵并且在那当上长官。Hexadite 公司计划将自动事件响应技术引入大众市场。该公司已经在以色列和美国拥有了一些客户。YL 创投向巴拉克及其同事们提供了 250 万美元的资助。

5. 吉里·拉南，红杉资本（Sequoia Capital）合伙人

拉南是位于以色列荷兹利亚的创投人，曾是"8200 部队"成员。他创建并出

售了两家安全公司，现在为前"8200 部队"成员提供资金，先后投资了云安全技术公司 Adallom、数据分析公司 Mintigo 和网络安全公司 Seculert。他非常重视以色列军方不断培养出的年轻人才。"他们相信一切皆有可能。这种思维超越了技术的范畴，是一种对生活的心态。"

6. 尼尔·巴拉克，科拉商情（Kela Intelligence）创始人兼 CTO

巴拉克曾服役于"8200 部队"，后来创办多家科技公司，出售后与战友一起创办了科拉商情公司，专门为大型国际投行或国际企业分析竞争对手或投资项目的背景及商业信息，利用该公司的技术可以在短时间内制订出一份详尽的关于投资目标或竞争对手的市场及行业数据报告，甚至包括其高管的诉讼记录等情况。目前公司已经深受投资机构及国际企业的青睐，尤其是华尔街的对冲基金。

《创业的国度》一书作者索尔·辛格说，"媒体对创业浪潮的渲染在以色列的整个科技奇迹中功不可没"。而首席科学家 Avi 也说过，创业公司，媒体和 OCS 三者如同一个坚固的三角形，每个角之间互相加强。媒体不吝对于勇敢挑战现状的创业公司的赞扬和对于失败和转型故事的鼓励性报道，让以色列的创业者、投资人和民众对创业失败的风险的接受度非常高，觉得失败了从头再来就好，宽容程度可能更甚于美国。以色列的许多创新项目是属于技术类型的探索和尝试，创业者本身就做好了如同在实验室中进行科研反复实验的准备，失败不是意外，而是成功路上的必需。

当然，还有许多人把以色列的科技崛起归功于犹太人智慧上的基因优势。虽然没有夯实的科学证据，占世界人口比例 0.02% 的犹太人的确获得了历史上 22.35% 的诺贝尔奖奖项。魏茨曼科学院是以色列最光荣和尊贵的高等学府。以色列自复国以来先后有过 9 位总统，其中有两位担任过魏茨曼科学院的院长，包括"犹太复国主义之父"魏茨曼博士。1948 年以色列复国时邀请的第一位总统候选人是爱因斯坦，被爱因斯坦拒绝后，魏茨曼博士担当起了这个重任。作为一个生物化学家，魏茨曼博士曾经发明用生物酶生成丙酮从而强化炸弹威力的过程，帮助英国人赢得了第一次世界大战，后来不仅建立了魏茨曼科学院，也是著名的耶路撒冷希伯来大学的重要奠基人之一。全球销量最高的 25 种药品中，有 7 种是在魏茨曼科学院研发的。

以色列本国市场很小，中国市场作为新兴的大型市场，让当地的创业者们十分重视。索尔·辛格说到，他对以色列的科技融入中国市场非常看好，尤其是在与密集城市相关的创业领域，因为中国有着大概全世界最多的大型城市，而未来的许多创新一定是围绕着城市中的效率提升进行的。

以色列一诞生就处在强敌环伺的恶劣环境下，要想生存，必须拥有强大的军事力量。以色列很清楚，军队的作战能力取决于优良武器与高素质人员的结合。尽管武器可以直接从西方购买，但远水解不了近渴，更何况资源匮乏、国力弱小的以色列，这并不是一条可持续发展的路。以色列无时无刻不面临着生死存亡的威胁，领导层被迫选择了"军工立国"的国策。就像 20 世纪六七十年代，因为苏美联合封锁的外部压力，中国选择了"自力更生"一样。

以色列的"军工立国"，是将有限的资源高比例地投入军事研发，再将军工技术转化成民用的形态，类似于美国。只不过美国的冷战状态持续了三四十年，而以色列则一直处在与周边"冷战"的状态。

从以色列国防军到重要的国防工业机构和企业，培养出了大量的创业者，并且携带了很多积累的技术。以色列政府鼓励他们携带"军队研发的先进技术"出去单独创业，真是罕见的"慷慨大方"。

以色列军队的年轻人敢于冒险，又不怕失败，还具有团队精神，所以在退役后创业时容易成功，这是值得中国创业者学习和思考的。

✡ ──────── **第八章** ｜ 求异：犹太人的思维传统 ｜

犹太人最重要的思维传统首先是求异思维，然后是逆向
思维、发散性思维、"贺无它"和平行逻辑，以及与生
俱来的反省意识和危机哲学。这是造就犹太人聪明和智
慧的DNA。

我们讨论的不是小事，而是我们应当如何生活的问题。

——苏格拉底

智慧就像磨刀一样，越磨越快。

——犹太谚语

我们不喜欢只会"听话"的孩子，"听话"的孩子没有创造力。读死书的人是一头驴，智慧改变命运。

——托克托 WUTA 创新智慧学校校训

8.1 求异思维与异端思想

在古代的《塔木德》研究院中，曾有这样一个有趣的习俗：靠后的长凳总是由较差的学者来坐，坐在第一排的一定是最有思想的学者。因此，最后一排的学者要想坐到第一排来，就必须不断地对台上的拉比提出问题和质疑，从而显示自己的聪明才智。正像一句犹太谚语所说："智慧就像磨刀一样，越磨越快。"

在古老的犹太会堂里，人们每天吵得一塌糊涂，会堂常常像农贸市场一样，有的人站着，有的人坐着，非常喧哗。有一位青年学者第一次被邀请到犹太会堂过安息日，他发现大家因为念诵"十诫"时是应该站立还是坐着，而展开了一场激烈的辩论，他对此感到非常奇怪。于是，第二天他到当地的养老院去拜访一位98岁的老先生："老先生，听说您是社区中年纪最大的老人，您能告诉我在犹太会堂里念诵'十诫'的规矩吗？"老者反问道："你为什么要问这个问题呢？"这位青年学者继续道："我昨天发现大家在念诵'十诫'的时候，有的人站着，有的人坐着。站着的人对那些坐着的人大声喊叫，让他们站起来；而坐着的人也对那些站着的人大声喊叫，让他们坐下来。"老者从容不迫地回答说："哦，那

就是我们的规矩！"

在拉比犹太教时代，犹太经学院的图书馆和其他地方的图书馆大不相同。世界上的大多数图书馆，都要求读者在读书时保持安静，不允许大声喧哗。但是在犹太经学院不同，不管是在教室里还是在图书馆中，学生都被鼓励"大声喧哗"——是指学生要大声朗读课本或者和学习伙伴大声讨论问题。按照"贺无它"方式，犹太孩子喜欢结伴学习，最好的方式是水平相当的两人一组，不断地互相提问和辩论，单独学习的方式被看成是走火入魔。用嘴巴大声说，用耳朵听，猛烈摇晃身体，是犹太式学习法的最大特色。在犹太法典里，这样的观念出现过很多次，甚至还提到一个学生因为读书时声音不够大，竟然把所学的知识都给忘记了。据说拉比艾黎扎有个学生在学习《妥拉》的时候喜欢低声朗诵，结果 3 年后他把自己所学的知识全部给忘记了。塞缪尔对拉巴犹大说："张开嘴学习希伯来《圣经》，张开嘴学习《密西拿》，这样才能学到手。"拉比阿米说，经上说"你若心中存记，嘴上咬定，这便为美"（《箴言》22:18），这是希望表达什么意思呢？拉比泽拉说，这句话可以从另一句话中推演得知，经上说"口善应对，自觉喜乐，话合其时，何等美好"（《箴言》15:23）。拉比艾萨克说，这句话可以从另一句话推演得知，经上说"这话却离你甚近，就在你口中，在你心里，使你可以遵行"（《申命记》30:14）。

在中国人的心中，"求同存异"是一项解决问题的通则。对于犹太人则不同，他们是一个善于求异的民族，在生活中则表现为经常发表不同意见，善于争论。犹太人中间流行着这样一句话："两个犹太人，三种意见。"对于一个事物，犹太人鼓励各持己见、莫衷一是，因为任何一个人都不能保证自己的观点是正确的，任何人都不可能是真理和神圣的化身，此所谓"人类一思索，上帝就发笑"。

犹太人的善于求异思维和异端思想是有传统的。《圣经》上说，犹太人的始祖亚伯拉罕从迦勒底的吾珥来到迦南，冷眼相对那里的多神教，毅然扯起了一神教的大旗，这本身就是一种求异思维。从亚伯拉罕，经过以撒、雅各到摩西，以色列人自封为"上帝的选民"。这个概念宣称：犹太人是世界上独一无二的上帝选民，犹太人是上帝赐予《妥拉》的唯一民族。不论是在遥远的圣殿时期，还是在反犹太主义横行的中世纪和近代，犹太人固守着自己的上帝，成为多种文化，包括基督教的异端。

在经历了各种肆虐的风雨后，这个弱小的民族始终坚持向世界"说不"和保留"求异"思维，体现出了顽强的生命力和坚定的信仰。

8.2 犹太人的逆向思维

有一个人想深入了解犹太人的思想和精神，但读完《圣经》等典籍后，仍觉对犹太人知之甚少。后来，他听说《塔木德》才是犹太人最重要的典籍，于是便向一位拉比请教。

拉比对他说："虽然你有良好的愿望，但恐怕你现在的知识还不足以真正理解《塔木德》。"

这个人很执着，坚持让拉比给他讲讲《塔木德》。拉比无奈，先向他问了一个问题："有两个男孩一起打扫烟囱。打扫完后，两人从烟囱中出来，一个男孩满脸乌黑，另一个脸上却没有一点烟尘。你认为哪一个男孩会去洗脸呢？"

这个人回答说："当然是那个弄脏了脸的男孩去洗脸。"

拉比笑着对他说："你错了，两个孩子打扫完烟囱时，一个脸脏一个脸干净。脸脏的男孩看到对方脸干净，就觉得自己的脸也是干净的；而脸干净的男孩看到脸脏的男孩，会认为自己的脸也是脏的。因此，只有可能脸干净的男孩去洗脸。"

听到这儿，那人恍然大悟，要求拉比再问他一个问题。结果拉比把刚才的问题重复了一遍，那人立刻就回答："当然是脸干净的男孩去洗脸了。"不料拉比又笑了："你又错了，恐怕你是没资格读懂《塔木德》了。"

那人疑惑不解，问道："我的答案就是您刚才告诉我的，那到底什么是正确答案呢？"

拉比耸耸肩解释道："既然是两个男孩一起打扫烟囱，怎么可能是一个脸干净一个脸脏呢？"

也许有人会说，拉比所言完全是一种诡辩，因为问题的前提就是"一个脸干净一个脸脏"，而最后他却说"怎么可能是一个脸干净一个脸脏呢"。这岂不是自相矛盾？如果你这样思考这个问题的话，只能说"你又错了"。《塔木德》绝对不是告诉人死的知识，而是告诉人一种思维的方式，即"活的智慧"。犹太人将那些读了很多书却没有智慧的人比作"背着书本的驴子"，毫无用处。只有拥有灵活的智慧，才能不断发展和创新，才能成为真正聪明的人。犹太人有一个"盲人打灯笼"的故事，同样耐人寻味。

有个盲人打着灯笼在漆黑一团的路上行走。对面来人见他是一个盲人，便问道："您是一个盲人，干吗还要打灯笼呢？"

盲人不慌不忙地回答："因为我打了灯笼，别人才能看到我。"

犹太人实在是太聪明了，在漆黑的夜晚，一个盲人打着灯笼，既照亮了别人，同时又避免了其他人撞到自己。这种转换思路或逆向思维的方式，是犹太人在几千年流散中提炼出来的真智慧。拥有真智慧的人才能生存和发展，免遭时代的淘汰。否则，犹太人早被消灭光了。

"盲人打灯笼"是犹太人最典型的换位思考和逆向思维的案例，另外一个"给骂自己的小孩发工资"的故事亦有异曲同工之妙。

摩西是美国某镇服装店的老板。有一天，一群小孩集合在他的店铺前，一边嬉闹，一边骂着："犹太鬼……犹太鬼……"

傍晚小店关门前，摩西给了每个小孩两毛五分钱，并对他们表示感谢。

第二天，又来了一群小孩，重复了昨天做的事。

到傍晚，每个小孩又得到了摩西一毛五分钱的奖赏。

第三天，骂他的小孩只得到了一毛钱的奖赏。

第四天，奖赏没有了。孩子们很纳闷："大叔，您为什么不给我们钱了？"

摩西说："孩子们，谢谢你们为我宣传，效果已经达到了。"

达到什么效果了呢？第一，自然是广告效果了。"犹太鬼，犹太鬼"一喊，人们都会怀着好奇心前来观看，在一个小镇做上四天广告，店铺自然会家喻户晓，而且成本很低；第二，让孩子们认识到反犹主义的弊端，由"犹太鬼"到"大叔"就是成果。如果当初他"以牙还牙"或挨家挨户找其父母，恐怕既容易让孩子们产生逆反心理又浪费时间。于是，他采取了逆向思维方式，用金钱的力量让孩子们在不知不觉中将胡闹改变为争取自己赏金的有偿服务，既扭转了颓势，又达到了广告效果，真是一举两得。

另一个故事同样显示了犹太人的这种与众不同的智慧。

一位犹太富豪走进一家银行，来到贷款部前，大模大样地坐了下来。

"请问先生，您有什么事情需要我们效劳吗？"

"我想贷点款。"

"完全可以，您想贷多少？"

"可是，我只贷1美元，可以吗？"

"当然可以，只要有担保，贷多少都可以。"贷款部经理惊呆了，他打量着西装革履、满身名牌的犹太富豪，满脸狐疑地说。

于是，犹太人从豪华的皮包里取出一大堆股票和债券作为抵押。经理清点了一下，总共50万美元。然后对犹太人说："到那边办手续去吧，年息为6%，只要您付 6% 的利息，一年后归还，我们就把您抵押的东西还给您。"

"谢谢。"犹太人办完手续转身离去。

一直在一边冷眼旁观的银行行长非常纳闷，一个拥有 50 万美元的人，怎么会只贷 1 美元呢？

于是，他从后面追了上去，非常窘迫地向犹太人说出自己的困惑，并希望给犹太人贷款 40 万美元。

犹太人非常客气地回答："谢谢您的热情服务。我到这儿来办事，随身携带了这些有价证券，颇为不便。如果租金库的保险柜，租金很贵。我知道贵行很安全，所以以贷款的方式寄存在贵行，这使我很放心，而且收费很便宜，存一年不过 6 美分，真是太感谢您了！"

也许这只是一个笑话，在现实中不可能发生，尤其是不可能发生在中国。但犹太人打破常规的逆向思维方式和传统，却令我们茅塞顿开。

8.3 犹太思维的七个台阶

维也纳火车站，售票处。一个犹太人掏钱买一张去皮尼乔夫的票。他看到一个穿着时髦的绅士也买了一张去皮尼乔夫的火车票。犹太人不敢相信，以为是自己看错了。他于是跟在那位绅士身后，果真登上了那位绅士也想上的那趟车。犹太人就坐到这位绅士对面，心里开始琢磨：

他不是皮尼乔夫本地人，那儿的人我都认识。那他去皮尼乔夫干吗？也许是去结婚的？那么同谁呢？有钱的道利纳的女儿不久前结的婚，眼下还有谁呢？没有一个配得上他的。

他也许去做生意？

不会，眼下在皮尼乔夫没有生意可做。

那会是什么呢……嘿，我知道了！萨尔门·卡罗，那个老流氓，又要同他的债主们清账了，现在是第三次，没有法律顾问他是办不了的。这么说来，这位绅士是卡罗的律师……从维也纳请律师——这可是一笔大花费呀！卡罗这个吝啬鬼真愿意出这笔钱吗？嘿，我知道了，卡罗有个侄子，父母双亡，在维也纳学法律。卡罗替他管理他父母的财产。这个老流氓从中捞到的可不少，让我去挣恐怕 10 年时间才能挣来。卡罗自然让他的年轻侄子相信，为这件事他跑断了腿，他的侄子理应感激他。看来他的侄子相信他的话，现在免费来替他叔父当法律顾问，帮他摆脱困境……

这个年轻人叫科恩，我记得很清楚……不过，据说他青云直上，当了枢密官！……那他肯定早已受了洗礼……如果他受了洗礼，那么，他早就把科恩这个姓氏都改了……那他现在姓什么呢？也许叫科纳尔？这同原来的姓太近，容易被人猜出老底儿。也许叫科尔纳尔？这还太像原来的姓。也许叫克尔纳尔？行了，这大概行了！

"日安！克尔纳尔博士先生！"

"日安！不过我不认识您。您是怎么知道我的姓氏的呢？"

"是我琢磨出来的……"

这个笑话是个冷幽默，不仅体现了犹太人丰富的想象力，更体现了犹太人非常缜密的逻辑思维能力。通过非常严谨的逻辑分析和发散性思维，很快就准确判断出对方是谁。在现代商业社会，犹太人之所以能够非常精明并被誉为"世界第一商人"，和他们独特的思维方式是分不开的。

所谓的"思维"即思想，或者人们头脑中的一连串想法。这些想法不应该是随心所欲和毫不连贯的东想西想，而是非常连贯有序、因果分明、前后呼应、互为印证的逻辑思维。逻辑思维有三大特点：第一，好奇心是一种生命力的象征，是获取信息和知识的基础；第二，联想和想象力让好奇心得以拓展，从而没有浪费人们的求知欲，并使思维僵化；第三，条理性是直达事物本质的思维路径，通过一种连贯性智力找到事物发生的因果。最重要的思维方式包括三个内容：记忆、理解和创新。这三个阶段环环相扣、层层递进，体现出人类最重要的三种思维能力：记忆力、理解力和创造力。记忆力常常是一个人的天赋，理解力是一个人的后天经验和实践，创造力是一个人智慧的结晶。善于理解的人，才是真正善于学习和创造的人。改变一个人的思维方式，是提升一个人智慧的必由之路。

犹太人最重要的思维传统首先是求异思维，然后是逆向思维、发散性思维、"贺无它"和平行逻辑，以及与生俱来的反省意识和危机哲学。这是造就犹太人聪明和智慧的DNA。犹太人的发散性思维包括七个特点：第一，一神论和一元论保证了犹太人信仰的唯一性和坚定性；第二，批判性和求异思维保证了犹太人思想的独特性和创造性；第三，三角形式的立体思维，保证了犹太人思维的连贯性和内在逻辑；第四，"一分为四"式的思维模式和智慧的"四个境界"让犹太人的发散性思维形成回旋式的反弹，让思想不仅深刻，而且形成阶梯式进步；第五，通过"摩西五经"和中国人的"五行学说"打通了中西文化，由其延伸和引发的"黄金教育模式"形成了独特的"五大智慧"；第六，由一个正三角形和一个倒三角形叠在一起形成的"大卫之星"，是犹太思维的最高境界，可以解决无穷的问题；第七，"七"这个数字是创造天地的起源，也是犹太人安息日的起源，长期以来保护了犹太人，形成了启发式思维的开端。

先进的思维有两大特点：海绵与淘金。海绵就是你吸收的信息越多越好，通过多问"为什么"来让思想复杂和深刻起来；而淘金式思维就是通过批判性思维和互动式思维重点提出疑问，去掉无用信息，留下最精彩的思想。

犹太人的一神论思维和求异思维即"二元逻辑"形成了"两希文明"的思维基础，构成了神学和哲学的底座。求异思维最大的特点是理性的逻辑思维和动态思维以及精细思维巧妙地结合在一起，首先要符合形式逻辑，然后再提出具体问题，反对抽象化。拉比的讨论常常是从一个问题开始，然后在讨论的过程中再逐渐过渡到相关的另一个问题上，然后接着讨论。《塔木德》的特色就是：任何争论绝不局限于某一个固定的问题上，而是习惯于跳跃性的动态思维。其原则就是人们必须找到两个相关问题的内在联系，否则这种跳跃本身毫无意义，从而确保人们可以开展思路开阔的争论，同时避免胡思乱想和抬杠式的争论。这也是犹太人发散性思维的基本逻辑，最后必须在精细逻辑的基础上让思想深入。"大卫之星"中的正三角形和倒三角形开辟了一个立体思维的模型，上述提到的记忆力、理解力和创造力即构成了一个正三角形，好奇心、想象力和条理性构成了一个倒三角形；上帝、世界和人构成了一个正三角形，创造、启示和救赎构成了一个倒三角形；灵魂、智慧和真理构成了一个正三角形，品格、道路和生命构成了一个倒三角形。这样，思维就变成一个非常有趣的逻辑游戏，有助于记忆、理解和创造。

　　以色列 PenZA 感知实验室的创始人 Erez 是 5C-GET 教育模式的提出者，著名的"黄金教育模式"就是犹太式"五元逻辑"在教育中的运用。他认为，人类一直骄傲地认为将来是过去的延续，其实不然，世界上所发生的一切变化都是人类始料未及的，人类应该学会放弃过去的一些知识和经验，放弃一些自认为正确的观念，放弃自己所受到的伤害和对自我的无限放大，并从人类的历史和传统中吸取精髓，以一种开放的心态把过去最好的东西带给将来。所谓的"黄金教育模式"，指的就是接近人类教育规律和本质的教育法则，像黄金的价值那样永恒不变。Erez 借鉴了中国人的金、木、水、火、土五色和犹太人的"摩西五经"，把人类的教育用五种颜色和维度区分开来：木是绿色，对应着《圣经》中的《创世记》，代表人的创造性；土是黄色，对应着《圣经》中的《出埃及记》，指艺术、手工和美感的培养，代表人的情感智力的发展过程；水是蓝色，对应着《圣经》中的《利未记》，代表人参与社会的智力；火是红色，对应着《圣经》中的《民数记》，代表人的参与野外及团队活动的能力，以及把知识运用到实践当中的能力；金是白色，对应着《圣经》中的《申命记》，代表人的知识以及对外开放的知识模式和思维体系，让人不但喜欢学习，而且还能取得好的成绩。只有培养了前面的五种能力，我们所学的知识才能发挥作用并激发人的更大的潜能。

5C—GET 教育模式诞生于以色列，体现了犹太人的现代教育智慧与传统的融合，重点在于从小培养孩子的创造性思维。

8.4 和谐社会背后的"平行逻辑"

英国著名历史学家阿克顿勋爵在《自由与权力》一书中谈到历史时写道："历史不是一位主人而是一位老师，它充满了邪恶，它只对那些在历史中选择实例的自由人诉说它的真相。像实验科学一样——那里许多未成功的实验为新的发现铺平了道路……历史是对民族性格的形成产生最强烈影响的因素……历史知识意味着先辈们的选择……历史要求同情那些我们不喜欢的人，并超然于我们自己所做的事情之外。文明的进程就是从暴力的统治走向观念的统治——从意志的统治走向法律的统治——走向神圣的人类理性的替代物。"

阿克顿强烈地呼吁："历史是一个伟大的创新者和偶像的破坏者。一个新的时代不是开始于一个新的人，而是开始于一个新的理念或一种新的力量。"毫无疑问，不管身处哪个时代，都应该用智慧去浇灌百姓，用理想和价值观创造新的历史。

智慧的奥秘在于语言，语言的奥秘在于思想，思想的奥秘在于概念，概念的奥秘在于范畴，范畴的奥秘在于逻辑，逻辑的奥秘在于一、二、三。所谓的"一"指的就是"信仰和价值观"，这是智慧的开端，影响智慧发展的方向。一旦方向错了，结果可想而知。所谓的"二"指的就是"逻辑"，万物的发生和发展皆有其内在原因。为什么全世界要"和谐共生"？为什么"和谐共生"是人类的大势所趋？其内在逻辑究竟是什么？这需要智者做出自己的判断和回答。所谓的"三"指的就是老子的"道"，道生一，一生二，二生三，三生万物。

犹太人的传统思维认为：世界是一个不和谐的世界，如果没有"平行逻辑"，世界很难达到和谐。犹太教认为：和谐的世界是一个"整体世界"，在这个世界中，每个部分不仅要考虑自己与其他部分的关系，而且还要考虑到大家合在一起的那个世界的整体性。而不和谐的世界则是一个分离的世界，各方只关注自己的利益及与其他人的关系，而几乎不考虑"整体性"。为什么会如此，缘于犹太教所谓的"不和谐的世界"主要在于"神的世界"与"人的世界"的分离。中国的儒家传统虽然强调"天人合一"，但"合一"的结果却是"天的力量无限放大，而人却被淹没了"，实际上不可能达到真正的"和谐"。在犹太教看来，上帝是伟大的，却不能剥夺人自己的存在。所以，要想做到真正的和谐非常困难。也就是说，每个个体既要保持个性，同时还要符合共性。因此，用希伯来文化研究者张平教授的观点来说就是："犹太传统对'不和谐'的追求并非挑起冲突，而是保持自己的个性，顽强抗拒任何导致个性湮灭的做法。"

"平行逻辑"的第一个特点就是：世界的本质是一个不确定的世界，"不和谐"是常态，"和谐"却是非常态。在犹太人的传统里，非常推崇辩论，辩论的目的不是找到唯一的答案，而是要找到证明各自观点正确的依据。"不争"不仅毫无价值，而且并非实物应有的正常状态，即使每个人在辩论中无言以对，也比大家彼此都一团和气、客客气气的状态要正常。据《塔木德》记载，被称为"大拉比"的学者在辩论时要坐在7层高的草垫子上或者坐在犹太会堂的第一排。当拉比发表自己的观点时，对方要连续找出一系列不同见解的论证，一旦拉比答不上来，就要退到最后一排或者坐在地板上。反之，如果拉比能找到一系列有力的反驳证据，对方也要逐步退后或者坐在地板上。

在犹太教传统中，有两种古老的辩论方法，一种叫"HEVROTA"（中文译作"贺无它"或者"何如他"），另一种则为"平行逻辑"。正是因为犹太小孩从小在会堂里就学习"贺无它"与"平行逻辑"，所以辩论思维能力超强。希特勒在《我的奋斗》中就提到了自己非常痛恨"犹太诡辩论"，他虽然特别擅长演讲辩论，但经常在犹太人面前理屈词穷。

在《塔木德》里，"贺无它"是一种两人一组的面对面的学习方法。低年级的学生，由教师决定练习对象，高年级的学生由自己寻找合适的伙伴。在学习过程中，双方本着友好善意的原则，必须尽量反驳对方的观点，不能达成共识。目的是共同学习，通过争辩和质疑激发对方最大的潜能，互相提高创造力和思考力。两个人互为师生，从而从对方的想法中获得更多的灵感和创意。

"平行逻辑"则是拉比犹太教时期研究《塔木德》思想的一种主要方法，借以保持多种不同的观点，从而对世界进行一种更深层次的认识，目的是应对未来的不确定的世界。双方没必要达成一致，各按各的原则来，因为彼此站的角度和立场不同。举例说，一个人的观点是："我所知道的唯一一件事情是我一无所知，知道得越多不知道得就更多。"另一个人的观点就是："我知道得越多，知道得就更多。"其他人的观点可能是三："我有时候知道得越多，不知道得就更多；我有时候知道得越多，知道得就更多。""平行逻辑"的世界观给犹太智慧带来的是思想的彻底解放。在犹太圣哲的眼里，思想无禁区，一切都可以谈论和批评。没有"平行逻辑"，世界就不可能保持真正的"和谐共生"。

在有关"平行逻辑"的种种讨论中，一个非常尖锐的问题是：观念的平行究竟有无界限？一旦无限平行下去，会不会造成思想的混乱？这可能就是所谓的"平行逻辑悖论"，即是说当"平行逻辑"出现了自我否定的情况时该怎么办？《塔木德》中讲述了一个非常有名的故事《烤炉之辩》，这个故事就是讨论"平行逻辑悖论"的问题。

故事发生在公元1世纪下半叶的以色列地区。当时，以色列到处坐落着大大小小的犹太会堂，犹太拉比们在会堂中夜以继日地讨论着犹太经典的要义。讨论的过程中总是难免出现争论，"烤炉之辩"就有可能是无数争论中最著名的一次。

所谓"烤炉"，就是一个用碎瓦块砌起来的烤面包的炉子。拉比们讨论的问题就是，这样一个烤炉到底能不能变成不洁的器皿。"洁净"与"不洁"，是犹太教律法中的一个大问题，涉及饮食习惯和器皿有关的各种问题。比如说，一个完整的器皿，如果它跟某种不洁物相接触的话，它本身也会变得"不洁"。而如果一个器皿不洁，就会影响到其中的食物也不洁，大多数圣哲都同意这个观点。但有一位拉比有不同意见，他认为砌炉子的瓦块和沙子是两种不同的东西，这炉子不是一个完整的器皿，既然律法规定"只有完整的器皿才能沾染不洁"，那么这烤炉无论沾上什么脏东西，都是洁净的，因为它并非一个完整的器皿。

按照犹太教的律法，一般是少数服从多数，势单力薄的反对派最后很容易被人多嘴杂的多数派辩服。但这次不同，持反对意见的这位拉比名叫以利以谢，是拉比犹太教时期犹太伟人中的伟人，他临终前曾有一句名言："大海为墨，世间芦苇为笔，天下人做抄手，也写不尽我胸中的律法。"因此，大家辩论了整整一天也没有结果。

见双方僵持不下，拉比以利以谢使出了"撒手锏"，指着门前的一棵角斗树说："若真理在我一边，这棵角斗树将为我做证。"话音刚落，角斗树连根拔起，飞出几十米以外。但众贤哲并不买账，纷纷说道："草木无知，无权做证。"

以利以谢又指着门前的一条河流说："若真理与我一致，这条河将为我做证。"话音刚落，只见河水滚滚倒流。众贤哲仍无动于衷，异口同声地说道："河水无权做证。"

以利以谢又大声说道："若律法与我一致，这会堂的四堵墙将会倒塌下来。"话音刚落，会堂的四堵墙果然开始摇晃，眼看就要将众贤哲埋葬于内。很显然，这是一个狠招，表达了以利以谢对众贤哲的愤慨。但是众贤哲仍然意志坚定地说道："无权做证。"

大圣人拉比约书亚终于忍不住了，站起来对墙壁大声训斥："拉比们讨论律法，与你墙壁何干！"于是，墙壁不再倾斜，也不敢再直回去，因为双方都不是好惹的，墙只好就这样斜立着。

以利以谢"黔驴技穷"，只好向上帝求援："若律法与我一致，那么就让上帝来做证吧。"话音刚落，就有神音从天上传来："大家为何要与以利以谢争执呢，律法明摆着站在他的一边。"

拉比约书亚仍然不服，他用《圣经》中的一句话对着天大声说道："这律法不是在天上！"这话的意思是，当年在西奈山顶，上帝已将律法用两块石板传给了摩西，而且申明"如有争执，则少数服从多数"，于是上帝不再有一锤定音的权威性。

后来有人遇到先知以利亚，向他询问那天天上的情况，以利亚说："上帝闻言开怀大笑，高兴地说，'我的孩子们驳倒我了，我的孩子们终于驳倒我了！'"也许这就是那句著名的犹太谚语"人类一思索，上帝就发笑"的来源吧。

这就是"平行逻辑"的悖论，如果拉比以利以谢是普通人，即使他的观点不被大家所接受，由于有"平行逻辑"，仍然会被收入《塔木德》。犹太教的目的是对上帝的崇拜和对律法的维护，但是如果有人自恃真理在握，企图借助与上帝的特殊关系来压服众人，便会形成一种现实威胁。因为"平行逻辑"的一个基本原则就是，辩论双方地位平等，在上帝面前一律平等，目的是维护思想和观点的多元性。

"平行逻辑"的另一个特征就是"情理分离"，双方在辩论的时候严禁"揭短"和"以情代理"，从而伤害彼此的感情。"平行逻辑"的天敌就是情理不分和恶语伤人。如果在争辩中一旦"以情代理"，就会造成双方的紧张状态，这是灾难性后果的起点。《塔木德》中说道："如果他是一个忏悔者，你不可以对他说：'想想你以前干过什么吧！'如果他是一个皈依者，你不可以对他说：'想想你的祖先干过些什么吧！'"揭短的恶果在于，它不是讨论问题，而是挖苦讨论者，因此，讨论就演变为对双方人格的侮辱，最后以情代理，离真理越来越远。在中国的世俗社会中，人们说着说着就打起来了，这就是"以情代理"的结果。我们缺乏这样一个"情理分离"和捍卫真理的重要传统。

在犹太人的历史上，也就是说在拉比犹太教时期，在拉比希列出任犹太工会领袖的时候，犹太工会曾实行双领袖制。希列的称号是"纳席"，为正领袖；他的副手是拉比沙玛伊，沙玛伊的称号是"法庭之父"。希列掌管与犹太人生活有关的全面事务，沙玛伊则专门负责用律法裁决的事务。两人虽然是平起平坐，但观点常常针锋相对，而且各自发展了弟子。这就是有名的两大犹太学派。

曾有一名异教徒，向沙玛伊询问有几部《妥拉》，沙玛伊回答说："有两部，一部是书面的，一部是口传的。"异教徒不相信口传《妥拉》，要求沙玛伊只教他书面《妥拉》，结果他被沙玛伊赶走了。异教徒不服，找到希列长老，要求希列教他《妥拉》，并从希伯来字母教起。希列第一天教了异教徒3个字母，第二天再教时却把字母反过来念，异教徒抗议，希列长老趁机说道："不光是书面的东西重要，口传的东西也一样重要。"

关于希列和沙玛伊的著名故事还有两个。

一次，一名异教徒找到拉比沙玛伊，要求他在金鸡独立的瞬间解释清楚全部《妥拉》的真谛，结果他被沙玛伊赶走了。于是，那个异教徒又去问希列长老，希列的回答是："己所不欲，勿施于人。其余都是注解。"

另一个故事更有趣，也有一名异教徒跑来要求皈依犹太教，条件是指定他当主管圣殿的大祭司。沙玛伊长老当然是赶走了异教徒，希列则满口答应。当那个异教徒皈依犹太教之后，希列对他说："你看，一个人要想当国王，总要先学习一些有关统治者的学问。而你要当大祭司，是否应该首先学习有关祭祀的律法？"那人听了之后心悦诚服，从此踏上了学习犹太律法的漫漫人生路。

后来这三名异教徒和皈依者在某一天相遇了，彼此介绍了各自的经历，齐声感叹说："沙玛伊长老的严厉几乎剥夺了我们去天堂的机会，而希列长老的宽宏大量却把我们带到了上帝的羽翼之下。"其实，这也是对具有"平行逻辑"思维的犹太教拉比在为人处世方面的一个阐释：沙玛伊待人严厉，希列却待人宽容。

按照犹太律法，在婚礼舞蹈时，人们必须赞美新娘。沙玛伊学派认为，赞美时不应该有过多溢美之词，应该实事求是；而希列学派却认为，一定要把新娘说得十全十美。沙玛伊学派争辩说："如果新娘是个残疾人，你也要把她说得十全十美吗？难道不见《圣经》上说'你要远离谎言'吗？"希列学派反对说："如果你的朋友从市场上买回一堆破烂物品，你是要当面称赞还是进行毫不留情的贬损？当然是当面称赞，因为圣哲们说过，人应该永远让他的伙伴快乐！"

沙玛伊学派严守律法，每一个观点都要在《妥拉》中找到依据。希列学派则将心比心，处处考虑到别人的感受与尊严，每一句话都合乎人情。这正如每一个人的理想与现实的平衡。正如《塔木德》所言："学习《妥拉》要持之以恒，少言多行，对待每一个人都要满面春风。"

"平行逻辑"的根本就是不同思想和观念之间的相互包容和保存。在人类发展的历史中，多少统治者和国家之间因为彼此观点不同而大动干戈，并造成血流成河的结果。在犹太教的传统中，由于有了"平行逻辑"，犹太教中虽然也有各种派别，但彼此却能相安无事并共同发展。为什么犹太教徒在会堂里经常争吵不休，但是在现实生活中又能精诚团结，进而在抵御外敌时又能万众一心呢？《塔木德》曾提出了一个非常有趣的问题："既然希列学派和沙玛伊学派的观点都是真神的话语，为什么律法中却常常以希列学派的观念为准呢？"对此，《塔木德》给出的答案是："因为希列学派善意而谦卑！"那么，什么是谦卑呢？谦卑的具体表现又是什么呢？答案是："希列学派既学习本学派的观点，也学习沙玛伊学派的观点。他们甚至在提到自己的观点之前，首先要提到沙玛伊学派的观点。"这就是哲学上所谓的"事实判断"和"价值判断"，"事实判断"应先于"价值判断"，否则就会"先入为主"，出现判断失误。因此，"平行逻辑"中所谓的"谦卑"不只是"自谦"，而是像保存"火种"一样保存对方的观点。在坚持自己的观点的同时，应认真学习对方的观点，并掌握其精髓虽在。当然，这种谦卑同时也是一种"平行的谦卑"：虽然保存对方的观点，但并不因此放弃己见；虽然将对方思想的精华公之于世，但并不把对方的精华吸收到自己的观点中。

所以，犹太教鼓励辩论，也鼓励提高辩论的水平，无论在辩论中谁最后胜出，失败的一方都不会消失。"平行逻辑"的本质就是，要保存对方的观点。那么，"平行逻辑"的目的何在呢？《密西拿》对此的解释是：第一，记录不同的观点，可以让后人明白哪些观点曾被人讨论过，哪些观点还未被讨论过，以免后人浪费时间；第二，记录不同的观点，可以让人们在发现流行的观点出现错误时，来反思其他观点的正确性；第三，在知识的交流与切磋中，人们可以寻找最接近真理的内容，消减权威和知识对思想自由的干预。这个过程是一个不断思考的过程，也是一个开放的过程，而不是一个权威主导的封闭过程。正如哥本哈根学派的领袖、犹太物理学家尼尔斯·玻尔所言："真理有两种：一种是浅显的真理，其对立面明显是荒谬的；而让我们认定深刻的真理的事实是，其对立面也是深刻的真理。"

很显然，犹太智慧是独立于希腊理性思辨的另一个传统。希腊人认识的是客观世界，探讨的是"这个世界是什么"和"为什么"的问题，而犹太传统认识的是人类的生活，讨论的是"我们在这个世界该怎么做"的问题。希腊人要寻找一个理性思辨的固定法则，而犹太人探求的则是在大千世界中变幻莫测的生命智慧。这是一个不同于希腊传统的"异端思维逻辑"，正是因为独特的"平行逻辑"才使犹太人显得卓越而与众不同。只有"平行逻辑"才能够真正支撑社会的"和谐共生"。

8.5 反省意识与犹太式危机哲学

犹太教回溯至公元前3000年始祖亚伯拉罕时期，它就已经成为哲学与哲学争论的丰富来源。首先是犹太人的自我概念和他们的律法；后来是先知的教诲（公元前9世纪到公元前8世纪）；公元2世纪到公元6世纪的拉比犹太教时期，犹太教的口传律法集《塔木德》终于完成，学者们对律法进行评注和阐释。从那时开始，哲学辩论就成为古犹太人的基本生活之一，他们不断地反省自己的命运，把握应付危机的良谋，并长期致力于有关律法的意义、律法如何指导人们的生活以及公正与美好社会的问题。更重要的是，他们竭力关注如何让他们全能而又难以预料的上帝满意的问题，并积极修复人类同上帝的关系。一个永恒的哲学问题就是：神与创世的关系。究竟是神创造了一个独立于他自己的世界，还是神存在于这个世界之中？上帝如何以及为什么要创造这个宇宙？为什么如此创造宇宙？为什么要按自己的形象来创造人？上帝与人的关系究竟是什么？

虽然犹太教强调个体尊严，我们必须记住它开始于部族宗教。只要是共同体的成员，个体就具有意义和尊严。但在许多古代社会中，共同体的形成不是偶然的。犹太教认为其"选民"的地位，是上帝与他们的始祖亚伯拉罕的约定所确立的。上帝对亚伯拉罕许诺，说他的后裔将成为一个伟大的民族。因此，犹太教就出现了排外甚至是种族的元素，这遭到了早期基督徒特别是圣·保罗的坚决反对。根据这种古代观点，犹太教与其说是哲学或一套信仰体系，还不如说是一种身份。因此，犹太哲学并不只是聚焦于神学和信仰的错综复杂性上，而是更关注犹太共同体的成员的意义和影响。

希伯来《圣经》几乎没有采用神学的方法，但是把上帝的性格（刻画得像小说里一样鲜明。犹太人的上帝也承认自己是一个好嫉妒的神，是个易动怒的上帝。大量熟悉的希伯来《圣经》或《旧约》中的故事可证明这一点，但是从哲学角度来看——可以与早期希腊的命运观点相比较——犹太人全能的保护神是极其不可预测和狂暴的，甚至是反复无常的。他很容易被激怒，降临到犹太人头上的灾难可作为证据。一方面，犹太人受到他们强有力的上帝的保护；另一方面，这种保护决不意味着不折不扣的信赖，神的保护的丧失有待加以证明。上帝的恩宠引起了相同的问题。在犹太教中就像在基督教中一样，恩宠是由上帝赐予的，赐给谁完全是上帝自己的选择，任何人任何民族都不可以独占恩宠。

对希伯来哲学的理解必须要根据犹太人与上帝所立的"契约"所引起的巨大

焦虑来理解。这项契约给予他们一些保证，以致当灾难袭来时——就像它经常发生的那样，犹太人毫不怀疑自己对上帝的信仰，反而是"责备他们自己"。先知们几乎是自豪地谈起他们聚集起来力量反对以色列，并不把这看作是上帝遗弃他们的证明，而是看作上帝对犹太人不满意的证明。其他解释——比如他们被上帝遗弃了，对犹太人来说是不可思议的。他们宁可承担罪恶也不愿失去信仰，可以说犹太人以哲学的方式理解罪恶。这么做的结果就是，犹太人把人类的自我反省提到前所未有的高度。

犹太哲学家古德曼说："犹太人是因为无法抗拒的压力才开始哲学化的。他们从外部接受哲学。一部犹太哲学史就是犹太人不断吸收外族的理念，然后使之转化和适应具体的犹太教观点的历史。"曾几何时，巴比伦铁骑攻克了犹太王国，希腊大军马踏约旦河两岸，罗马军团进驻耶路撒冷，焚毁了圣殿。与此相伴，流放和散居也成了犹太人永久的宿命。然而，散居也为原本封闭的文明打开了一扇扇窗户，使之直接面对形态各异的文明，不得不积极或消极地应对希腊罗马的哲学、伊斯兰教、基督教、文艺复兴、启蒙运动、现代哲学与科学、宗教的兴衰嬗变，以及商业与经济的变幻莫测和朝不保夕的流浪生涯。从本质上讲，几乎所有犹太人的思维都是一种危机哲学。

既然是危机哲学，一旦遇到紧急情况，犹太人就会这样思考问题：危机的本质是什么？为什么会造成危机？如何应对危机？因此，犹太文化不仅是一种生活方式，还是一种信仰、理念和思维方式，更是一种应对危机的智慧、策略和实践。

反复研读《圣经》是一种智力活动，引导人们去思考和提问。对于这种提问，回应它的常常不是一种答案，而是更多的提问。《塔木德》则是教会人们如何提问、诡辩和换一种角度去思考问题。

米歇尔·大卫·威尔是华尔街百年老店拉扎德银行最后一任由创始人的后代担任的CEO，在任近25年。1876年，米歇尔的曾祖父在美国旧金山创立了拉扎德银行。一个多世纪以来，拉扎德银行以其超凡的业绩成为美国华尔街的常青树。

在其出版的自传中，米歇尔一改家族传统中的神秘和低调作风，吐露了自己成功的秘密和对生活的反思。他说："犹太人身上令我备感亲切的，一是我本人亦不缺乏的幽默感，再就是忧患感，认为自己理所应当拥有归在自己名下的一切的犹太人你几乎遇不见。常怀忧患是因为失落了故土，而且前途永远显得那么飘摇不定——世世代代犹太人的命运都表明了这一点。而这同样存在于我的性格中，任何事情，就算最终的结果比我想象的还要糟糕，我也不会感到吃惊。事情进展不顺利，正常；人家不喜欢你，或者不再喜欢你，或者为了这样那样的缘故踢你出局，正常……以此态度看待人生际遇恐怕不只是个人问题，这应该是遗传性的吧。"

米歇尔还有两句话，更加令人深思：一个王朝可以延续数百年，生意场上一个世家如能延续150年，就已经算是一个奇迹了。对此，我一向是明白的。我相信，再多的成功都将止于最终的失败，但是，这并不足以成为我们放弃努力的理由。有两条基本纪律在生意场上必须遵守——都不是什么难事，一条是要在12小时内做出答案，另一条是要始终保持在线状态。

这难道不是典型的犹太式危机哲学吗？

✡ ──────── **第九章** ｜ 探究以色列教育之谜 ｜

犹太人之所以能培养那么多诺贝尔奖得主，和他们
的父母与老师从小培养孩子学会提问和质疑的传统
是分不开的。如果说用一个符号代表犹太人的科学
精神和思维传统的话，那就是一个大大的"问号"。

想象力比知识更重要。

——爱因斯坦

在一切资本中，只有对人自身的投资才是最有价值的资本。

——经济学大师阿尔弗雷德·马歇尔

要成为一个不抱任何偏见的专家，客观地对待商业周期、国际贸易和宏观经济领域的残酷现实，确实需要一个冷静的头脑……一个博学多识的人一定能够造福于人类和社会。

——诺贝尔经济学奖得主保罗·萨缪尔森

李嘉诚办大学，我们办中小学。南北呼应，推动中国教育改革。将来赚了钱，我也要像马克·扎克伯格一样，把99%的钱捐出去，成立"中国诺贝尔教育奖"基金会，弥补诺贝尔奖的不足，奖励那些为人类教育作出贡献的人。

——托克托 WUTA 创新智慧学校校长贺雄飞

9.1 问号代表一切

2011年10月30日，我应以色列一流教育和领导力创新智囊机构 PenZA 感知实验室的邀请，第三次访问以色列。

11月1日上午，我的老师 Erez 亲自开车陪我到名叫马阿莱兹维亚的一所学校和幼儿园进行考察。

一进学校，孩子们正在进行课间操，放着阿拉伯音乐，孩子们各个欢天喜地，在那里尽情地唱歌跳舞，操场上上没有草坪，尘土飞扬。许多孩子主动上前跟我打招呼，非常友好和热情。这里孩子们的笑脸，我在世界上的其他地方从未见过，是那么的阳光，那么的自然，也那么的友善。他们问我叫什么名字，从哪儿来。当我告诉他们我的名字和我从中国来以后，有几个曾经去过中国和知道中国的孩子主动上前和我聊天。

只有一个小学三四年级的小女孩在那里闷闷不乐，我问她为什么不高兴，她噘着小嘴对我说："因为你不告诉我你的名字，让我很不开心。"我马上赔礼道歉承认错误，小女孩笑呵呵地跑开了。

这里的幼儿园同样是破破烂烂，但是孩子却个个欢快得像一只只快乐的小羊羔一样，都主动上前和我打招呼，有的甚至给我做鬼脸。墙上挂的是孩子们的名字和本周的工作计划，他们本周继续建一个广场，广场里头有做饭的地方，有篮球场，有花园，有盆景，也有各种孩子们自己设计的工艺品。我问幼儿园老师，你们多长时间会完成这个计划，他告诉我一个月左右，每个孩子在这一个月里都要为这项计划出谋划策和努力工作。

紧接着参加校长组织这里的青年教师及参加"世界和平运动"的几位青年志愿者与我的座谈。座谈在小会议室里进行，十几个人围坐一圈，茶几上放着各种各样的干果和茶叶，每人一杯茶。校长首先向大家介绍了我的来历，然后让我和大家交流。我看到盘腿坐在沙发上的几个青年志愿者都没有穿鞋，很好奇，因为当时以色列的气候相当于北京的秋天，不穿鞋是很冷的。所以我问他们："你们为什么不穿鞋？"一个非常漂亮的姑娘闪烁着一双美丽的大眼睛非常俏皮地对我说："因为不穿鞋舒服呀！"我接着问："你们的和平运动主要是做什么？"一个留着胡子的青年人告诉我说："主要是帮助别人，我们是志愿者。"旁边的人告诉我说，这位青年志愿者马上要结婚了。

我非常大惑不解地说道："现在是一个物质主义的时代，中国的青年大多数喜欢名车和名牌，而我看你们衣衫褴褛，连鞋也舍不得穿，还想帮助别人。你们为什么要干这件事情？"我指着那位将要结婚的年轻人说："尤其是你，马上都要结婚了，还不赶快赚钱，下一步要养家糊口啊。"

另外一个留着长发、光着脚的年轻人对我说："帮助别人，这是我们的责任啊！难道在你们中国没有人帮助别人吗？难道你们的孩子不需要别人帮助吗？"

在上午的考察中，还有一个非常有趣的环节，那就是我同那所学校中学的高年级同学进行了面对面的座谈。

一进教室，我就发现有两名女学生在吃方便面，还有别的孩子在吃东西，即使是上课了也不例外。于是我的第一个问题就是："同学们，你们都喜欢上学吗？有没有人逃过学？"

孩子们异口同声地回答："我们为什么要逃学呢？"

我接着问："孩子们，你们都喜欢你们的父母吗？你们的父母打过你们吗？"

齐刷刷地，几乎所有的同学都举起了手，大部分同学都说非常喜欢自己的父母，而且没有一个父母打过他们。

我又问："同学们，你们都怕你们的老师吗？"结果同学们再次异口同声地回答："我们非常喜欢我们的老师。"

在近一个小时的对话中，我发现几乎每个孩子都向我提问，有的人连续几次举手。大部分孩子都喜欢旅游、唱歌和跳舞，没有人早恋，也没有人厌学，他们非常喜欢学校和老师，没有人崇拜歌星和影星，而且在以色列的中学和大学从来没有听说过因为失恋或找不到工作而自杀。

在午餐时间，我不仅享受了这里的美味，而且还同这里的教师进行了近两个小时的交流。这里的食堂也是公共食堂，有一个手艺精湛的志愿者给他们做饭。所谓丰盛的午餐，指的主要是营养丰富，而不是中国人所谓的一桌子山珍海味。蔬菜沙拉、烤面包、胡姆斯酱搭配比萨，核桃杏仁炒饭，蔬菜沙拉里有十几种蔬菜。今天来客人了，还增加了番茄汤和风味烤鱼，味道真是好极了！

Erez 的妹妹是这所学校的老师，也是"世界和平运动"的发起人之一，她告诉我说："在犹太人的历史传统中，到处流浪，没有什么可以随身携带，只有《圣经》，因此犹太人非常重视学习。再加之反犹主义非常严重，到了异国他乡唯一的避风港就是家庭，所以，犹太人非常重视家庭教育和家庭文化。"在吃完饭以后，Erez 的妹妹不仅同我合影留念，还送我"世界和平运动"的 T 恤衫作为留念，希望把这个帮助孩子和家庭的"和平运动"能传播到中国。

另一个中年女教师 Hanna Shachar 在谈到"犹太学习法"的时候，提到了2009 年的诺贝尔化学奖得主以色列科学家阿达·约纳特，她的孩子曾在这所学校毕业，有一次约纳特邀请这所学校的孩子们到她家做客，曾讲过一个故事："说有一个孩子在上课的时候特别喜欢向他的老师提问，第一天上课的时候，老师问他一个问题，他没有回答，结果第二天他准备了一团泥，拿在手里，上课的时候向老师提问，问老师：'这团泥在一万年前是什么样子？在一万年以后又会变成什么？'老师不仅回答了这个难题，而且还表扬了那个孩子。"从此，这则故事就成为这所学校教学中的典范，他们非常鼓励孩子在上课时提问，甚至还专门开设了一门提问课和辩论课，因为在犹太人的教育理念中，问号代表一切。这位Hanna Shachar 老师认为，每个班分成若干个小组，在上课时进行讨论的效果非常好。

9.2 "我反对任何考试"

在和以色列黄金教育学校老师们座谈的时候，我还向 Hanna Shachar 老师请教："中国实行的是应试教育，您对这种以考试为主的教育体制如何评价？"

Hanna Shachar 是专门研究创新学校的专家，曾于 2007 年在中国出版过一本书名叫《创新学校——组织和教学视角的分析》（中国轻工业出版社 2007 年 1 月版），被列为"全国中小学校长培训参考用书"。她斩钉截铁地回答："考试真的不好，考试只能培养死记硬背的人，考试以一小部分的成绩代表一个人的全部，非常不好。"接着，她给我画了一个圆，把圆分为若干个扇形，每个扇形代表一个人的一种特长和爱好，有的人喜欢唱歌，有的人喜欢跳舞，有的人喜欢工作，有的人喜欢运动，有的人喜欢帮助别人。如果一个人的每项成绩都不高，说明他不仅没有特长，而且有缺陷，他的心就关上了；如果一个人的成绩有高有低，他的成长的各个扇形就像盛开的鲜花，他的心就开了。一旦他的心开了，他的潜能和天赋就会被彻底激发出来。在这所小小的乡村学校，就尝试着这样的教育，这就是 PenZA 所倡导的"GET 模式"。

一个理想的学生应该对知识充满好奇，对未知的领域具有毫不犹豫的探索精神，思想开放，富有社会责任感，愿意为一个有价值的目标而艰苦工作。每一个学生爱好什么，能够做什么，都是自己选择的结果，老师的作用不是告诉他们应该做什么，而是充分激发他们的潜能。

华东师范大学的校长李培根曾经说过，中国的学生没有质疑能力。他在 16 分钟的开学典礼讲话中，先后 82 次提到"质疑"二字，就是说中国的学生不善于质疑，也不善于提问。

爱因斯坦曾经说过："我一辈子反对权威，不幸的是我自己也成了权威。"犹太人之所以能培养那么多诺贝尔奖得主，和他们的父母与老师从小培养孩子学会提问和质疑的传统是分不开的。以色列的总统佩雷斯在自己的演讲中，也提到了犹太人善于提问的传统。如果说用一个符号代表犹太人的科学精神和思维传统的话，那就是一个大大的"问号"。

1944 年的诺贝尔物理学奖得主拉比获奖后，有人向他请教说："你是怎么获得诺贝尔物理学奖的呢？"他回答说："我获得诺贝尔物理学奖，全靠我妈妈。""那么，你妈妈是怎样培养你的呢？"拉比回答说："我妈妈没有怎么培养我，每天回家以后就问我一句话，'孩子，今天你在学校提问了吗？你问了一个什么样的好问题？'从此以后，我就养成了一个提问的习惯，自然而然地就获得了诺贝尔奖。"

经过 20 多年的研究，我终于发现：提问是犹太教育最核心的秘密。

提问有五大好处：第一，善于提问的人具有强烈的好奇心、求知欲和较强的探索精神，这些人未来更容易在自然科学方面获得成就；第二，善于提问的人具有较强的观察力和想象力，这些人将来能在艺术、文化方面具有创造能力；第三，提问能够锻炼人的语言表达能力，表达能力强的孩子自信心更强，容易在未来的商业领域取得成功；第四，善于提问的人具有较强的逻辑思维能力，擅长在哲学人文领域获得成就；第五，善于提问的人更容易解决问题。正因如此，犹太民族才人才辈出。

除了让孩子从小学会提问，家长们还要从小培养孩子的动手能力和实践能力，着力于把孩子培养成从小就有目标的人，更重要的是把孩子培养成具有五大智慧的人：首先是绿色的智慧，即创造的智慧。第二是黄色的智慧，即情商，一个人没有情商，遇到困难就没有自信，很容易改变目标。第三是蓝色的智慧，即开放的思维模式，培养孩子如何与世界和谐相处，是一种和谐与平衡的智慧。第四是红色的智慧，指一个人的野外生存能力和团队精神等，即实践的智慧。第五是白色的智慧，即学习的智慧。

究竟什么是好的学生和好的学校？在犹太人心目中有 11 条标准：

◎ 有兴趣学习；

◎ 具有好的社会生活，对国家民族有利；

◎学习成绩好；

◎ 在学校，学生没有痛苦，有痛苦也能向别人倾诉；

◎ 老师爱教学，能发展，有自由度和力量，有好的人文环境；

◎ 小班授课，师生可以多接触，每个人一个辅导员；

◎ 除了高考统考以外，学校还有自己的毕业项目。老师要帮学生自己做项目。灌输式的方式是上个世纪的落后方式；

◎ 学生要会提问题，不仅要记忆，还要回答问题——会提问题的学生收获更大，要向政府发问，向教授发问；

◎ 学生做项目时，老师要教给他们基础知识，把握项目的关键；

◎多给学生提供社交和实践的机会，让他们有可能接触一些重要的人和不同的人——要有机会参观访问，每次在外住宿两三天；

◎ 老师要发现孩子的长处，并同家长紧密合作，共同达到目标，让学生学会管理自己。

以色列的文化就是书的文化、智慧的文化和上帝的文化，老师的地位不仅高于父亲也高于国王，而且对学生要具有献身精神，要用自己的德行和才智为孩子做出榜样。以色列的父母在任何情况下都不准打骂孩子，而且必须学会赞美孩子。成功和敬畏上帝是每一个犹太人与生俱来的责任和义务。

2012 年春，我和以色列老师 PenZA 感知实验室创始人 Erez 先生在北京共同举办一场名为"如何把孩子培养成世界精英"的演讲。Erez 就讲了一则故事：

在英国有一名妈妈，她有一个孩子非常厌学而且淘气，连续进了几家学校都被要求退学，在绝望之际，那位母亲找到一名教育专家咨询。教育专家连续对孩子提出了若干问题以后，也觉得这个孩子"无可救药"，他打算告诉这位孩子的妈妈，自己已经无能为力了。但是，职业习惯让这位教育专家不能当着孩子的面，告诉他母亲这残酷的"事实"。他让孩子到隔壁的房间里等一会儿，为了不让孩子感到无聊，他打开了收音机，收音机里正好播放音乐节目。当这位教育专家走出隔壁房间时，透过房间的窗户看里边的孩子在干什么，结果发现那个孩子正随着收音机里的音乐翩翩起舞。于是他马上改变了主意，到另一个房间对孩子的母亲说："也许您应该把孩子送到一所舞蹈学校。"20 年以后，这位曾经被许多学校认为"不可救药"的孩子，成为美国百老汇著名的音乐剧《猫》的编舞。

故事感动了在座的每一位观众。Erez 也激动地说，"有时候，正是教育坑害了那些有才华的孩子。如果没有那扇窗户和那双善于发现的眼睛，也许又葬送了一个天才"。在犹太人眼中，每一个孩子都是天才，关键是我们能否激发他们的潜能，让他们变成真正的"天才"。所谓的"天才"有两种类型：一种是精神气质的天才；一种是技能的天才。在当今的以色列，教育部主要推广的就是天才教育，全以色列总共有 54 个天才儿童中心和 98 个特殊教育班。天才的孩子叫 Soup，每年在以色列只有 10 个，全以色列现在总共有 12538 个学生是天才儿童，这些孩子都是通过层层的测试选拔出来的。首先按照 15% 的比例进行地区性选拔，然后再按 5% 的比例进行省级选拔，最后一批天才儿童按 3% 的比例进行全国性选拔。每年有 8 万名孩子接受测试。据说在以色列有这样一个天才儿童，她有一个计划，要在 2035 年发明一个机器人，取代所有的医生。因为所有的人都想当医生。

在 Erez 创办的一所 GET 学校，老师们反对任何考试。他们认为考试成绩只能代表每个人的很小一部分才能，用这很小的一部分才能去代表一个人的综合素质，这是非常不公平的。GET 是以色列最著名的未来教育模式，尤其在加利利地区非常著名。以色列所有的教育权威都认可 GET 在提供教育环境上取得的巨大成功，孩子们都喜欢在 GET 学校学习，在那里不存在厌学的孩子。GET 是目前在世界上被教育界公认的最先进的教育模式。

面对明天的竞争，孩子内心是否拥有强大的力量？面对未来的危机，孩子是否拥有从容应对的能力？未来世界的竞争比现代社会还要激烈，想要迎接未来的挑战，必须把我们的孩子培养成精英。我多次考察以色列这个神秘国度，并渴望从犹太人那里为中国的教育寻找改革的出路。我希望自己的墓碑上将来写上这样一句话："正是这个人，从犹太人那里为中国的孩子盗来了智慧、幸福和创造力的种子。"

在中国只有学习的智慧，甚至连智慧也谈不上，只有死记硬背。而孩子要想真正迎接未来的挑战，就必须会提问，能解决问题，有目标和理想，成为一个真正有智慧的人。而这一切的开始，就是你每天在孩子放学回家的时候问他："孩子，你今天提问了吗？"

我们的孩子必须成为真正的世界精英。什么是世界精英？我认为，世界精英不是简单的有钱人或是社会上所谓的成功人士，而是具有世界眼光和人文情怀，并能站在人类立场看待问题的人。精英是有高贵品格的人，有高情商，不会因自己的情绪变化而随意改变目标，能够经常反省自己，宽容别人并与世界和谐共处；精英是会提问和能解决问题的人，用科学的眼光看待问题，自觉地探索未知的世界和宇宙的奥秘，勇敢地面对一切失败；精英是有理想和目标的人，能够修复这个残缺不完美的世界，体现自己生命的真正价值；精英是有道德的人，正直地说话、正直地做事，有非常强的社会责任感。总之，精英是有智慧的人，用开放的眼光看待问题，用智慧改变命运。

9.3 知识是甜蜜的

以色列民族在教育方面具有许多优秀的理念和传统，他们重视灵魂和信仰、恪守有节制的生活，他们捍卫真理，追求真正的人生智慧。犹太教育专家认为，中国教育缺失的六大价值观是灵魂、品格、智慧、道路、真理和生命的教育，揭示出中国家长和老师在教育中的误区。

中国的教育让很多的孩子不喜欢上学，在中国的大多数所谓"教育专家"眼中，教育就是一门有关考试的技术活，无关乎灵魂、品格、道德和信仰等超验概念，也无关乎人和历史的关系，人和社会的关系。中国市场提供给父母的读物也多为工具性的，缺少系统性、理念性的教育思想。因此，在"虎妈""狼爸"当道的浮躁大背景下，我们要在中国教育界中发出自己的呐喊。

犹太人认为，没有人是贫穷的，除非他没有知识。拥有知识的人拥有一切。而真正的知识和智慧是甜蜜的。正因如此，犹太人养成了全民好学、全民信仰知识的悠久文化传统。

典型的犹太人家庭从孩子开始认字起，就把蜂蜜滴在《圣经》上，让他们尝到知识的"甜蜜"。后来，这成为犹太小学生的入学第一课。孩子上学的第一天，穿戴整齐，被父母或有学问的人领到教室。在那里，每位孩子都可以得到一块干净的石板，石板上有用蜂蜜写成的希伯来字母和简单的《圣经》文句，孩子们一边朗读，一边舔掉石板上的蜂蜜。随后，拉比们会分给孩子们蜜糕、苹果和核桃——让孩子们一开始就感受到学习的神圣和知识的"甜蜜"。

几乎每个犹太家庭从小就培养孩子们具有理性思辨色彩的学习精神。父母一般会这样问孩子："假如有一天咱们的房子被烧毁，你将带什么东西逃跑呢？"如果孩子回答是金钱或钻石，母亲会进一步问："有一件宝贝比金钱和钻石更重要，而且更容易携带，那是什么呢？"要是孩子仍然答不上来，母亲就会说："孩子，这件宝贝就是你聪明的大脑。不仅最容易携带，而且会终身陪伴你。"正因如此，犹太人从小就懂得智慧的重要性，再加上学校教育和对《圣经》及《塔木德》的自觉学习，全方位的人生观、世界观、处世观、金钱观早早就形成了，有头脑的人自然容易成才。

赫尔曼·黑塞在《荒原狼》中写了一个"魔幻剧场"，剧场的门口一个牌子这样写着："只对疯子开放。准入价格：你的头脑。"在这个"魔幻剧场"中，是一个非常温馨、多彩、自由的世界。每个人不仅大胆地发挥自己的想象力，而且敢于嘲笑自己和其他人的疯狂幻想。正如爱因斯坦所言："如果一个想法一开始不是荒谬的，那它注定是没有希望的。"因此，犹太式课堂鼓励每个人发挥疯狂的想象力，并大胆地自由讨论。

我在一次演讲中，曾向企业家们提问："人活着的意义究竟是什么？"一位女企业家的回答是："快乐。"我当时问她："难道还有比快乐更重要的事吗？"犹太小提琴大师梅纽因在一次答记者问中回答了这个问题："生命的意义在于快乐，我的快乐就是分析作品，想象自己喜欢怎样去聆听；生命的意义在于将我们最迫切的需要升华成艺术，无论是生活艺术还是美食艺术。"梅纽因还说，人类还需要在快乐中不断学习，否则生命的终极意义便会离我们远去。任何人都无法预测死后会发生什么事情，永恒的生命不允许有未来。对于一个犹太人来说，不仅学习是一种信仰，而且真正的知识是甜蜜的。

千百年来，犹太人恶劣的生存环境、强烈的危机感，铸就了犹太人特殊的生存智慧。以色列复国之初首先制定的一部法律就是《义务教育法》，规定 5 岁至 16 岁的孩子必须接受义务教育，并且到 18 岁均为免费教育。深刻地认识到"教育是创造以色列新民族的希望所在""没有教育，就没有未来"，以色列在艰险的战争环境中边打仗边建设，仅用一代人就实现了经济腾飞，从落后的农业国变为发达的现代国家。

以色列的科教兴国是动真格的。20 世纪 70 年代中期以来，以色列教育经费投入一直仅次于军事经费，占 GDP 8% 以上，超过了美国等发达国家。第 5 任总统伊扎克·纳冯在总统任期届满后，又"屈尊"担任了政府的教育部长。以色列科研费、工程师占比世界领先，每万人中从事研究开发者达 160 人，居世界之冠（美国为 90 人）。人均风险投资也居世界第一，有近 4000 家高科技公司，仅列美国之后。政府在各种教育设施上不惜投入巨资。以色列国土面积 2 万平方公里，比北京（1.68 万平方公里）略大，有 100 多座建筑精美的博物馆，1000 多家设备齐全的图书馆。

中国著名教育学者杨东平教授曾经访问过一所特拉维夫附近的小学，该学校以前总理沙龙的名字命名，共 600 多个学生，每个班 20~30 人，是一所设施齐全、新建的普通公办学校。但学校的办学理念却十分先进。据校长介绍，其教育哲学是三个原则：革新、创业精神、创造力。这些原则令人感到这似乎应当是大学的教育哲学。具体来说，学校以达·芬奇提出的七原则作为教学方式：

好奇心：对生活无限的好奇和对知识的无限探索。

论证：通过经验、执着和甘愿从错误中学习的毅力检验知识。

感觉：不断提高感觉尤其是视觉的感知能力，以此作为丰富经验的手段。

开放：欣然接受模棱两可、悖论和把握不定。

艺术、科学：科学与艺术、逻辑与想象之间平衡发展。

均衡：培养优雅与健康的平衡。

联系：认识并理解一切事物及现象之间的内在联系。

这些原则无疑包括了最重要的教育理念，开放性思维、重视感知、重视科学和艺术、逻辑和想象的平衡等命题都在一定程度上回应了犹太人整体教育成功的原因。但是，它在实际的教学中如何体现？例如创造力的培养，真的是小学生可以操作的培养目标吗？没想到校长很明确地回答：通过动手能力的培养，操作和手工。她不无自豪地介绍了学生通过纸浆手工制作的花盆，加以装饰美化，并种上花。在室外的空地，也有学生自己种的鲜花和蔬菜。学校认为无论是学习外语、烹饪一道美食或者富有效率地工作，都有助于使人成功。

杨东平先生观看了学生们的歌唱。一名为美丽的女孩曾经在广州生活过，用中文演唱了《茉莉花》。在四年级的阅读课上，孩子上台汇报自己读的书，与同学分享。在一间小教室，一名老师在单独辅导 2 名学习后进的学生。在楼下，3 名老师陪读着 6 名轻度自闭症的学生，帮助他们学习如何过马路。恰值以色列最重要的逾越节前夕，学生们都化妆为不同的形象，极为兴奋活跃。课间，学生围着我们极尽表现之能事。与国内的经验比较，孩子们的天真活泼是相似的，只是这里完全没有人为的布置、教师的规训。

早期的教育是在家庭进行的，父亲负有主要的责任。这正是希伯来圣经中称祭司为"父"的由来。在早期的《圣经》教育中，由于书籍极为稀少，主要的媒介是父亲而不是典籍，老师的人格才是学生所读的文本。而且，犹太父母对子女的教育不仅是传授历史和道德，传递犹太文明的传统，教授《妥拉》，也包括谋生技能。

希伯来文明很早就对智慧与知识有透彻的认识，将教育视为寻求智慧之路。有些研究者指出希腊人与希伯来人在智慧认知方面的区别：希腊人认为知识是通往美德的大路，头脑的能力是通向美善人生的途径。希伯来人则认为，上帝才是智慧的终极来源；他们倾向于认为智慧是实用的技能，手艺和技巧是智慧的侍女，如同好的讲道是教人如何将上帝智慧应用于日常生活。因而，智慧是成功应对人生难题的日常能力，有智慧意味着在特定领域内具有技巧、技能去做好某件事，能够做到尽善尽美。"智慧（hokhmach）的真义是具有良好的判断力、能力或技术。"

希伯来人对知识的理解同样发人深省。他们认为对一件事有"知识"，不只是思考它，而是体验它。希伯来文动词的"知"的含义是亲密地相会、经验和分享。所谓"知道"，不是纯粹的脑力活动，而是"实行"，是行动。人要动用自己的整个存在才能"知道"一个对象，正如男女之间的恋爱。知识是行动的意义，也包括关怀他人。

犹太文明与希腊文明的重要差异是，希伯来系统是以上帝为起点，认为"敬畏上帝是智慧的开端"，是"认识上帝"；而希腊人的目标和宗旨是人，是"认识你自己"，它产出了西方文明主流的理性主义。正是这样的分野，使犹太教育具有一种灵性的气质。如同犹太教历史上一直是基督教的异端，是现实世界的异见分子、反对派；犹太教育也具有这种与众不同的特征，"因为上帝就是与众不同的！"犹太人就是用这样"圣洁"的目标将自己与其他民族区别开来："希腊人学习是为了理解，希伯来人则是因为敬畏。"显而易见，这种灵性、超越性是真正的天才所必需的精神气质。

此外，犹太人的教育是一种全民教育，是人人有份的。比较而言，希腊人的博雅教育是只面向贵族的闲暇教育，认为从事劳动的下等人不配接受教育。希伯来的思维则"完全没有这种观念"。这或许就是散落在世界各地犹太人的成就如群星闪耀的原因之一。而希伯来著名的教育箴言是"教养孩童，使他们走当行的道，到老也不偏离"，其中包含了这样的意义：家长必须仔细地观察孩子，提供机会使每个孩子用创意活出自己的人生。即帮助孩子去选择正确的路，从而使学习成为甘甜可口、充满惊喜的过程，使孩子得以"完成自己的使命"。家长需要发现奥秘，但这个奥秘是在孩子那里，而不是在家长这里。家长的使命并不是告诉儿女应当做什么、成为怎样的人，而"必须在他们的智慧面前谦卑下来"。

重视家庭教育，重视动手能力、劳动技能和技巧，通过行动获得知识，通过对知识超越性的追求走向智慧和灵性，而且人人有份，这是不是犹太文化独特的教育智慧？如果在知识和智慧的认知上，在希伯来文明、希腊文明之外再加入中华文明的视角，又会有什么样的发现呢？

创造性不是来自于辩论或闲聊，而是来自于认真的思考和与持有不同观念之人的真诚对话。哲学式的逻辑思辨式的对话，体现了对真理的探索和人类的尊严，并非要说服别人。佛陀教导我们，在愤怒、怨恨和欲望中永远不会开悟。而犹太圣典《塔木德》则说："智者就是向所有人学习的人。谦恭始于敬畏，敬畏始于好奇。"因此，一个美好的课堂，要为孩子们种下好奇、对话和理解的种子，师生之间最理想的关系则是平等的良性互动。犹太式课堂不仅要充分激发每个学生的学习兴趣，挖掘每个孩子的潜能，提高每个孩子理解世界和社会的能力，还要为他们通向未来打开若干扇窗户。所有琐细的情绪则无关紧要，犹太智慧与智者同行。

9.4 与众不同的黄金教育模式

我在《智慧六讲》一书中曾讲到"没有灵魂的人永远不会忏悔，过有节制的生活，人类的全部尊严在于智慧，问号代表一切，捍卫生命的价值和尊严，思想能不能烤出面包"。这些纯形而上的话题可能显得有些不合时宜。但是，我们不能漠视的一个现实是，中国尚有很多孩子不喜欢上学，而许多考试培训机构却遍布大街小巷，我们有责任也有义务帮中国的孩子找回失去的童年和欢乐。我引进以色列黄金教育模式的目的，就是帮助中国教育界做一点头事。

孩子是我们真正的产业，对孩子的投资就是对未来的投资，再多的金钱也弥补不了孩子教育的失败和家庭幸福的失败。我们不应该做金钱的奴隶，让我们同孩子和事业共同成长。犹太教育智慧的精髓就是制定游戏规则和玩游戏，价值观就是游戏规则，而"鼓励提问"和举行"成年礼"都是玩游戏。而这一切的开始，就是你每天在孩子回家时问孩子："孩子，你开心吗？今天你在学校提问了吗？"

当我们提到这个问题的时候，会引起许多家长痛苦的回忆，因为大多数的孩子在学校并不开心。当他们满脸怨气地回到家时，家长就会埋怨老师教得不好，而大多数的老师则会把责任推到家长身上。我在江苏徐州演讲的时候，一位家长给我看了一封他孩子的老师发给他的短信："最近有些家长对孩子的学习非常不负责任！家庭作业错题不改！试卷上错误很多！家长视而不见没有检查签字！希望这些家长能重视孩子的学习！给孩子树立好榜样！"这位家长对我说："这条短信一连用了6个叹号，连一个逗号都没有，谁给了老师这么大的权力？我们做家长的又有什么办法呢！"而这一切都是打着"为了孩子茁壮成长"的旗号。难道孩子们就快乐吗？他们既埋怨家长又埋怨老师，于是老师、家长和孩子就成了三个独自抱怨的个体。其实他们本来应该是一体的。

以色列黄金教育模式的目标，在于帮助孩子们为未来人生各个方面做好准备，开发每个孩子的个性倾向和天赋，在互相尊重和友好礼貌的前提下鼓励言论自由，帮助孩子们找到个人价值，不仅为自己而且为他的祖国做出贡献。而这些目标都需要老师、家长和学生共同合作来实现。

那么，黄金教育究竟能为中国的孩子带来什么启迪呢？真正的教育就是让孩子愿意上学，因为学习充满乐趣，没有惩罚。通过创新和自由教育，让学习效率大大提高，父母、老师和孩子们之间互相支持，达到多赢的效果。同时，开发以下五种自然智力：创造力、成长、获得新生的能力；人性、领导力和目标设定的平衡能力；道德与和谐的智力；实践、推理和应用能力；新知识的获取、学习和记忆能力。

黄金教育核心的理念是：每个小孩都有天赋、天资和天才，并能够实现个人价值，完成人生的使命。

它帮助家长通过新的方式开发孩子的这些能力，而不是提一个准绳性的总体要求。

真正的教育好比不断变化的图表，每个年龄段都在自然更新。因为未来所有的事情现在都不可知，教育就同样需要帮助孩子们应对未知的未来。

所以，我们家长需要跟着孩子变化的脚步一同改变。

犹太人认为，家长与孩子的关系有五个基础：

◎ 每个孩子都是天才。

◎ 提供选择：孩子早期教育中涵盖大脑和心灵的培育。

◎ 建立限制：建立保护性限制的情况下，允许有真正的自由，建立限制与自由达到平衡的原则和方法。

◎ 制定家庭协议与合约：如何正确达成协议并应用。

◎ 召开家庭会议：照顾到每位家庭成员的需要，让家庭环境清洁快乐。

当下的中国教育界，缺乏的并不是技能，而是理念，我们有必要认真研究和学习来自另外一个古老民族的成功经验。发了财并没有成功，真正的成功是拥有知识和智慧。文化和智力的寿命比金钱更长。人们赞美一个有钱人，不是赞美他这个人，而是赞美他的钱。每一个无知富人的每一次炫耀，就是一次炫耀俗气的聚会。学者常到富翁家走动，因为他知道财富的价值；而富翁却不经常到学者家走动，因为他不知道知识和智慧的价值。把你所具有的东西卖给需要他的人，这不叫作生意；把你所没有的东西卖给不需要他的人，这才叫作生意。智慧像磨刀一样，越磨越快。

9.5 教育是以色列的核心竞争力

2011 年 1 月 18 日上午，我们访问了以色列谢克特学院。它成立于 1984 年，致力于加强和传播犹太教育，通过渊博的知识和先进的教育理念来巩固犹太传统，每年要培训以色列和东欧约 35 万成年人和儿童。这个学院的办学宗旨非常坚定明确，即把犹太教育的传统以开放的胸襟和包容的方式输送到数以百万计的犹太人中，他们深信学习犹太教育传统是任何一个犹太人与生俱来的权利。也就是说，谢克特学院的主要培养目标就是拉比（犹太教神职人员）和未来的犹太精神领袖。

首先讲课的是舒拉教授，她的演讲题目是"犹太儿童教育和艺术"，她通过演示一些犹太历史上的图片，来给我们阐述犹太儿童早期教育的观念和方法。犹太人在小孩上学的第一天，要把蜂蜜抹在《圣经》的字母上，告诉孩子们"书是甜的"，还给孩子们鸡蛋和蛋糕吃，并要到河边去，告诉孩子们《圣经》像河一样无止境。犹太父母想方设法用各种感性方法来激发孩子们的学习兴趣，不仅要传授给孩子们知识，还要传授给孩子们更多的慈善和爱。几乎每一个犹太的节日大家都要读一本书，父母要把书中的内容传授给孩子，通过象征性的东西让孩子们了解历史。让孩子们提出问题来学习，带领孩子们玩游戏，来促使他们提问，要引导每一个孩子至少问四个问题，从而强化他们的记忆，让他们不去背叛历史。

40 分钟后，学院主席大卫教授也来欢迎我们，他不仅展示了犹太披肩和门轴卷，还为我们吹起了羊角号。犹太人的许多节日不仅要读书，还要诵经和忏悔，通过羊角号的声音来召唤世界上所有的犹太人回归以色列，并提醒他们在新的一年里修正自己的错误。羊角号对于成年人是一种提醒，对于孩子们来说，则是一种教具，提醒他们要行善。听完这节课，我也买了一只羊角号和一个犹太披肩，以后讲课的时候我也要用它们武装自己。

第二个考察项目，是拜访以色列教育部。以色列教育部的官员莱昂教授出面接待我们，她非常热情地说："我曾经到过北京，参观过中国的课堂教学，中国课堂里的孩子太听话了，这是我们最惊奇的，也是我们最羡慕的。"同行的教育考察团王大龙团长在答谢辞中说："感谢您用表扬的方式批评我们，希望我们能够相互交流，取长补短。"

莱昂教授接着说："什么叫犹太教育，很难用一句话说清楚，这是一个非常复杂的问题。一种是家庭灌输给犹太孩子的传统教育方式，另一种新的方式就是倡导和引导孩子们主动提问。"这一观念对中国的家长和教育界具有特别的启迪意义。中国的孩子从小不敢于思考，不善于思考，而犹太教育的核心就在于让孩子从小就学会主动提问，问号代表一切。

夏皮罗是以色列新任教育部长，律师出身，同时也是犹太拉比。他是由新成立的以色列第二大党"未来党"推出的部长，旨在推动新一轮教育改革。他毫不讳言，犹太人就是一个"讨厌和谐的族群"。与日本强调礼节和谐的文化相比，犹太人更喜欢直接冲突。他们敢于问问题，喜欢对话和争论。因此，他更加大胆推动新的教育制度——让学生高中毕业后，到小区服务一年，同时去旅游和流浪。他希望以色列的年青一代，能够用自己的力量，去寻找自己的灵魂和人生愿景。

他认为有意义的学习，有三个内涵：一是要学会思考，当你学历史时，不能只局限于了解表象，还要提出有价值的问题；二要能感觉到历史对你现实生命的意义，历史对你意味着什么；三要参与体育运动和社会活动，要从你的椅子上站起来，用行动改变社会。另一种意义，就是拿历史和现在来思考未来。让过去和未来坐在一起，那才是有意义的学习。

夏皮罗倡导："孩子们从小应该有远大的梦想，愿景是生命的真正味道。因为每个人每天都会问，我为什么会在这里？为什么不在瑞典或法国？这里的牛奶和巧克力都不便宜，天气又热。你会有很多有关认同的问题。我小时候，老师告诉我，在许多国家，如果街上有坏人来打你，打倒在地上，没有人会来帮你。在以色列会有一半的人跑来帮你。但现在，我不确定是否仍然会如此。为什么？因为是认知的问题，是伦理的问题，也是有关社会公平的问题。所以我们需要优质的教育，不只是学习的问题。我们需要的是文化、是环境、是人文氛围、是语言表达，是要找到我为什么要帮你的理由。"

为什么犹太人有那么多创业家，那么多创新者，那么多人获得诺贝尔奖？

夏皮罗回答说："犹太小孩 13 岁就要有成年礼，那时会问年轻人，你有什么问题要问？给我们一个好问题。对你的老师、你的老板，要学会问问题。"在以色列，你要是去教书，还没讲两句话，七八岁的小孩先会说："对不起，我有一个问题。"这是个麻烦，但这就是以色列教育的秘密，这就是犹太文化。

在中国的教育界，几十年如一日，一直围绕着高考这根指挥棒，让孩子们大多变成了高级的考试机器，而不关心他们是否能够成为未来真正的栋梁之材。正如我的一位朋友所言：教辅读物已成操纵整个教育系统的核心——他们在利益最大化的追求下，绑架了全国的中小学生和他们的家长，形成了巨大的产业链，而且花样翻新的伎俩特别多。网上还有特级教师的演讲，好像是在讲观念，实际上仍然是为了牟取暴利。最恐怖的不是钱被骗，而是一至三代的孩子被毁掉。所以，目前中国有良知的知识分子仍在大声疾呼：救救孩子，把孩子从考试的桎梏中解救出来。

我不知道以色列教育部长的观点对中国正在进行的教育改革有无启发？

第十章 | 从"创业的国度"到"智慧的国度" |

在这片自然条件非常恶劣、充满历史沧桑的土地上，以色列人变逆境为机会，脑洞大开，不断地创造各种各样的奇迹：脑洞大开发明滴灌技术，"移花接木"的本领，以任务为导向的"反权威创新"……

走进一条河，你可以顺水走，也可以逆水走。但是，你永远要逆水走。

——以色列诺奖得主阿龙·切哈诺沃

为什么同样的两组人，同样的一种理念，同样去执行，一组做得成功，而另一组却做得不成功呢？一方面需要天赋，另一方面还需要坚持。

——以色列著名企业家 Yossi Vardi

10.1 人才的质量决定国家的命运

以色列是美国"硅谷"之外全球另一个顶尖的创新发源地，在这么一块弹丸之地何以能孵化出那么多的震动全球的创业公司和创新产品？这与以色列独特的文化"土壤"和创新机制有着密切的关系。

政府在创业企业早期的"死亡谷"坚定扶持，承担最大的风险却不共享收益，这是以色列创新的核心助推动力。它使得高科技孵化器和风险投资本身成为了以色列两大支柱性产业，使得 800 万人口的弹丸小国在美国纳斯达克的上市企业的总数一度仅次于美国。

以色列 SIT 系统创新思维公司的联合创始人和全球总裁阿姆农在一场名为"对话以色列：解码创新基因"的全球论坛上说道：

现在大家都说政府不需要对企业进行太多干涉，要市场化。以色列当然也需要市场化，尤其是对于初创企业来说。以色列第一家风投是政府的，政府也要创新。如果创新，失败了怎么办，我们前面谈失败，这种平衡也很重要。

20 世纪 80 年代以色列政府希望通过高科技转型发展的时候，很多以色列官员考察了美国。但他们发现，"硅谷"的成功经验很难在以色列复制。最大的问题就是，硅谷的高科技产业之所以能够长足发展，和硅谷有四大投行以及发达的民间投资市场有密不可分的关系，而当时的以色列还不存在风投这个行业。

现在，以色列创新孵化器从私人获得的融资是政府初始投资的两倍多，以色列的风险投资额超过法、德等欧洲国家的总和。

为了推动企业的创新发展，以色列政府实施的第一个措施就是帮助企业度过创业的"死亡谷"——按照国际经验，超过 95% 的高科技创新型企业会在前三年夭折。对此，以色列政府曾做过两件事：1991 年创建了一个科技孵化器项目，1992 年建立了一个创业投资基金的项目。

第一个项目有一个"风险分担、收益不共享"的原则。政府为进入到孵化器的企业提供两年的软贷款——企业失败了不需要偿还，成功了连本带息、并以很低的利息把政府的贷款还回来即可，政府这时候又可以用这些钱去扶持创新企业。一位以色列风投基金创始人表示，以色列的孵化器不以营利为主要目的，它们通常隶属于著名的大学、地方行政区域或者大的工业集团。它们的办公场地和行政开销都是由政府通过首席科学家办公室 (OCS) 支付，每个孵化器每年都会接受国家派发的 20 万美元津贴。

一位以色列要人表示："以色列的独特之处在于，我们更多关注那些比较疯狂的理念，希望帮助他们把自己的理想变成现实，通过政府出资的平台让他们成长起来。"最近 15 年间，以色列风投基金的数量从上百家收缩到 20 家，这些基金中的大部分优先注资处于种子时期的公司，以色列的风险投资家在初级阶段的投资相当于所有投资的一半。大量投资者只针对研发的初始阶段，为的就是在短期内被其他高科技公司收购，从而通过孵化器，向天使投资人或群众募资。

以色列政府的软贷款只能帮助企业解决初创期前两年的资金问题，创业企业若想获得可持续发展，还得益于以色列创新孵化器的私有化。为此，以色列政府发起了一个计划：国家资金由私人风险投资家决定分配，决策不受国家干扰——相当于政府扮演"母基金"的角色，直接投资科技创业公司的种子阶段。以色列政府早期大概投资了 3200 万美元，吸引了欧美的一批风投资金投资以色列。

"如果你出 1200 万美元的话，我会给你匹配相应的资金。如果投资成功，企业上市，只需连本带息将他们的股息买走就行，所有上百倍的收益都归私人基金。如果投资失败，政府帮你共担风险，不追究你的责任。"通过这样的办法，非常有效地吸引了包括美国在内的许多著名基金来以色列淘金，建立起约 100 只风投基金，形成了超过百亿美元的风投产业。此后，孵化器私有化，转为由富有经验的专业投资者来支持，他们拥有能够向"孵化"中的公司提供在商界发展强劲的人脉关系。

以色列被称为"创业的国度"，近年来中国公司对它热情高涨。如今整个以色列人口只有 830 多万，而北京的人口是 2200 万；以色列整个国土实际管辖面积只有 2.6 万平方公里，跟北京加上周边郊区面积差不多。以色列西北临地中海，北靠黎巴嫩、东濒叙利亚和约旦、西南边则是埃及，被各个阿拉伯国家所环抱。

据统计显示，在每 1600 个以色列人当中就有一个创业者；以色列公司在美国纳斯达克上市的数量几乎超过了欧洲国家的总和，仅次于美国、中国；以色列的人均的 VC 投资是美国的 2.5 倍，是欧洲的 30 倍，中国的 80 倍，印度的 300 多倍。2015 年以色列吸引外国直接投资金额高达 116 亿美元，比 2014 年增长 90%，当年的海外投资为 67 亿美元。投资额的巨大增长反映了世界对以色列经济的绝对信心。尽管过去 10 年全球经济增长放缓，以色列年度 GDP 却不减反增，增速甚至超过经济合作与发展组织（OECD）国家及美国。

以色列在网络安全方面所取得的成就甚至可以和美国相比肩。目前以色列拥有超过 300 家网络安全公司，2015 年以色列新成立的安全初创公司多达 81 家，安全行业规模更是较 2014 年增长了 25%，是仅次于美国的全球第二大安全产业规模。最近有一家以色列公司叫作 Cellebrite。在美国 FBI 与苹果公司在是否破解用户 iPhone 手机的事情上争执不下时，作为 FBI 供应商的 Cellebrite 及时攻破了圣贝纳迪诺恐怖袭击案枪手赛义德·法鲁克的 iPhone 手机，不仅使 FBI 撤回了对苹果公司的起诉，而且据《福布斯》报道，Cellebrite 破解这部 iPhone 只收取了 15278 美元费用。

以色列公司的创始人大多年纪在 40 岁以上，有过多次的创业经历，在公司成长到一定阶段后，他们就把自己的公司卖给了更大的公司。对于以色列人来说，连续创业就像中国人跳槽到一样正常。对于融资和出售公司的高积极性，是以色列创业者对于投资者的普遍态度。

为什么会产生这种普遍心态？一位以色列企业家说："以色列国土面积狭小，市场并不广阔。周围的邻居们对我们又不是特别友好，地区局势也不稳定，所以以色列人都有一种不安全感。基业长青可能并不是最好的选择。所以我们通常把公司发展到一定阶段就卖给了美国或欧洲的公司，因为那里有更广阔的市场。"

美国有这样一句谚语："世界上的智慧在中国人的脑袋里，世界上的财富在犹太人的口袋里。"这句话的本意是说中国人聪明，犹太人善于经商。犹太人的富裕是毋庸置疑的。根据世界银行 2014 年的数据，以色列的人均 GDP 已经达到了 3.7 万美元，是中国的近 5 倍。但如果从近几十年的科技发展来看，犹太人脑袋里的智慧也是无与伦比的。

在特拉维夫本·古里安机场的出关处，有一条挂满了巨幅照片和文字介绍的长廊，照片上都是以色列人引以为傲的科技发明，所有即将走出以色列海关的外国人都会忍不住在此逗留。仅举几例，你就会知道以色列人骄傲于他们的科学技术完全是有理由的：

1. 电脑优盘是以色列人 AmirBan, Dov Moran 和 Oron Ogdan 发明的，他们都来自以色列 M–Systems 公司。他们在美国注册专利的时间是 1999 年 4 月。

2. 即时通信工具 QQ，脱胎干 1996 年由以色列 Mirabillis 公司发明的 ICQ。意思是：I seek you（我找你）。

3. 圣女果：这种可爱的小西红柿的野生品种来自南美，三个品种中最主要的特别甜美的品种 Tomaccio 是在以色列希伯来大学教授 Prof.Nahum Keidar 和 Prof.

Chaim Rabinovitch 领导下花了 12 年时间杂交培育出来的。

4. 大家熟知的脸书（facebook）创始人扎克伯格是美国籍的犹太人。

为什么在如此狭小的国土上会有这么多的创新和发明？他们的动力来源于哪里？以色列前总统西蒙·佩雷斯，对这个问题有着非常深刻的理解：

犹太人有一点特别，因为犹太人从来不满足，因为一旦满足你就懒惰了。

我们的土地太少，以色列占整个中东面积的千分之一。而且我们在北方有带疟疾的蚊子，在南方有沙漠，各种风沙，这片土地是荒芜的。我们也没有水，两个湖，一个已经死了，一个快要死了（死海）。

我们有一条特别有名的河（约旦河），但它的名气比它的水量大多了。我们没有金子也没有石油。我们周边的邻居对我们不太友好。世界上也没人给我们鼓励，没有武器，也没有食物，也没有任何人的帮助。

但我们发现我们有一个特别棒的资源，这个唯一的资源就是你的梦想和你的大脑。我们如何把水利用起来，怎么样把水量提高。我们想到可以重复利用，然后想到海水淡化，我们想去怎样节水，我们发明了滴灌技术，一方面创造水，一方面节约用水。当我们什么都没有的时候，我们就要创造想法。

正是因为处于这种山穷水尽的境地，才让以色列人的聪明才智得以被充分地被激发出来。而以色列人的创新精神，则成为支撑这个国家生存和繁荣的重要因素。

索尔·辛格是著名的《创业的国度》一书的作者，先后来过中国五次。2014年 5 月，北大国家发展研究院 BiMBA 商学院举办了《创业的国度：以色列经济奇迹的启示》读书会，众多 MBA、EMBA 校友探讨了这本书的价值及其对中国创业的启示意义。他是这样理解以色列人的创新精神的：

我认为创新就是关于好的想法，再往上研究，比如搜索引擎上写上这样一个词，会找到很多图片，像这样的图片，点亮图片，这就是人们对于创新的看法，创新不等同理念、想法。我想说在这个世界上有很多好的想法，好的主意，实际上我们以色列的好主意并不比其他国家多，实际的问题是如何将好的理念转化成真正的创新，转化成真正的公司，所以我们说理念不等同于创新。我们说如何让好的想法变成真正的创新，真正的创业公司呢？需要加入另外两个元素，第一个是决心驱动力，第二个是风险，你要愿意承担风险，只有加入这种决心和愿意承担风险，我们才有可能将一个想法变成真正的创新公司。

索尔·辛格认为："整个以色列国家，我们可以把它理解为一个创新的公司，因为以色列这个国度就是始于一个理念。一开始有创业想法的人和其他人谈，大多数人说这是一个坏的想法，因为很多人认为一个新的想法总是很糟糕的，但是你要怎么做？你就要有决心，你要百折不挠，你要保持自己的信心，不断推行自己的这个想法，然后去把它变成现实。我们以色列整个国家就是依照这样一个程序，变成了一个现实。"跟其他国家都不一样的，就是其他国家人们的人生一般分为两部分，第一部分是学习，第二部分是工作，以色列学校和工作之间加入了第三部分，就是兵役。索尔·辛格认为服兵役对培养以色列人的创新精神很重要。

他说，在服兵役的过程中，一个年轻人首先可以学会领导力，其次可以学会团队合作，这一点对一个创业公司而言无比重要。第三点最重要，他们会学会以任务、使命为导向，会理解什么是任务，什么是使命，他们必须要成功，为了取得成功，必须要去承担风险，有时候他们要随机应变，他们要知道什么时候承担更多的风险去实现自己的一个使命。

索尔·辛格认为，以色列的兵役制度对于企业家非常重要，就是培养了以色列企业家的牺牲精神。对于一个十八九岁的年轻人而言，他们认为自己的存在是世界上最重要的东西，而服了兵役之后，他们知道世界上还有更多更重要的东西，比如你的团队，你的朋友，你的国家，你的家人，还有整个世界。因为开创一个企业从来都不是一件容易的事情，人们仅仅想混个生活，有很多更容易的方式，人们打一份工什么的，只有企业家必须去考虑一些更大、更有普遍性的问题，他们必须愿意牺牲自己，去解决一些重要的问题，有了这种理念他们才能战胜困难，取得成功。

索尔·辛格认为，以色列创新精神的另一个重要元素就是因为以色列是一个移民的国度。在以色列几乎每一个人都是移民，或者是移民的后代，或者父母、祖父母移民到以色列。所以在以色列都有一个移民的方式，必须是愿意去承担更多的风险，愿意尝试更多的东西，因为他们需要生存，需要在一个新的地方开始生活，所以这也是为什么以色列成功的重要原因。

以色列著名企业家 Yossi Vardi 在 2015 年的博鳌亚洲论坛上也发表了有关以色列创新精神的演讲。他表示，在以色列，犹太妈妈们往往扮演着非常重要的角色，她们很有野心，希望让自己的子女与众不同，她们就是这种"虎妈"。他说他自己的妈妈就是这样的人，大概 6 岁时候他妈妈说："你不拿诺贝尔奖就是对不起我，因为你欠我的"这也是一种文化。

是否每一个人都可以成为创业者？创业者的精神是一种综合，Yossi Vardi 认为，首先和人的基因和天赋有关，其次就是跟文化有关。其实是一种文化精神的东西。有时一个年轻人他希望接受这样的挑战，以色列有这样的文化，那就是鼓励接受挑战。所以，当你问到谁愿意去做？谁能做？我觉得，整个群体都应该接受这样的挑战。如果在以色列问这样的问题，所有人都会举手，大家都想成为一名创业者。但是，并不是每个人都能创业成功，这和你的出身，包括家庭背景，家人怎样鼓励你或推动你等许多因素有关。

犹太人为什么创新能够成功？就是因为人才是这个国家最宝贵的财富，而优秀的人才离不开高质量的教育。

10.2 以色列创新成功的十大文化基因

提到以色列，你脑海中首先浮现出的印象是什么？

大多数人首先想到的可能是战火不断的"巴以冲突"吧？

还有一些人可能想到的是，拥有百年历史的人民公社"基布兹"吧？

这些概念都只是对以色列的一个粗浅印象而已，以色列的璀璨文明和精彩商业世界，可能大多数人并不十分清楚。

在这片自然条件非常恶劣、充满历史沧桑的土地上，以色列人变逆境为机会，脑洞大开，不断地创造各种各样的奇迹——

脑洞大开发明滴灌技术

20 世纪 80 年代，以色列因全国沙漠面积大，农业灌溉问题严重。

一名水利工程师偶然发现，可以通过软管将水缓慢释放到最有效的地方。他将这一方法迅速落地为产品，并在基布兹试验使用。后来耐特菲姆（Netfim）公司重新设计了一种"有孔"且能够调控压力的软管，从而将传统灌溉改为"滴灌"技术。

"滴灌"到底有多厉害呢？它可以用原来一半的水种出 40% 的庄稼。耐特菲姆公司逐渐向全球推广，已经占领了全球滴灌市场 30% 以上的份额。为人类的干旱农业解决了灌溉问题。

"移花接木"的本领

以色列复国 60 年，实现了经济增长 50 倍的奇迹。而这一切，靠的不是勤劳勇敢和加班加点，而是技术创新。只不过，它们创新的灵感来源，依然是战场。

如何在战场上搞发明呢？这种江湖绝技，以色列人称为"移花接木"。

比如，将医疗设备和生物技术混搭使用。

医疗中诊断早期肠胃癌的胶囊照相机，其最初发明者是以色列基文影像公司。这家公司的创始人伊旦，原本是以色列国防军武器开发商的一名导弹工程师。他闲暇时的最大爱好是：研制尖端光电元件——帮助导弹"看到"目标。

有一天，伊旦脑洞大开：能否将导弹中使用的微型化技术，用于开发一种可吞服的照相机，然后用来拍摄人体肠胃中的图像呢？

就这样，口服内窥胶囊照相机诞生了。

这种移花接木的本领，还常常被用于金融领域。以色列一些公司专门追踪恐怖分子的资金流动，他们发明了一种准确率极高的反信用卡欺诈技术，然后以 1.69 亿美元的高价卖给了美国 PayPal 公司。

以任务为导向，"反权威创新"

任何人想在组织中发挥能力，都离不开制度的保障，而制度的建立，往往需要一位智慧、开明，且富有领导力的管理者。

在战场上，以色列士兵经常要以一敌百。因此，军队的等级制度并不严格。即使一名 23 岁的士兵在面对危机的时候，也必须做出重大的指挥决策。

逼到绝境且被赋予足够多权力的士兵，往往会随机应变，用创新的方法去解决问题。而以色列的许多企业家都在 8200 部队担任过职务，所以企业也继承了这种管理方式。

在会议上，以色列的员工经常和老板针对某个问题吵得不可开交，但没有人会因此而不开心。

公司往往以任务为导向，需要员工在短时间内处理高强度的任务，这就意味着，必须调动其全部智慧和创造力。

而以色列对"创造性失败"的宽容，鼓励员工尝试失败的勇气，也正是犹太企业家成功概率高的一大重要原因。

以色列创新成功的十大文化基因

犹太人不但善于经商，还善于创新，究竟是哪些因素导致了他们非凡的创新精神呢？许多以色列专家总结了如下十大文化基因：

1. Chutzpah（厚脸皮）

Chutzpah 来自于古希伯来语的意第绪单词，很难准确地翻译，包含了多重含义。核心是三个，首先是 unmitgated，即纯粹的意思；第二勇敢；第三紧张。他认为这是以色列人的传统气质，首先是勇敢，勇敢走出第一步，才有可能创新。所谓的"厚脸皮"，指的是一种持之以恒、不达目的决不罢休的精神。

2. Questions and more questions（问问题）

以色列人从小孩时就被教会要提问，别人问你一个问题，你的回答可能还是问题；随便推开一间教室，都会发现人们在辩论，在 argue，在互相挑战 challenging，在质疑 being skeptical。以色列的教育就是从提问开始，孩子从小被鼓励不知疲倦地批判和提问，从而获得创新的灵感。

3. Diversity（多样化）

多样化也是创新之源，多样化又包括两个层面，第一是人员的多样化，以色列复国后，从全世界各地回来的以色列人促使了以色列 locals 的多样化；其次，鼓励人员想法的多样化 thinking differently，以色列人不喜欢模仿他人，认为上帝创造每个人都有其独特的价值。

4. Family Education(家庭教育)

以色列人对家庭教育十分重视，认为家庭教育是每对父母的责任，爱和教育好孩子是上帝赋予每对父母的义务。同时，教育也是创新的重要来源之一。以色列绝大部分人都接受过高等教育，拥有硕士或博士学位的人很多。

5. Persistence and willingness to fail and learn（不害怕失败）

以色列人认为，失败是成功的必经之路，失败并不可怕。失败对创新的帮助很大，第一次失败了，第二次、第三次、第四次成功的可能性更大。正是因为他们敢于失败，以色列的初创企业（start up）特别多，正是因为初创企业特别多，所以成功的企业也多。

6. compulsory military service（军队培养）

绝大部分以色列青年都要参军服役，在军营和战场上需要面临很多挑战，面对很多不确定性（uncertainty），而这就要求以色列人必须时刻考虑用创新的办法来解决问题。

7. informality as a way of life（非正式，不一致）

每个人与众不同，并非服从是一种生活方式，在军队并不必然服从上级，在学校并不必然服从老师，而想法不同才可能更多地创新。

8.socially connected（社会联系）

人人联系在一起，通过碰撞产生创新的想法。在以色列每个人会与海量的人认识，而这种人与人的链接能产生丰富的创意。

9. curiosity（好奇）

好奇心对创新的影响，就不细说了，这是不言自明的。

10. relentless problem solving that generates lots of ideas（不断解决问题，产生想法）

以色列人勇于实践，愿意奉献自己的思想，从而以祝福全人类为己任。他们认为，对棘手问题的解决会使人脑洞大开。在环境恶劣的情况下，必须通过创造性的办法才能解决问题。久而久之，以色列就变成了全世界的创新工厂。

2016 年 8 月，以色列驻华大使马腾接受了新闻媒体的采访。40 年前，他曾经参加过著名的"恩德培行动"，并担任这次行动的副总指挥。当年法国民航遭到恐怖分子的劫持，有 103 位以色列人被劫持到乌干达的恩德培机场。当时，马腾指挥的一个以色列突击队连续飞行了 7 个小时，成功地解救了以色列人质。在谈到以色列人创新成功的因素时，马腾认为最重要的是两点，一是归结于高质量的教育，二是因为以色列人不害怕失败。马腾说："我们并不提倡读死书。我们的教育理念是任何事情都不是理所当然的，你需要常常问自己、问父母、问教授、问朋友、问司令官，你需要不断地提问。"马腾指出，"没有人喜欢失败，但是以色列的年轻人对失败无所畏惧。"

很显然，创新是一件非常复杂的事情。上述这十大文化基因是破解以色列人创新智慧的一把钥匙。

10.3 以色列高科技对人类的贡献

在以色列还远没有被称为"创业的国度"之前，那些有远见的高科技人才已经开始了他们创造"第二个硅谷"的征程。虽然犹太人反对"偶像"崇拜，但是下面这以色列十大高科技创新"偶像"对人类做出了巨大的贡献，值得我们了解和研究：

1. Dan Tolkowsky（1921 年出生）——建立以色列首个风险投资基金

Tolkowsky 是以色列高科技产业的开创者之一，与 Uzia Galil 和 Fred Adler 共同设立雅典娜基金，服务于以色列高新技术和初创企业。他毕业于帝国理工大学机械工程专业，以色列最著名的企业家之一。在担任折扣投资总经理时，Tolkowsky 为许多以色列高科技巨头提供金融和商业基金服务，并成为这些企业的创始人之一。

2. Uzia Galil（1925 年出生）——成功创立以色列首家非军事高科技公司

Galil 是一位电气工程师，因成立 Elron 电子工业集团而被大众所熟知。20 世纪 50 年代，Uzia 曾经在摩托罗美国公司从事研发工作，是第一台彩电的发明者之一。回到以色列后，他先后在海军和海法理工大学工作。在此期间，Uzia 一边做学术研究，一边尝试在工商业领域做些工作。1962 年他在海法创办 Elron 集团。这是首家总部设在以色列的高科技跨国控股公司，净资产高达 50 亿美元，已拥有子公司 30 家，业务领域从医疗设备到军事技术均有所涉及。除了 Elron 集团外，由 Galil 创立或领导的知名企业在数字芯片、电脑主板和医疗电子成像等领域处于世界领先地位。如今，Uzia 依然像年轻人一样忙碌，他喜欢这样的工作："我所理解的企业家精神就是你要发现市场的需求，然后想办法用技术手段去满足它。"

3. Ed Mlavsky（1929 年出生）——创立以色列首家风险投资机构

Mlavsky 是以色列首家风险投资机构双子基金的创始人。作为风险投资领域的技术专家，他擅长通过自己建立的网络和融资平台将以色列技术同海外资本有效链接。在谷歌出现之前，Mlavsky 通过做出技术产品列表，再把它们推广到国外企业。由于他持续不断的努力，最终促成美以研发基金（BIRD）的成立。他从 1979 年到 1992 年一直是 BIRD 的管理者。再之后他成立双子基金，服务于诸多互联网技术和绿色信息技术的初创企业。同时，作为秦科（在纽交所上市的太阳能企业）的创始人，Mlavsky 为全球太阳能产业做出重大贡献。他创造了定边膜喂法，一种为光伏设备制作多晶硅板片的方法。

4. Jacob Ziv（1931 年出生）——开发出可用于任何个人电脑中的数据压缩技术

Ziv 开创性的工作使得数字通信更加快捷。他和 Abraham Lempel 共同创立 LZ family，旨在通过开发出无损数据压缩算法来减少数字资料所占空间，从而传播得更快。LZ family 的这一原理形成现代数据压缩标准，如 MP3 音频、GIF 或 PNG 图片和 PDF 文本。Ziv 的工作还改善了硬盘的存储容量和调制解调器的性能以及优化传真技术。Ziv 在计算机科学领域的贡献鼓舞着新一代的研究者继续前进。

5. Efraim Arazi（1937 年出生）——创立被称为"以色列高科技产业王牌"的 Scitex 公司

Arazi1968 年创立 Scitex 公司。主要研究和制造软硬件技术以及印刷和出版行业设备。这曾经是以色列首家高科技企业，雇员最多时达到 4000 人。从那时起，Arazi 陆续建立了图形和印刷公司。

6.Dov Frohman（1939 年出生）——引领个人电脑闪存技术的发展

Frohman 是一名电气工程师，事业起步于飞兆半导体公司（一家催化了许多硅谷企业诞生的公司）。之后他随着自己的同事加入英特尔，并成为公司副总裁。在 20 世纪 70 年代，Frohman 发明出一款可擦除可编程的只读存储器，称为 EPROM（当时只有 RAM 和 ROM 两种芯片，且都极其有限）。Frohman 的发明为个人电脑产业带来范式转移。他的新芯片很容易编程且可储存很长时间。英特尔创始人戈登·摩尔曾说，EPROM 和微处理器本身一样重要。而且，英特尔在以色列的全球集优中心是由 Frohman 建立的并担任首任总经理，现已退休。

7.Dan Maydan（1939 年出生）——推动半导体制造业的巨大发展

Maydan 是一名电气工程师。他早期在贝尔实验室工作时，开创了电极薄膜数据激光记录技术，并在半导体制造业上取得巨大成就，被史密森学会称赞为促进科技改革的人。许多年来，Maydan 一直率领半导体制造商应用材料公司生产计算、LCD、玻璃和太阳能等领域产品。

8.Yossi Vardi（1942 年出生）——以色列高科技产业教父

Vardi 是以色列早期的高科技企业家之一，为以色列许多初创企业提供天使投资。除此之外，他还是以色列高科技领域的"非官方大使"。你会在世界各地的会议中心和在以色列当地拥护创业国度的活动和午餐会中找到他。Vardi 在政府中担任要职，曾参与一些和平谈判。他创立或帮助创立 60 多家以色列高科技公司，包括最有名的 Mirabilis（ICQ 的创造者）。1998 年，Mirabilis 以 4 亿美元的价格出售给美国在线（AOL），充分体现了以色列的高科技创新可带来的巨大财富。据悉，Vardi 26 岁开始自己的创业生涯，与他人联合创立软件公司 TEKEM。这是以色列最早期的软件公司之一，后来卖给 Tadiran。

9. Yehuda Zisapel（1942 年出生）——以色列的"比尔·盖茨"

Zisapel 是 RAD 集团创始人之一。RAD 是一家数字通信集团，拥有员工 3500 人。商业 2.0 杂志把他称为电信初创企业的"孵化器"，因为 Zisapel 同他弟弟一起创立的公司中有 5 家在纳斯达克上市。RAD 第一个商业上的成功是源于一款微型调制解调器。公司还支持研发了许多副产品，其中第一个研发成果就是 Lannet 数据通信。Lannet 数据通信的以太网交换机，取代了昂贵的同轴电缆。

10. Kobi Richter（1945 年出生）——Orbotech 联合创始人和领导者

Richter 因其与 Medinol 共同发明的心血管支架技术而出名。但更让其有名的是因为他与以色列电子光学工业有限公司（El-Op）联合创立 Orbotech 公司，他因此被认为是以色列杰出企业家。Orbotech 公司主要为电路板和显示面板的检测和成像开发先进的高科技工具。如今，这些光学工具被用于高科技硬件制造业中的质量控制自动化检测，使得生产过程低成本、高效率。金融机构的自动检查处理就是该公司诸多解决方案中的一个。

不仅如此。在 2015 年，许许多多具有开拓性的以色列初创公司还将登上世界舞台。有一点可以肯定，对于那些做交互式内容、社区建设、体育和物联网方面的公司，2016 年也将会是他们蓬勃发展的一年，又有 16 家以色列初创公司震惊全球市场。

1.Umoove

Umoove 已开发出一项追踪脸部和眼部移动的专利技术，最初把这项技术推向市场的是一款游戏应用程序。第二款应用程序名叫 Uhealth，它有助于提高用户的注意力，并且可以在任何移动设备使用。 如今 Umoove 又在医学界掀起波澜，因为过去医学界只能使用昂贵的硬件设备才能做到眼球精确追踪。

2.LogDog

LogDog 是成千上万的人正在使用的一款应用程序，它可以在出现任何可疑登录行为时第一时间向用户发出提醒，让你在账号发生损坏之前就掌握情况。他们的新产品 LogDog Inbox Detective 通过扫描用户电子邮件账户，发现任何潜在威胁，并帮助用户摆脱威胁（比如要求你共享信用卡信息，社会保险号码等），对黑客们致力研究的领域更会加强保护。

3.Pulse Play

Pulse Play 是一款适用于激烈的体育比赛中的智能手表，特别是网球、乒乓球、羽毛球和壁球这类运动。手表会显示比赛实时分数（不用再被狡猾的朋友骗），并连接到云端，让用户可以找到附近的对手，看看他们在世界各地其他球员中的排名，甚至随着时间的推移跟踪他们的进步。

4.Mapme

Mapme 是一个交互式地图工具，用户可以创建打造美观、智能的协作型地图。它的平台不需要用户具有任何编码的技能，任何人都可以创建一个互动地图，并把地图添加到 Mapme 书签内。

它的使用案例层出不穷：Mapme 目前向政府、出版商和其他组织提供地图服务，来满足他们的战略需求。 Mapme 在种子轮融资 100 万美元，并计划在明年把业务拓展至美国市场。

5.Apester

Apester 是一个可以将交互式投票、调查、性格测试和视频测验嵌入大型网站编辑内容的信息传播平台。这样，Apester 在出版商、读者以及偶尔在品牌之间促成了公开对话。在此过程中，Apester 协助出版商、读者、平台之间进行的公开对话，参与率、网站停留时间、信息传播和共享性实现了 10 倍的增长。

6.Webyclip

如果你曾在 ebay 上在线浏览商品，并在看过与之相匹配的产品视频后下了单，那你很可能就用到了 Webyclip 的技术。

电子商务市场都在寻求视频优化服务和交互式网络体验，而 Webyclip 因此找到了自己的商机。 Webyclip 成立于 2013 年，目前已经融资 420 万美元。

零售商店，移动网站和云平台都使用 Webyclip 实现平台的"视频化"，这会大幅度提高用户体验和转换率。

7.Guesty

Guesty 服务于 Airbnb 的房东和依托于 Airbnb 平台的物业管理人员，为其提供管理类服务。

除了 Airbnb 之外， Guesty 会面向市场提供服务。例如，更为传统的度假租房平台 HomeAway, Booking.com 和 VRBO 等，Guesty 也会为其短期租赁房屋提供预订管理服务。

而对于 Airbnb 的房东来说，有了 Guesty 的专业技术，他们不仅可以扩大房屋信息的发布范围，还可以同时管理来自多个平台的预订服务，普通的物业管理人员可以就 Airbnb 的发展趋势来了解自己所处的行业。

8.Roojoom

交互内容和数字化信息传播是用户体验设计师和营销人员如今热议的事情。2013 年，微软创投的一位毕业生创建了 Roojoom，其主要是构建一个由用户驱动的网站，用活动影像和结构化的内容旅行来吸引用户。

虽然有很多产品在协助创建交互内容方面都非常优秀，但 Roojoom 可以让各大公司和品牌在它们自己的网站上打造"内容旅行"，这就显得独树一帜了。

9.ZCast

由 Zula 创立的 ZCast 是一个供播客使用的社交网络平台，播客可以在平台上进行直播，并与听众进行实时互动。在过去的一年，播客消费暴增，自 2008 年以来，几乎翻了一番。ZCast 有望成为 2016 年播客行业的领军人物。

ZCast 已经从微软创投、奇马创投公司、2m、众筹融资公司 Ourcrowd 和其他战略天使投资者那里募集到资金。尽管 ZCast 目前还处于测试阶段，但将在未来向公众开放。

10. Spot.IM

Spot.IM 在用户生成内容的领域掀起巨大波澜，尤其是在它的新版本发布之后。通过使用个性化的新闻推送、实时评论和本地化通知等当地社交元素，Spot.IM 可以帮助出版商提高用户参与度和保持率。

通过这种方式，在线出版商不再仅依赖 Facebook 向用户提供社交体验，他们可以在自己的网站上不断壮大社区。在过去的几年里，Spot.IM 实现了自身的快速发展，获得了一个包括红牛（Red Bull）、London Entertainment Magazine、Time Out 和 LittleThings.com 等多样化的客户群。

11.RoundForest

RoundForest 是一家电子商务初创公司，旨在优化消费者的购物步骤。2014 年 5 月，Alon Gamzu 和 Yonatan Leowidt 创办该公司，RoundForest 的使命是帮助消费者发现相似产品，并做出更好的购物选择。他们开发了一款自动引擎，用来排除性能优化中的猜测成分。通过采用数据分析和预测分析技术，他们能够在全球竞争最为激烈的电商领域开展业务。目前 RoundForest 每月用户超过 1000 万人。

12. SaferVPN

VPN，也就是虚拟专用网络，可以保护计算机的网络连接，保证用户所有发送和接收的数据是加密的，免受被窥探的困扰。SaferVPN 旨在提高这种必不可少的服务的速度和简洁性。

SaferVPN 由 Sagi Gidali 和 Amit Bareket 在 2013 年创立，据他们说，SaferVPN 的终极目标是让自己和市场其他同类产品区别开来，不仅要吸引网络安全领域的专家，还要吸引不同年龄、不同技术层面的用户。

此外，该公司致力于用他们的创新为更多的人提供更好的服务。作为互联网自由和言论自由的支持者，他们与促进人权组织和他们的众包平台 Movements.org 联手，向生活在世界各地封闭社会里持不同政见者提供无限制上网服务。

13. Kidoz

Kidoz 是一个供儿童使用的内容发现平台，为孩子们提供安全适用的数字工具。最近，该公司发布了一款软件开发工具包，以此来帮助应用开发者和内容所有者为孩子们创建有趣合适的内容。利用获得的新一轮资金 350 万美元，该公司计划扩大 Kidoz 网络与开发工作，为孩子们提供更多的的数字化内容。

14.Veed.me

Veed.me 是一个为现代营销人员提供定制视频服务的简单的电子商务平台。随着由有资历的专业摄像师团体创建的标价视频库的快速发展，Veed.me 使得曾经极其复杂的过程不再神秘，订购定制视频内容和"浏览、搜索和购买"一样轻松。

Veed.me 曾与谷歌、YouTube 以及美国其他大型机构建立过合作关系。2015 年，Veed.me 完成了种子期融资，投资者包括 Marker 公司、美国在线和创业加速器（UpWest Labs）。

15.Zuta Labs

Zuta Labs 在对现代印刷业的前景进行研究后，确定了他们要做的事。他们发明了将彻底改变这个行业的机器人打印机（Robotic Printer）。机器人替代了把纸张送入打印机这一繁琐的过程，通过在纸上自由移动，并且一边移动一边在纸上画出所需要打的内容。这大幅缩减了打印机的尺寸，还能在同一时间打印不同大小的纸张。

Kickstarter 上一次成功的众筹，成功创立了这家公司，随后 Zuta Labs 获得了多项知名奖项，其中包括包括 2015 年国际消费电子展（CES）"最佳创新奖"。该公司计划在 2016 年和世界各地的一流零售商一起发布这款产品。

16.Shopnfly

Shopnfly 旨在通过数字化的免税购物给国际旅客带来快捷和方便。无论是在机场、酒店、或在飞机上，用户可以在其平台上在线浏览免税店，订购商品，选择任何他们的目的地作为收货地址。目前 Shopnfly 已经覆盖了全球范围内近 100 个机场，2016 年旅游购物市场的规模超过了 2600 亿美元，在这样的大好形势下，Shopnfly 的影响力只会有增无减。

他们目前已经和艾玛迪斯以及以色列航空公司达成了合作，与此同时，还正在以色列航空公司、法国拉加代尔集团、国际航空集团和中国在线旅游机构开展试点项目。

以色列迅速发展的创业市场为优秀的构想和出众的执行力提供了一个舞台。每一年各行各业的初创企业都取得了巨大成功。2016 年，这 16 家初创公司将对它们所在相关领域的初创公司生态系统产生巨大影响。

10 年前，触屏手机、无线互联网和电动汽车等只出现在科幻小说中，而今许多都变成现实。大家不禁在想，有哪些技术将在未来改变世界呢？这一问题的大部分答案只有以色列这一弹丸小国可以回答，因为它的技术似乎总是领先于其他大部分国家。

下面就让我们一起来看看以色列即将改变世界的创新技术：

1. 【空中交通】SkyTran

同世界上许多国家一样，以色列也面临严峻的上下班高峰期的交通问题。但不同的是，这个国家最具创新精神的高科技人才没有坐以待毙，而是不断探索，终于找到改变这一现状的方法。就在不久的将来，特拉维夫将拥有全球首个磁悬浮技术的城市交通系统。这一创新举措由以色列和美国宇航局艾姆斯研究中心联合开发。SkyTran 磁悬浮单轨吊舱系统零排放，而且在繁华的城市运行几乎无任何噪声。每个吊舱可允许一位乘客乘坐，就像乘坐一辆出租车般方便，但票价却只与公交车票价接近。乘客可通过智能手机申请乘坐。

2. 【绿色燃料】Green Feed

以色列另一个重要的成就集中于替代燃料领域。但提到无油能源创新时，以色列绝对世界领先，正如本·古里安大学的教授 Moti Hershkowitz 一样。Hershkowitz 开发出一种"绿色燃料"（Green Feed），用二氧化碳和水取代原油。这种物质由轻微改良的现有炼油厂精炼而成，且只排放水蒸气。当然，这项技术投入商业应用仍然需要 10 年。到那时，以色列的清洁燃料将使得电动车成为时代主角。

3.【冷冻疗法】IceCure Medical

如果有人告诉你，可在 15 分钟内将肿瘤冰化进而切除掉，你可能会不相信。然而以色列的 IceCure 公司却将这一冷冻奇迹变为现实。轻度恶性肺癌和乳腺癌肿瘤患者将是这一新型零摄氏度以下冷冻疗法的受益者。IceSense 3 冷冻疗法利用液态氮将手术针冷却到零下 170 摄氏度，然后插入到肿瘤中。极度的寒冷可破坏危险的组织，只需花费 10~15 分钟时间手术即可完成，且无疤痕。冷冻疗法临床试验成功之后，患者被诊断为良性。

4.【轻薄】Gauzy

百叶窗、广告牌、橱窗将在未来被彻底地改造。以色列公司 Gauzy 拥有一项令人难以置信的新技术，将会改变透明度的存在意义。液晶控制器，与液晶电视中的组件类似，允许用户通过前所未有的调光功能与不同的透明度控制玻璃，而且所有这些只需要一个开关。Gauzy 还提供可选择性植入透明太阳能电池的玻璃，提高环保意识。这项技术意义深远，几乎适用于用玻璃制成的任何表面，从自动售货机到冰箱的门、天窗、电梯，通过个性化设置使不同角度的世界变得大大不同。

5.【城市航空】Urban Aeronautics

许多人来去匆匆，试图实现终极模式的科幻旅行。气垫汽车、气垫船、传送机，随你怎么称呼它。然而，当国际宇航联合会前战斗机飞行员们聚在一起，创建一架无水平旋翼的垂直起降实用飞机，这是一定能够成功的。Urban Aeronautics 的最新轿车 AirMule，因其能够在拥挤的城市环境中轻松着陆，将成为世界上第一架无人飞机救护车。申请这样一种易操作的交通工具的人数众多，但 AriMule 可能会把第一次献给最需要它的地方，即军队和紧急医疗救援机构。如果我们在不久的将来可以驾驶它去上班，一定要感谢 Urban Aeronautics 这一突破性的技术。

6.【无线充电】Wi-Charge

电池电量过低困扰着你？未来 Wi-Charge 的红外技术将使你从中解脱，在任何时间任何地点自由充电。正如你的智能手机、平板电脑或电脑识别网络热点，Wi-Charge 技术将通过无害的红外光束将相似设备中的电量传到安装在天花板上的无线路由器来给你的设备充电。这就意味着，无论你在哪儿，无线充电都会跟着你，时刻保持你的电量充足，方便你的生活。Wi-Charge 不是市场中唯一的无线充电技术，但它与传统的通过短距离的磁感应（地对地的充电概念）充电方式来说，进步是巨大的。

7.【夜视镜】NightVision Lenses

夜视镜非常酷，无论是用于体育、防御或仅仅是娱乐中，红外线发出的绿光都是让许多人兴奋的东西。现在，本·古里安大学教授 Gabby Sarusi 正带领他的团队研究将纳米材料运用到镜头中，将一种不可见红外光转化为夜视镜需要的可见光，从而把任何眼镜变为夜视镜。毫无疑问，这种纳米材料将使得太阳镜在日落后也有更多的用途。

8.【移动眼】MobilEye

听起来像变形金刚的电影，但是有些汽车真的可以看到周围环境并且彼此说话。以色列公司 MobileEye（计划成为以色列史上最大 IPO 企业）已经开发出一种系统，当驾驶者放开手中的方向盘，或是面临危险时，汽车可自动开始驾驶。虽然此项技术已被奥迪和宝马等知名汽车公司普遍看好，但 MobilEye 仍在努力改善自己的技术，最终实现完全的无人驾驶汽车。

9.【储存点】StoreDot

是不是常常因为手机充好电需要很长时间而心情焦躁，特别是着急出门的时候。这些烦恼将很块成为过去。以色列 StoreDot 公司近日开发出手机充电原型机，可在 30 秒内完成充电。除此应用外，基于生物半导体技术开发出的应用还有许多，如数据存储设备将变得比市场上同类产品更加高效，显示屏更薄、颜色更透亮等。

10.【实视】Real View

在电视剧《星际迷航》中，在太空旅行的企业员工会在面临困境时进入全息甲板休息放松。目前来说，基于整个空间的全息甲板短期还很难实现，但以色列公司 Real View 已经开发出独特的全息影像技术，使体验出真实的意境。医生可通过先进的 3D 交互可视化系统来对病人漂浮在半空中的真实三维解剖精确体积全息图进行检测。

无数的事实证明，犹太人为人类文明做出了巨大的贡献。曾几何时，高科技引领人类的发展方向，以色列人再一次独占鳌头，为世界做出了榜样。

10.4 "以色列模式"为中国转型提供榜样

给茶苗"打点滴"，将水肥直接注入植物根部；系统回吸将管内残留的肥料清洗干净，保证管道的使用寿命；运用 3G 手机远程控制茶园灌溉……在密如蛛网的滴灌管线支持下，茶园节水灌溉成为现实，季节性缺水问题迎刃而解，茶农走上了"旱涝保收"的致富之路。

自从引进了以色列的滴灌技术以后，中国的一家茶园实现了茶苗的高效灌溉，甚至还实现了茶园的无人化管理。

在茶园的中控室内立着三个大桶，每一个大桶都有相应的管道连接着阀门，桶内分别装有水、肥、药，按照一定分量配比后，通过管道流向茶园。这一套水肥一体化机器通过电脑编程设定，实现了自动配比肥料，按时给茶苗"喝水""吃肥""滴药"。更关键的是，还通过 3G 网络联网，将中控室的电脑与手机连接，拿着手机就能够远程控制整个灌溉系统的运作。

正是通过智能化系统的运作，茶园的人工成本可以节省大约95%。2000亩茶园，负责灌溉的管理人员只需要一到两人。以滴灌为代表的节水灌溉技术，在以色列得到普遍应用。使用滴灌设备组装成滴灌系统，将水输送分配到田间地头，经过滴灌管以微小的流量湿润作物根部附近的土壤。

茶园中那些黑色软管上大约每间隔 30 厘米即有一个细孔，水滴便从这些细孔中渗漏出来，直接渗入土壤，滋润茶苗根系。不一会儿，茶苗四周已一片湿润。

每一个管头都有一个过滤器，能够将杂质过滤掉，这样就不会造成细孔的堵塞，也能让水流均匀溢出，每一片茶园接收到的水分都是一样的。由于山顶风大，不一定适合喷灌，水一经喷出容易随风飘散，灌溉可能不均匀。

滴灌能直接到达根系范围，让水资源得到高效利用。相比于传统的灌溉方式，这种"打点滴"的方式能够节约用水 60%～70%。此外，由于将肥料直接溶于水中，顺着管道直接渗入根系，让茶苗更加容易吸收，水和肥利用率高达 90%。滴灌的灌溉方式因为是通过铺设管道的方式实现节水灌溉，地形适应性较强，不论是平地还是丘陵地带都能够运用。

近年来，在近距离接触"以色列模式"后，许多中国企业家终于开始理解什么是以色列模式。正如 CCTV 的一位新闻记者所言："中国人的保守思维正在迅速消失，周遭的事物也在发生巨大的改变。年轻一代和老一辈人存在很大的差异。前者更独立，也不害怕与他人据理力争，甚至会反驳他们的长辈。"

"创业的国度"的基因也在中国慢慢形成。很多中国人都知道，以色列人的创造力和创新源于他们的"异想天开"、不愿从众以及誓要成功的决心。他们会一次次尝试新想法和项目，直到得到正确的答案。有人认为："中国可以通过巨大的国内市场帮助以色列，而以色列可以用创新技术帮助中国，不仅是在科技层面，还包括文化和商业领域，教我们敢于冒险，获得更多回报。"

在科技领域，以色列的技术可以解决中国很多需求。例如，中国亟须用于净化空气和水的环保技术。近年来，北京的空气污染吸引了媒体的高度关注，这其实是中国已经存在数年的长期环境危机问题。一旦有了以色列的帮助，北京和全中国可以重新变得干净起来。我们的工业革命带来了污染，北京今天的情况和 19

世纪的伦敦不相上下，当时伦敦的空气也因工业化变得极其糟糕。但伦敦成功地把空气重新变得洁净，而我相信北京也能做到。也就是说，如果有了以色列的帮助，我们改善环境所需要的时间将会大大减少。

以色列，这个人口只有 830 多万，国土面积只有 2.57 万平方公里的国家，它却是个名副其实的中东科技大国，年人均 GDP3.5 万美元，在纳斯达克的上市公司中，来自以色列的公司数量仅次于美国和中国。

让创新成为全社会极具公信力的价值观，以色列的做法是从小抓起、从教育做起。这两点表面看算不上什么特别，但他们在细节上下的功夫却很大。犹太母亲对于自己孩子的成功，哪怕最微不足道的甚至是想象出来的成功，都感到无比的骄傲。但国人在激励孩子时，往往言不由衷地夹杂着功利思维。当功利成为育儿指标时，孩子的天性就极易被望子成龙者不切实际的期望所扭曲，直至压倒。谈及我国的教育，多数人都会摇头。在应试教育体制下，学生的创新思维被阉割，学生被改造成一台台擅长应付考试的冰冷机器。以色列在教育上的一些做法，或许会令国人感到匪夷所思。

以色列对教育相当重视，其投入占 GDP 的 8%，而中国近年最高的 2012 年也仅突破 4%。中国高校论文产量早就冠绝全球，但平均引用率排在世界 100 名开外。以色列的学术文章在国际领先杂志上出版、发表、引用率仅次于瑞士与瑞典，居全球第三位。这些数据足以说明以色列学术文章的独创价值。但是，创新并不是以色列教育体系中先入为主的教育理念，他们只不过把我们常说的"因材施教"付诸实际行动。以色列教育的基本原则是，公民可以在任何年龄学习知识，没有划分任何年龄界限。因而，以色列希伯来大学开设了特殊课程，学生只要在智力测试中取得好成绩就能被录取，就算他们连高中都没有毕业。区分教育内容的，是智力而非年龄，这在以色列司空见惯。在具体教育模式上，以色列采取开放式教育，教学以启发为主，重视提问和交流，衡量学生成绩的优劣不看其是否按标准答案回答，而是要看提问者能否提出有深度的问题，是一种让人增长智慧的学习方法，整个教育体系强调启发学生的先天智力，最大限度发挥学生的主观能动性。想方设法开启孩子的智力，是以色列教育最为重视的内容。创造智力激励的最大公约数，必定是相当繁杂的过程，所以，要培育创新意识，也绝对无标准答案可寻。

犹太人非常重视家庭教育。与众多民族相比，犹太民族有个不一样的特点，那就是犹太人是一个母系认定民族，这也导致犹太母亲在其家庭教育中独特而重要的地位。犹太妈妈受教育程度普遍很高，现在的以色列女性拥有学位的百分比仍高居世界第 3。德国教育家福禄培尔说过："国民的命运与其说是操纵在掌权者手中，倒不如说是掌握在母亲手中。"从这一点上说，犹太人重视母亲对孩子的启蒙教育是非常好的传统，为其培养优秀人才奠定了扎实基础。

其次，犹太人尊重知识，崇尚智慧。巴菲特曾说："如果你来中东寻找石油，那么你可以忽略以色列。如果你是在寻找智慧，那么请聚焦于此！"在以色列，国民普遍养成爱读书的习惯。此前中国出版科学研究所开展的全民阅读调查显示了不同国家国民每年人均阅读图书量：韩国为 11 本，法国 20 本，日本 40 本，以色列高达 64 本，而中国仅有 4.6 本。犹太人尊敬有知识的人，他们认为"学者比国王伟大"。他们的教育部长夏依·皮隆很自豪地说："以色列的专长是出口天才。"

在以色列，年轻人不论男女均需义务服兵役，到了 18 岁都必须入伍。军旅生活能让以色列的年轻人迅速成熟，尽早明确自己的目标，也给了他们拓展人际关系、接受精英培训的机会。许多专家认为，以色列的兵役制度是以色列员工性格坚韧和企业执行力突出的根本原因。军营经历的确有助于员工吃苦耐劳性格的培养，但对以色列人而言，当兵的最大历练是学会与人合作。以色列人认为，军人讲究的是交流协作，只有这样才可能形成无往而不胜的拳头。也正因为国家小人口少，所以以色列人就须打破更多条条框框，实现交流的最大化，从而使智力资源共享。以色列社会的等级观念十分淡漠，如果将中国等级观念算作 99，那么以色列就是 0 到 3，甚至比美国还要平等。这种平等不单指政治方面，而且包括各种社会秩序。这也意味着，以色列人际交流门槛低，不论才高八斗的专家学者，还是贩夫走卒，知识和智慧总是处于核心地位。

服兵役期间，一些聪明的年轻人会被挑出来进行重点培养，并送入特殊的机构或尖端科技部门，接受的学术培训远远超出以色列或世界其他国家普通大学生所接受的培训范围。其政府曾制订 Talpiot(塔楼)计划，即超级精英培养计划，被选中的军士能顺利通过课程考核，将成为真正的"Talpiot"，这个称号将为他们带来终身受用不尽的威望与声誉。至今，Talpiot 仅培养了 650 多名毕业生，后来都成了以色列顶级的学术专家或成功企业的创始人。

以色列还有很多类似的精英培训计划。2013 年，以色列总理正式启用了培养青少年网络精英的新国家法案，该法案旨在为以色列创建一个"数字铁穹"，保护其重要基础设施免受黑客入侵和病毒骚扰。2015 年，以色列为了振兴其钻石产业，由政府主导启动了新一代钻石工匠大师的培训计划。

目前，从世界各地高科技"谷"的发展规律来看，其成长过程，往往就是大学、教授、企业、基础设施和投资者扎堆，在集群化社区中实现有效沟通的过程。美国"硅谷"的成功说明了只要推动交流和创新，大型"谷"的生命力是很持久的，而且在危机时期能呈现新的生命周期。绝大多数的创新并不是闭门造车、苦思冥想的结果，而是交流后的聚合反应，就像今天我们所说的"互联网＋"。当多种不同学识、学科或思维的人才聚集在一起时，充分交流往往会令知识产生意外的"化学反应"，这便有了创新。交流说起来简单，但交流如果不能带来快乐，意味着交流的不彻底甚至是伪交流，创新自然只能是纸上谈兵。从这一层面讲，以色列人的交流本身就会生产快乐和创造。

2014 年 9 月 10 日，李克强总理在夏季达沃斯论坛上首次提出，要借改革创新的"东风"，推动中国经济科学发展，掀起"大众创业"和"草根创业"的新浪潮，形成"万众创新"及"人人创新"的新态势。在 2015 年的"两会"上，"大众创业、万众创新"被正式写入政府工作报告中，定调为推动中国经济发展调速不减势、量增质更优，实现新常态下经济发展的"双引擎"。这些举措凸显政府对创业和创新的重视，以及创业和创新对中国经济的重要意义。然而，"大众创业、万众创新"必须解决深层次的人才和教育的问题："没有创新人才，创业就是无源之水；没有创新教育，人才就是无本之木。"

以色列境内拥有220所跨国公司研发中心，2013年出口额达64亿美元，有70多家公司在纳斯达克上市。在10年间，新生企业诞生7027家，死亡2882家，存活4145家，企业的存活率高达60%，且大部分为高科技互联网公司。2011年，苹果公司选中以色列，建立其第一个也是最大的海外研发中心。以色列有诺贝尔奖获得者12人，每万人中有工程师145名，居全球之首。人均教授拥有量居世界第一，每4500人中就有一名教授。中东地区最好的10所大学中，有7所位于以色列。这7所大学中的3所在学术领域已跨入世界大学前100强。

以色列的科技研发支出比重位居全球第一、除硅谷以外创业公司数量第一、风险投资人均第一。2014年，以色列的688家科技公司总共拿到投资34亿美元。尽管以色列在2014年只新增了29家科技公司，但是外来的投资却同比上涨近一半，涨幅为46%。以色列的创新创业，由中小微企业领衔，全国企业中98%为中小微企业，大多是高新技术企业，雇员人数占全国劳动力的50%~60%，其小企业增长率为全球第二。以特拉维夫－雅法为主的沿海城市，因其高科技化类似于美国"硅谷"，被世人称为"硅溪"。

因此，革新教育体制是提高创新人才培养能力的关键。目前的填鸭式教育、应试教育、八股教育、功利性教育，严重压迫着创新文化的生长，已不再适应新时期科教兴国人才的培养需求。著名的风险投资人维诺德·科斯拉说："35岁以下的人是带来改变的人群。"据科学统计，大多数科学家和发明家是在30岁左右开始作出重大发明创造，60%的重大发明是40岁之前作出的，科学家的最佳创新年龄在25~45岁，最佳年龄是37岁，首次成名的创新年龄是33岁左右。从创业的角度来说，比尔·盖茨创业时17岁，扎克伯格19岁，乔布斯21岁，李彦宏31岁。

显而易见，要想使"大众创业，万众创新"获得成功，从而使中国的经济实现转型和可持续发展，必须真正改变中国的教育体制。让每一个老师都能够探索最好的教育方法，把每个孩子本具的天性和潜能激发出来，让他们做最好的自己，为他们通向未来打开若干扇窗户。让爱心启迪我们的智慧，让智慧改变每个孩子的命运。

中国梦，法治梦，教育梦！

10.5 中国托克托，离北京很近，离世界更近

2013 年，中国与以色列正式建交 21 周年。在政府、企业、科研院所、组织机构及社会群体的共同推动下，中以科技创新合作日益升温。2014 年 5 月，从以色列总理内塔尼亚胡访华，到复星药业斥巨资收购以色列医疗器械企业 Alma，李嘉诚基金会在汕头捐建广东以色列理工学院，持续激发两国从官方到民间的巨大合作热情。当前，开启创新驱动引擎的中国梦引起了以色列的广泛关注。

长城战略咨询认为，硅谷、中关村、以色列是全球新经济的三大领军区域。在中国科技部国际合作司、北京市科委的支持下，长城战略咨询对以色列高技术产业和创业进行了持续研究。为了进一步把握中以科技创新合作发展脉络，探讨合作发展中出现的问题，促进中以科技创新合作的深化，长城战略咨询对中以科技创新合作进行了深入的研究，形成了《中国与以色列科技创新合作年度报告 2014》。

一、中以科技创新合作呈现井喷

自 1993 年中以两国正式建交以来，两国科技合作顺利度过"培育"阶段（1993 年—1999 年）和"孵化"阶段（2000 年—2009 年）。2010 年，科技部部长万钢赴以色列访问并签署了《中国政府和以色列政府关于促进产业研究和开发的技术

创新合作协定》，明确了双方政府鼓励两国企业开展面向新产品、新工艺的技术研发合作及面向全球市场的产业化合作，标志着两国科技创新合作进入加速发展的关键阶段。

当前，中以科技合作日益频繁：

第一，贸易快速增长，中国对以色列进口高科技产品成为主流。中国已经成为以色列在亚洲的最大贸易伙伴和全球第三大贸易伙伴，仅次于欧盟和美国。

第二，政府交流广泛，全力推动地方与企业间深度合作。国家层面，中国政府与以色列政府进一步加强交流，召开了多轮中国以色列科技合作联委会和中国以色列技术创新联委会。地方层面，江苏省、北京市、上海市、深圳市、广东省、山东省等20多个省市也相继展开了同以色列的全方位的合作。

第三，企业对接活跃，双方科技企业积极寻求技术对接。从2015年开始，中以合作成为中国农业界、科技界和金融界最热门的话题。中以高科技峰会每年在中国和以色列各举行一次，吸引了中以两国各自上千家企业参加，使中以科技创新合作脉络更加清晰：

合作领域更加广泛化，涉及以色列主要优势产业。中以科技创新合作涉及产业领域包括农业科技、水处理技术、清洁技术、软件与IT、生命科学等方面，合作深度与潜力各有不同。

产业聚集化，产业园渐成中以科技合作落地的重要载体。北京、江苏、广东等地尝试以产业集群为导向，根据地区产业特色打造中以科技合作产业园区。目前，比较典型的有聚焦于生命科学的江苏常州国家医疗器械国际创新园，聚焦于水技术的广东东莞中以国际科技合作产业园，聚焦于软件与IT领域的北京中关村软件园和聚焦于微波产业的福建泉州中以微波产业园。此外，还有正在建设的综合性园区北京天通泰文化数码科技园，以及正在规划的广州开发区中以生命科技园等。

合作发展多元化，中国多家科技企业正式登陆以色列科技投资市场。例如，

2010 年 2 月，深圳易方数码科技股份有限公司整体收购以色列高科技企业佩格萨斯公司，并融合该公司的触屏技术，生产出即插即用触屏设备；2013 年，上海复兴医药（集团）股份有限公司出资 2.4 亿美元，收购以色列医疗美容激光器械制造商阿尔玛激光公司 95.6% 的股权等。

二、中以深化创新合作恰逢其时且任重道远

两国间十分认同深化创新合作将是优势互补、各取所长的"天作之合"。更重要的是，中国制造进入创新驱动发展的新时期，国内企业迫切需要通过提升技术水平和创新能力，推动产业升级。而以色列作为典型的高技术产品出口型经济体，在金融危机和欧债危机后，欧美对以色列的消费大不如前，以色列需要寻找新的合作伙伴，推动国家经济的稳步增长。正是在这样的背景下，中以双方比以往任何一个时期都渴望与对方的精诚合作。

三、中以携手开启创新合作新时代

我们相信，中国和以色列将开启创新合作的新纪元，不仅各取所长，更要形成高层次的战略合作共识，携手将两国的科技型中小企业推向国际化竞争的舞台，共同开拓创新全球化的广阔市场。

下一步，我国加强与以色列的国际科技合作，应以新兴产业为切入点，首先要有前瞻的发展眼光，直接对接以色列的创新源头，促成国内重点创新企业、高校院所的优势学科与以色列学科内顶尖院所三方共同成立联合创新中心或联合实验室。可由政府牵头组织与以方重点院所的共建协商，如生命科学领域的魏茨曼研究院、巴伊兰大学，新一代信息技术领域的本·古里安大学、海法大学，国防科技领域的 Ariel 大学等，重点推动新兴产业创新路线图研究、产业前沿基础研究及关键共性技术攻关项目的合作研发。同时，大力促成一批新兴产业概念验证实验室的建立。重点对接以色列大学和科研机构的技术转移企业，如魏茨曼研究院的 YEDA 技术转移公司、耶路撒冷大学的 Yissum 技术转移公司、特拉维夫大学的拉莫特技术转移公司、本·古里安大学的内盖夫技术与应用公司、巴伊兰大学

研究与发展公司等，充分调动其开拓中国广阔应用市场的积极性，建立原型技术与国内企业间的推荐通道。

四、在合作中学习提升中国科技创新能力

1. 向以色列政府学习。首席科学家制度在以色列科技兴国战略中扮演十分重要的角色，是以色列政府科技创新管理体制的核心环节。探索首席科学家制度的中国化对我国科技园区及地方政府科技管理体制改革具有借鉴意义。因此，任人唯贤，政府管理与市场作用应有效衔接。

2. 协调有度，政策统筹与专业分工纵横相扣。以色列国家科技政策体制包括三个部分，分别是议会下设的科学技术委员会、科技与空间部以及首席科学家论坛。这些部门分工明确，共同承担科技工作的各方面工作。

3. 科学决策，主动承担资助项目的转化风险，有效弥补市场盲区。以色列政府几乎每个设有 OCS 的部门都有自己的资助项目。但由于经济部 OCS 和财政部是以色列"创新大法"《工业研发鼓励法》的主要实施部门，经济部 OCS 的资助规模占据国内绝大部分比重。一方面，经济部 OCS 不对申请项目设立门槛；另一方面，政府在资助项目中扮演"只输不赢"的角色，企业创业失败无须返还资助，商业化成功后则只需在头三年返还销售收入的 3%~3.5% 作为利息回报。

另外，学习以色列政府在促进孵化器和风险投资体系的市场化改革中所起的关键作用。以色列孵化器和风险投资体系经过 20 余年的建立和发展获得巨大的成功，这与政府的积极作为密不可分。一是，在体系建立初期，政府要耐得住寂寞，积极引导市场观念转变，促进本地市场化服务机构的学习和成长。对于我国地方政府而言，要充分认识到孵化器项目以及本地风险投资企业的成长无法速成，可积极引入国内外专业服务机构加速学习引导进程。二是，在体系日益成熟时，政府要适时退出，把主动权交给市场。

4. 向以色列高校院所学习。以色列高校院所与市场之间保持密切联系，畅通的技术转移机制为科研成果的商业化提供有效保障，国内大学及研究院所完全有条件在现行法律框架下实践以色列技术转移的核心理念，主要包括两点：一是建立完善专业的技术转移机构，形成高校院所与市场需求之间的纽带联系。二是设计更为合理的风险收益分担模式，激励支持科技人员技术转化的热情。以色列大学技术转移机构一般将技术和成果以注册专利的形式出让给技术需求方，与知识产权归属方分享收益。同时，根据可转移技术的成熟度，进行合理的收益分配，风险越高、回报越高。

5. 向跨国高技术企业学习。如今，以色列创新科技与人才为国际科技巨头所倾慕，已经成为研发投资首选之地，已经有超过 240 家跨国公司在以色列设有分公司或研发中心，涉猎信息技术、通信、医疗技术、清洁能源、新媒体、生物技术等以色列创新优势领域。对于中国科技企业而言，尽早抢滩以色列，将大大加快我国企业在相关产业领域的创新全球化步伐。

2016 年 3 月 29 日，中国国务院副总理刘延东第二次率团访问"中东硅谷"以色列，将两国的创新合作又一次推向高潮。访问期间，刘延东副总理和以色列总理内塔尼亚胡共同主持了中以创新合作联委会第二次会议，出席了中以合作有关项目的发布仪式，宣布了正式启动中以自贸区谈判，并见证签署了有关便利签证、科研、农业、高等教育、文化等 13 项合作协议。

在如此密集又卓有成效的访问中，刘延东副总理还专程在特拉维夫出席了太库以色列中国创新中心的揭幕仪式。第十二届全国政协副主席、科学技术部部长万钢和以色列经济部首席科学家艾维·哈桑共同为创新中心揭牌。

太库究竟凭借什么"惊动"了副总理，获得了副总理莅临揭幕的殊荣？副总理此行的背后，又有何深意呢？

作为全球化的"创业者国度"，太库在创业领域打通了国家之间的界限，连接起了来自世界各地的创业资源。以太库以色列中国创新中心为例，创新中心从对接以色列先进的技术创新源头入手，全力打通从基础研究、应用研究到孵化落地的各个关键环节，将以色列技术带入中国进行产业化落地。积极摸索跨国产业价值链整合的新模式，真正成为"中以创新的加速器"。

太库的模式打破了国家界限的束缚，通过资源统筹配置，勾勒世界创新产业高地，整合了全球各地创新资源，在太库这张"全球网络"中实现自由流通。"全球技术、太库加速、中国创造"——太库的全球战略布局，既"国际化"又"接地气"。既能"上天"，顺应中以创新合作国策，创建全球创新生态链；又能"入地"，针对区域经济国情，携手华夏幸福，以独特的解决方案，加速区域产业升级。如此说来，太库正是以一盘上天入地的大棋局"惊动"了副总理，并获得副总理莅临的殊荣。

与此同时，在中国国内北方也发生一件值得载入史册的事情：

中国历史上第一所中以智慧结合的创新教育学校——WUTA 国际创新智慧学校已于 2016 年 9 月 1 日正式开学。该校位于内蒙古呼和浩特市托克托县五申镇第一小学院内，距北京 525 公里。WUTA 创新智慧学校是托克托县人民政府 2016 年重点招商引资项目，由"中国犹太智慧和以色列创新教育研究第一人"贺雄飞教授领衔创办，将聘请以色列执行校长和英美外教，2016 年将开办从幼儿园、小学到初中。学校将开设英语、希伯来语和法语课，实行全寄宿和全封闭人性化管理，鼓励家长陪读，学校将为部分家长提供住宿和工作岗位，并创办中国第一所全日制家长大学。

WUTA 创新智慧学校致力于传播 5000 年中犹智慧，用全新的理念和方式进行授课，让每个孩子快乐成长，从小拥有五大智慧，为中国培养真正的国际化未来人才。教学中将采用贺雄飞教授经过 20 多年研发的"塔木德（犹太智慧）教育创新体系"和"问题导学"与"智慧启学"教学模式，开展 8 门校本课程和 9 大校园文化，让越来越多的中国孩子摆脱应试教育的痛苦现状，快乐学习、高效学习和深度学习，接受世界上最先进、最优质的教育。老师们希望打造一个中国创新教育的"小岗村"。

一、WUTA 国际学校的教育理念和特色课程是什么贺雄飞教授用 20 多年心血研发的塔木德（犹太智慧）教育创新体系，可以彻底造福中国的下一代：

1. 课堂四大特色：

① 激发孩子兴趣；

② 挖掘孩子潜能；

③ 提高孩子的理解力、想象力和创造力；

④ 为孩子通向未来打开若干扇窗户。

2. 教育目标是从小培养孩子们的五大智慧：

① 绿色智慧：创造的智慧；

② 黄色智慧：人性的智慧；

③ 蓝色智慧：平衡的智慧；

④ 红色智慧：实践的智慧；

⑤ 白色智慧：学习的智慧。

3. 创新课堂的四大步骤：

① 导入：设置悬念，激发兴趣；

② GPS 与 DNA：设立本课的目标和导航图；

③ 核心：模拟课堂与话题讨论展示；

④ 回归、升华与发散。

4. 问题导学和智慧启学的六大要素及思想精髓：

兴趣、方法、自信心、习惯、能力和智慧；

情感、信仰、价值观，举一反三、融会贯通。

5. HET 全人教育模式的六大价值观：

灵魂、品格、智慧、道路、真理、生命。

6. 塔木德（犹太智慧）教育创新体系的七大理念：

① 每个孩子都是天才；

② 每个孩子都需要被关注；

③ 孩子，今天你提问了吗；

④ 要想给孩子教点什么，首先得让孩子喜欢你；

⑤ 制定游戏规则和玩游戏；

⑥ 究竟是教学生还是教教材？深度永远比速度重要；

⑦ 授人以鱼，不如授人以渔。

7. 塔木德（犹太智慧）教育创新体系的八门校本课程：

① 提问课；

② 犹太智慧课；

③ 西方哲学启蒙与公民教育课；

④ 财商教育课；

⑤ 电影欣赏课；

⑥ 中医常识课；

⑦ 法律常识课；

⑧ 围棋课。

8. 塔木德（犹太智慧）教育创新体系的九大校园文化：

① 犹太式演讲辩论；

② 犹太戏剧表演；

③ 微电影大赛；

④ 中学生创新创业大赛；

⑤ 读书大赛；

⑥ 故事笑话大赛；

⑦ 科普创新知识大赛；

⑧ 小侦探、小法官、小律师大赛；

⑨ 小导游大赛。

二、WUTA 国际学校校训是什么

我们不喜欢只会"听话"的孩子，"听话"的孩子没有创造力。

读死书的人是一头驴，智慧改变命运。

李嘉诚办大学，我们办中小学。南北呼应，推动中国教育改革。将来赚了钱，我也要像马克·扎克伯格一样，把99%的钱捐出去，成立"中国诺贝尔教育奖"基金会，弥补诺贝尔奖的不足，奖励那些为人类教育做出贡献的人。

2016年9月1日，来自全国各地的近20名学生在金色的9月相会在美丽的托克托五申镇第一小学，也预祝中国历史上第一所中以智慧结合的创新教育学校·托克托WUTA创新智慧学校能拉开中国创新教育的新篇章。

中国托克托，离北京很近，离世界更近！

代跋 2017 年，继续为理想而活着

古希腊哲学家苏格拉底说过："不经过审视的生活是不值得过的。"商人们往往以一年的收入和利润作为盘点标准，而理想主义者则愿意反思自己失败的经验和教训。

2014 年春天，我返回家乡鄂尔多斯，希冀帮助家乡摆脱危机实现经济转型与可持续发展，但事倍功半、铩羽而归，最后被迫流浪到石家庄、大同、包头和乌兰察布，希望将浸泡我 20 多年心血的塔木德（犹太智慧）国学教育创新体系落地一家幼儿园作为样板，并创办中国第一所以色列创新教育国际学校，从而造福深受应试教育坑害的下一代，但终归失败。正如一句犹太谚语所言：失败是常态，成功是非常态。

我的 2015 年是理想和现实博弈的一年，家庭、出版、事业均展现出巨大希望。我的女儿高一在

爱尔兰游学，高二在美国游学，高三在英国游学，2015 年继续出国上大学，而且终于摆脱经济的困扰，为实现自己的梦想而负笈法兰西；我的儿子和她的母亲在 2015 年 9 月 1 日举家迁居呼和浩特，就读于一家环境优美的国际学校，在快乐中成长。作为一名两个孩子的父亲，还有比这更快乐的事情吗？

2015 年，出版业早已变成我的副业，因为我的理想就是出几本寿命比我更长的书。所幸的是，2015 年是我的丰收年，除了《智慧的国度：以色列崛起之谜》引爆"大众创新，万众创业"和中国 2016 年的"以色列科技创新热"以外，我和铁戈共同编译的《塔木德》和《塔木德启蒙书》先后再版，上海三联书店出版我的小《塔木德》（精华版）四个月内五次再版加印。此外，中央编译出版社还出版了我的《思想的帝国：犹太精英成功智慧揭秘》，中国广播电视出版社出版了我的《野蛮的物质主义时代：全国六十所大学演讲录》，世界知识出版社不仅出版了我的《信仰的力量：犹太笑话中的哲学智慧》，还出版了十本一套我的犹太智慧典藏书系：

1.《犹太人之谜：一个神奇民族的成功智慧》

2.《火星来客：犹太人与诺贝尔奖揭秘》

3.《坐长凳者：犹太鬼才是如何炼成的》

4.《居安思危：犹太人的财富哲学》

5.《知识是甜蜜的：犹太人如何教育孩子》

6.《犹太式幽默：犹太笑话中的成功智慧》

7.《傻瓜哲学：犹太大师的生命智慧》

8.《智慧六讲：犹太人的精英教育》

9.《修补世界：犹太人创造力的奥妙》

10.《天堂的钥匙：〈塔木德〉精要解读》

我不知道这些书会不会比我的寿命更长，但每本书的每一个字都凝聚了我的心血。我称写作就是"喝自己的血"，乃至于我的脖子比正常人高出两厘米，而且僵硬无比，扎针拔罐无数次，均医治无效，我感觉这就是我的"知识包"和对人吹牛的"资本"。

该谈谈我的事业了，虽然我曾尽历坎坷，但 2015 年 12 月 3 日是个特殊的日子，呼和浩特托克托县委张国平书记同我亲手创办的无它国际文化发展（北京）有限公司签订了创建"中以创新创业示范园"项目的合作协议，该示范园共包括五个项目：

1. 中以创新创业大厦；

2. 中国第一所以色列创新教育学校——无它国际创新教育学校；

3. 科普创新主题游乐园：以色列天才儿童游乐园。

4. 中以智慧植物园；

5. 以色列高效农业示范园区。

项目前期由托克托县政府总投资 2 亿多元人民币，后期由 WUTA 国际负责运营管理。2016 年 1 月 23 日至 27 日，以色列一流智囊团 PenZA 感知实验室董事长 Erez 先生和 Ezri 教授访问了托克托县，已经开始了园区的规划和总体设计。

除此而外，为了驾起中以科技、文化、教育合作的桥梁，由内蒙古公关协会、托克托县人民政府、无它国际等六家单位联合发起成立了中国第一家"中以创新创业战略智库"，并于 2015 年 12 月 21 日在内蒙古呼和浩特揭幕。

智库将在全国各大学开设"以色列创新智慧"公开课，并创办内部中英文季刊《中以创新创业智慧》，扩大智库在中以学术界和企业界的影响，主持编写"中以创新创业战略智库"书系，还将邀请中以专家和企业家，开办"中以创新创业大讲堂"，每年举行"中以创新创业高峰论坛"、"中以教育高峰论坛"及"中以音乐艺术节"。还将组织犹太裔诺奖得主中国行活动，扩大社会效益和经济效益。这一切都凝聚着我的心血和智慧。

以下四句犹太格言将助推中以创新创业示范园项目成功落地托克托：

有朋友和有智慧的人永远不会破产。

——《塔木德》

没有钱不是问题，没有创造力才是问题。

　　　　　　　　　　　　　　　　　　——犹太谚语

远见必须取代经验，最稳妥的办法就是放胆一试。

　　　　　　　　　　　　　　——以色列前总统佩雷斯

不可能的事情，我们坚持做；困难的事情，我们多花些时间。

　　　　　　　　　——"以色列开国之父"本·古里安

2016 年 2 月 2 日下午，在我和许多朋友的精心策划下，"内蒙古读书会"也在呼和浩特扬帆启航，将为建设"书香内蒙古"贡献绵薄之力。

值得一提的是，在"中以创新创业战略智库"揭幕前一晚，我邀请托克托县委张国平书记和智库首席研究员、揭幕嘉宾国务院发展研究中心研究员、《经济要参》副主编何玉兴博士，为他接风洗尘，时有蒙牛前总裁杨文俊先生作陪，但张国平先生几乎一言不发。第二天，张书记对我说："我为什么沉默不语？因为商人太现实太功利，而你们知识分子却过于理想化。但我骨子里也是名理想主义者。"

2017 年，且行且珍惜，继续为理想而活着。

　　　　　　　　　　　　　　　　　　　　贺雄飞
　　　　　　　　　　　　　　　　2017 年元旦于中国托克托